U0878049

读客®

读客中国史入门文库

顺着文库编号读历史，中国史来龙去脉无比清晰！

曾国藩

又笨又慢平天下

曾国藩成就大业唯一的秘诀，
就是他一生坚持笨拙，不走捷径。

正是因为他日复一日地“结硬寨、打呆仗”，
被逼到绝境也绝不松动，
最终硬是熬死了不可一世的太平天国。

度阴山 著

江苏凤凰文艺出版社
JIANGSU PHOENIX LITERATURE AND ART PUBLISHING, LTD

图书在版编目（CIP）数据

曾国藩：又笨又慢平天下 / 度阴山著. -- 南京：江苏凤凰文艺出版社, 2016（2025.12重印）
ISBN 978-7-5399-9119-1

Ⅰ.①曾… Ⅱ.①度… Ⅲ.①曾国藩（1811～1872）-传记 Ⅳ.①K827=52

中国版本图书馆CIP数据核字(2016)第066126号

曾国藩：又笨又慢平天下

度阴山 著

责任编辑	丁小卉
特约编辑	乔佳晨　盛　亮
装帧设计	读客文化　021-33608320
责任印制	刘　巍
出版发行	江苏凤凰文艺出版社
	南京市中央路165号，邮编：210009
网　址	http://www.jswenyi.com
印　刷	三河市龙大印装有限公司
开　本	710 毫米 × 1000 毫米 1/16
印　张	19.5
字　数	299 千字
版　次	2016 年 5 月第 1 版
印　次	2025 年 12 月第 40 次印刷
书　号	ISBN 978-7-5399-9119-1
定　价	42.00 元

目　录

第十章 步入失败的怪圈

第十一章 最后没有辉煌

自　序

我很少写自序，但对于为这本书、这个人，我觉得非得写几行不可。

仅从资质论，曾国藩和历史上的其他伟大人物无法相比。但以人生成就论，曾国藩不会逊色任何人，包括王阳明。

而写曾国藩，恰好是因为王阳明。二人都在短暂的人生中缔造了举世瞩目的成就，但王阳明的成功，绝大程度上靠天资，曾国藩的成功绝大程度上靠后天努力。而这后天努力，也不是瞎努力，他努力的动力源泉和指导思想，正是我们耳熟能详，却半信半疑的中国传统文化中的精华。

中国传统文化的精华无非是以儒家为领舞、百家伴舞的一门修齐治平秘籍。中国历史上，不是没有人用这一秘籍修炼成才，但能铸成盖世巨功，恐怕只有曾国藩一个。

王阳明先是在传统文化中拼命地吸收营养，以卓越的天资跳脱而出，创建了独树一帜的阳明心学，并以此灵动学说中的精髓“知行合一”轻而易举地创建了夺目的事功。曾国藩也是在传统文化中拼命地吸收营养，但天赋所限，他并未另起炉灶，头脑单一地以“诚”为根基，虽艰难蹒跚，却也获取了无人可及的事功。

二者的成功，殊途同归，都是在中华传统文化这块土壤中完成了最顶级的绽放，光彩照人。

我们今天，四处吹嘘中国传统文化的好，可你知道它到底好在哪里吗？曾国藩会告诉你，只要你按照它的模式，它就能把一个资质平庸的人锻造成圣人。

这圣人不是泥塑的，而是和王阳明一样，有血有肉，灵活变通，能在各种场（政治场、官场、学术场、战场）上羽扇纶巾，笑傲天下。

度阴山

第一章
“笨鸟”初飞

曾家笨小孩

曾国藩出生的前一天，几只蚰蜒爬上房梁，俯瞰下面昏昏欲睡的他的曾祖父曾竟希。

曾竟希也老眼昏花地看着它们，当确信没有看错时，他用尽全身的力气喊道：“龙，龙，有龙！”

老人的喊叫震荡着整个房间，搅开了粥一样的光阴。

房门被轻轻推开，明天就要当父亲的曾麟书走进来。他看了眼这位末世老人，嘀咕了句，“又做梦了。”

曾竟希猛地睁大眼，目光如锥子，死盯住孙子说：“我没做梦，房梁上有龙。”

曾麟书下意识地仰头去看房梁，他看到了那几只蚰蜒，正在快乐地玩耍。于是他帮爷爷掖好被子，说：“是蚰蜒。”

曾竟希语音含糊却异常坚定地说：“龙，是龙。”

这是1811年冬季最普通的一天，也是湖南湘乡白杨坪村曾家最普通的一天。但第二天的11月26日，无论对曾家还是对中国历史而言，都非同凡响。

因为就在这天，大名鼎鼎的曾国藩来到人间。

和历史上很多大人物不同，曾国藩出生时没有神仙送子，没有天象奇观，只有最普通不过的婴儿啼哭。然而老人曾竟希却固执地认为，此子必非凡品，因为此子出生的前一天，他看到了龙。

他嘱咐曾国藩的爷爷和父亲，这孩子有些来历，好生养着，将来必光大我曾家门楣。

很遗憾，曾国藩直到四岁时仍没有光大门庭的迹象。他不是天才儿童，没有强大的记忆力，没有举一反三的领悟力，有的只是和他年纪不符的端重状貌和从未哭过的不可思议。

如果从记忆力高低来评判智商，那曾国藩就是个如假包换的笨小孩。

某年酷夏最热的一天，一个小偷钻进了曾国藩的卧室，正当他要席卷贵重物品时，曾国藩夹着书本回来，小偷只好钻进床底，见机行事。

当时天色已晚，很多人已就寝。可曾国藩却挑灯诵书，要命的是，一篇很短的文章，他读了两个时辰都没有背诵下来。

小偷在床底热得浑身发汗，又过度紧张，几乎晕厥。又一个时辰后，曾国藩还在那里磕磕巴巴，把文章背诵得缺斤短两。

小偷忍无可忍，从床底下滚了出来，拍拍身上的尘土，朗声而诵，势如流水。

曾国藩开始看到床底下钻出个人时，大吃一惊，当对方把文章流利地背诵出来后，就惊愕得张大了嘴巴。

小偷以一种恨铁不成钢的语气说：“就你这头脑，别读书了，种地吧。”说完，小偷扬长而去，走进茫茫的夜色。曾国藩望着小偷的背影，愣了一会儿，又拿起书，摇头晃脑地背诵起来。

天才毕竟是少数，绝大多数人都是资质平庸之辈。但这并不证明资质平庸之人就不能做出绝伦的事业，因为世界上有“勤能补拙”这句格言，同时它也是真理。先天不足，完全可以靠后天努力补足，“勤奋”就是诀窍。

或许，曾家人也注意到了曾国藩的先天不足，所以拼命地为他补足。在家人，特别是他父亲曾麟书的严格管教下，曾国藩的勤奋令人生畏。自认字开始，他常在睡梦中被父亲叫醒，背诵四书五经。一遍不成就十遍，十遍不成就百遍，百遍不成就千遍，直到背诵下来为止。

后来他的父亲不再充当他的闹铃，他就自己制作闹铃：在床边放个铜盆，铜盆上用一根绳拴了个秤砣，把燃着的香用绳子系在秤砣拴着的绳上。十字交叉插在这里，香在那里点燃，当点到这根绳子的时候，把绳子燃断……于是他就这样被叫醒，黎明即起，开始读书。

读书必定是苦事，如果不苦，那你读的书肯定有问题。人的天性是趋甜避苦，所以对普通人来说，读书是考验意志的一件事。

曾国藩意志力顽强，有一种不达目的绝不罢休的倔强，他厌恶“懦弱无刚”的人，所以绝不让自己成为那样的人，他讨厌“胸无大志”的人，所以给自己立下宏图大志，向着这个目标迈进，无论流多少泪，无论洒多少汗。

对于资质平庸的人而言，流汗是肯定的，流泪也是必须的。16岁那年，曾国藩开始考秀才，他老爹也跟着考。这并非他老爹喜欢凑热闹，而是他老爹已考了多年，始终不过关。

第一次，曾国藩意料之中的落榜。他老爹安慰他，你才考一次，不要灰心。

第二次，又落榜。他老爹说，事不过三。

第三次，再落榜。他老爹说，咬定青山不放松。

第四次，照样落榜。他老爹说，下次爹还陪你考。曾国藩热血沸腾，更加倍努力读书。

第五次，运气好像来了。曾国藩的试卷虽然被考官评为“文理太浅”，不过还算说得过去，于是湖南省学政（教育厅厅长）发布公告，曾国藩获得佾生资格。

所谓“佾生”指的是虽未入围但成绩尚好，选取其充任孔庙中祭祀礼乐舞的人。获“佾生”资格后，下次考试可直接院试，不必县试和府试，所以时人称佾生为“半个秀才”。

如果这是第一次考秀才而获得的荣誉，曾国藩一定心花怒放。可他已考了五次，这个“佾生”资格就不是荣誉，而是耻辱。曾国藩在家里踱步，咀嚼着无声的愤怒。他认定这是奇耻大辱，发誓一定要获得秀才资格，洗刷这个耻辱。除了拼命读书外，他找不到捷径。

第六次考试，他和老爹再次落榜。

曾麟书捶胸顿足道：“我已考了16次，你这又考了6次，就是瞎猫，也该碰上死耗子啦！咱曾家就是一个陪考的命啊。”

曾国藩对老爹的抱怨不置可否，他认为，科举考试还是公平的，“只有文丑而侥幸者，断无文佳而埋没者”。这是毅力，也是气度，他不但未对屡次落选而动心，反而将其作为鞭策、激励自己更加注重磨练文章的动力。

1833年，老天爷终于开眼，23岁的曾国藩在第七次秀才考试中入围，名列倒数第二。他老爹也入围了，名次也不怎么样。

曾家沉浸在百年来从未有过的喜悦中，这更让曾国藩坚信了他的看法：人蠢不要紧，只要努力坚持，就能成功。同时他也笃定了这样的人生观：既然我是笨人，那将来做一切事都要一步一个脚印，踏踏实实地用笨方法去做，不投机不取巧不走捷径。成功的路有千万条，我只走那条看上去最笨、实际上最踏实的路！

相当于进士

中秀才后，曾国藩青云高照，第二年的乡试又中举人。为了迎接最后一关的进士考试，曾国藩离开家乡到天下闻名的岳麓书院继续深造。他很快就得到了院长欧阳坦斋的赞许，因为欧阳坦斋是个特别务实的人，主张学问和做事一样，就该踏踏实实。曾国藩刻苦勤奋，恰好符合欧阳坦斋对学生的基本要求。

曾国藩在岳麓书院学习，不但给人留下学习刻苦的印象，还让人见识了他的非凡气度。

他宿舍里有位矫情的同学，因曾国藩的书桌在窗前，于是鼻孔朝天地对曾国藩说：“我读书的光线都是从窗中射来的，你竟然把它遮住了。”

曾国藩四下一望，已没有地方。

对方给他出主意：“放你床边！”

曾国藩把书桌挪到了床边，那人继续睡觉了。

晚上，睡觉的这位起来，训斥正在读书的曾国藩：“你怎么白天也读，晚上也读，还让不让人睡觉了？”

曾国藩只好低声诵读。不久后，书院模拟考试，曾国藩排名在他之上。此人大喊大叫起来："这屋子的风水被你夺去了。"

有人看不过去，就问他："曾同学的书桌不是你让挪走的吗？"

那人憋红了脸，大声道："正因如此，才夺了我的风水！"

同学们都为曾国藩打抱不平，曾国藩却一笑置之。

这就是气度，它是庸人和伟大人物的区别标准之一。

在岳麓书院学习一年后，曾国藩从湖南千里迢迢到北京参加会试。这次倘若能金榜题名，科举大门就向他敞开了，他的前途就朝着光明迈进了一大步。

不过会试不同于乡试，会试的考题难度比乡试大，所以曾国藩不出所料地落榜。稍有欣慰的是，太后明年六十大寿，照例增加乡试、会试一次。

曾国藩当时想，从北京到湖南，千万里长路，由于明年就能考试，倒不如在北京住上一年。在征得父亲的同意后，他住进了"长沙会馆"，花费倒不多。可曾国藩是穷小子，所以日子过得很清苦。终于熬到第二年的会试，曾国藩踌躇满志地走进去，几天后在榜单面前看了大半天也未见自己的名字。

他确定了一件事，自己又落榜了。

连续两次落榜，对26岁的曾国藩而言谈不上打击。他还年轻，他也有毅力，更有倔强的劲，他坚信自己肯定能把这道通往前途的大门轰隆隆推开。

北京的春风吹拂着他严肃的脸庞，把他的信心鼓起，他决定去江南。当时他的物质基础决定，这是一场穷驴友的要饭之旅。在过度的省吃俭用下，他花光了身上最后一分钱才走到江苏徐州睢宁。

举目四望，一片空荡，如他的口袋。

他突然想到有位同乡在此做官，于是空手去拜访人家。这位同乡对他表现出了出奇的热情，并且爽快地借了他一百两银子。曾国藩现在成了有钱的驴友，不必风餐露宿，更不必吃糠咽菜。他乘坐当时豪华的客船，行进在如画的江南，他负手而立于船头，大有指点江山的架势。抵达南京时，他住下来，想好好欣赏下这个脂粉世界。

无奈命中注定这不是他的追求。在一次街上闲逛时，他对着一套《二十三史》贪婪地流下口水，就如好色之徒看到美女。无奈这套书的价格已远超出他的经济能力。可他不是轻易放弃的人，于是典当了衣物，买下《二十三史》，美滋滋地抱着这套书，饿着肚子回到了湖南老家。

老爹曾麟书看到衣衫褴褛的儿子，泪如雨下，问道：“考试如何？”

这不需问，如果真的中了进士，不可能这样狼狈。曾国藩摇头，但毫无悲戚之色。老爹叹息道：“为何如此憔悴狼狈？”

曾国藩就把借钱卖衣服买书的事说了，曾麟书当然要激动，那可是一百两银子！

可他明白，真正的家长应该鼓励孩子的兴趣。于是他强按捺住激动，语重心长地说：“你花了这么多钱而且还是借的钱买书，我不怕。借的钱我可以拼命想法替你还，你只要能把买的书认真圈点一遍，就算对得住我了。”

曾国藩当即跪下发誓：“从今起，每日圈点十页，风雨不改，雷打不动！”

曾麟书沉默不语，他是在琢磨如何把这笔钱还上，良久，才长出一口气，去看曾国藩，说道：“你必须要把科举这关给过了啊！”

曾国藩再发誓：“我一定要用两年时间攻下八股文！”顿了顿，“当然，还是要圈点《二十三史》。”

据后来他自己说，那几年他把《二十三史》读了多遍，并博览百家，悉心钻研八股文。每天睁眼的第一件事就是去床头摸书，睡前的最后一件事是在看书，这几年他就如大家闺秀一样，大门不出二门不迈。看上去，他已把自己锻造成了必能高中会试的人才。

1838年年初，曾国藩带着老爹借来的32串钱北上，继续敲击科举大门。他在路上省吃俭用，心惊胆战地怕遇到书店就控制不住买书的念头，所以远远看到书店都要绕路走。纵然这样，抵达北京时，他身上只剩下了3串钱。

住进长沙会馆后，曾国藩闭门读书，一天只吃一顿饭，终于坚持到会试。发榜后，他在榜单上看到了自己的名字。虽然很靠后，可足以让他手舞足蹈、欣喜若狂。殿试时，确定了名次，他被列为三等四十二名。殿试后的排名是这样的，第一等三名，人所共知的状元、榜眼、探花；第二等数名，赐进士；第三等数名，赐同进士。这个“同进士”是“相当于进士”的意思，但它不是进士，正如热狗不是狗一样。

这是曾国藩一生耿耿于怀的事。我们不明白，凭他的资质，能榜上有名已是谢天谢地了。这足以验证“人心比天高”的格言。这一年，曾国藩28岁，用尽全身气力和无数汗水，终于敲开了科举大门，正式步入仕途。

有一件事在我们看来很小，但对于曾国藩却意义重大，和他来到人间一事可相提并论。这件事就是改名。曾国藩原本不叫曾国藩，而叫曾子城，号居武。会试揭榜后，曾国藩去拜见房师（副主考官）朱士彦。朱士彦神神叨叨地对曾国藩说："你呀，文字灵性不足，但敦厚有余，将来必能发达。你现在的名字太晦气，不但不能发达，连殿试都过不了。"

曾国藩见其说得郑重，急忙请教。

朱士彦闭目沉思半晌，说道："你将来必是国家之屏障，社稷之藩篱。就叫国藩吧。"

这名字改得是好是坏，曾国藩最有发言权。若干年后，他对人说："我这一生不信书，只信命。命运是操纵在自己手中的，当年如果不改名，我可能没有现在这么高的成就。"

笨招接近穆彰阿

王阳明说，人皆有良知，事业之大小取决于你的良知大小。曾国藩则说他的成就缘于命，其实大同小异。不过命运虽然注定，如果再靠后天的进取，事业将不是命运所能限量的。曾国藩的好命，在于他硬着头皮进取，结识了穆彰阿。

穆彰阿，满洲镶黄旗人，出身官僚世家。1805年纯靠自己中进士，不过在嘉庆一朝，他官运并不亨通，中央六部的中级职务干了个遍，也未有任何成就。但在官场多年的耳濡目染，把他洗染成了一个官场老油条。1820年，嘉庆死，道光上台。穆彰阿凭借多年的官场历练，博取了道光的好感，飞升得让人眼花缭乱。大学士、首席军机大臣等帽子一古脑地扣到他头上，同时他还掌管清帝国的人才储备库翰林院，权势炙手可热。

曾国藩中进士的1838年，穆彰阿是座师（主考官）。殿试后，曾国藩获了个"同进士出身"的资格，这就意味着他无法进入翰林院，运气好一点，会在中央各部任低级职务，运气差的会被轰出中央到各地县城任县令。

曾国藩虽天分不高，傲气却比天高。他狭隘地认为，倘若通过殿试却不能进翰林院，那就和"佾生"一样，是奇耻大辱。想到这里，他跳下床开始收拾东西。

当他扛着两大包东西出寓所门时，和一个人迎头相撞。这个人就是日后大名鼎鼎的郭嵩焘，他和曾国藩是同乡也是好友，今年刚落榜，正想找曾国藩喝点闷酒，一见曾国藩扛包，惊问："何意？"

"走！"

"何处？"

"家！"

"咋了？"

"哎！"曾国藩颓唐地放下两个包，说了要走的原因。郭嵩焘伤心地指责他："你糊涂啊。我有个办法，你去找咱们老乡劳崇光，看他能否帮忙。"

曾国藩眼中发出光芒来。他第一次会试落榜在京城长住那年，并未把所有时间全部用在读书上。他常走出简陋的房间去结识京城才俊，由于他踏实，无论是做人还是做事都极靠谱，所以吸引了很多朋友，渐渐在京城形成了自己的圈子。这个圈子里，既有不得志的才华横溢的知识分子，也有官场中人，劳崇光就是曾国藩圈子中的一员。

劳崇光是湖南长沙人，在中央政府担任御史，对励志型老乡曾国藩很欣赏。所以曾国藩来找他帮忙，他拍着胸脯承诺，这件事包在他身上。其实他本人没这个能力，但他是穆彰阿最得意的门生之一，穆彰阿有这个能力。

这事说起来容易，做起来却有难度。穆彰阿爱才善识才，京城里人才济济，他又掌控着天下人才库翰林院，没有绝顶的才华，根本入不了他的法眼。

劳崇光说帮曾国藩忙，其实只是把曾国藩揪断几十根胡子才写出来的诗文送给穆彰阿看。

那是个阴雨绵绵的上午，曾国藩把诗文交给劳崇光，看他敲开穆彰阿家的大门，心里七上八下地等在偏僻角落。中午时分，劳崇光才出来。曾国藩迫不及待地冲上去，问劳崇光："怎样？"

劳崇光叹了口气："中堂大人只扫了一眼，就放下了。"

曾国藩浑身都湿透了，听了这话，更感觉彻骨的寒冷。

劳崇光拍了拍他肩膀："咱再想别的办法。"

曾国藩心灰意冷地回到寓所，连衣服都没换，就倒在床上。那天夜里，他从噩梦中惊醒，浑身发烫。这是重感冒的症状，举头望窗外，全是黑暗。他捂紧被子，想到前途，想到家中父老，想到这么多年把吃奶的力气都使出来的努力，好不容易终于看到一丝阳光，绝不能让它消逝。

一想到这，曾国藩爬起来，忍受着寒冷，写诗。写了几首诗，天已放亮，又写了篇自认为立意奇高的文章，已是中午。他饿着肚子跑去找劳崇光，慎重得像是把生命交给对方一样："拜托，请穆中堂大人再过目一下。"

几个时辰后，等在穆彰阿家偏僻角落的曾国藩看到劳崇光面无表情地出来，一见到迎面而来的曾国藩，就摇了摇头。他安慰曾国藩，"有志者事竟成。"

曾国藩拿出了从前读书的意志，跑回寓所，铺开纸张，再写，写完再找劳崇光。这样持续了十几天，劳崇光有点不耐烦了。他不无善意地提醒曾国藩："其实到地方上任县令也不错。你不知道吗，从地方向上升迁，是很快的。可你要是进了翰林院，非要熬十几年才能升迁不可。"

曾国藩懂的，劳崇光这是替他吃不到葡萄说葡萄酸。他不肯放弃，因为离点翰林的日子越来越近，倘若穆彰阿不替他说句话，就他那成绩，肯定是外放到地图上都找不到的地方当芝麻官。

他跑回寓所，又写了几首诗，再写了篇自认为脱尘拔俗的文章，最后请求劳崇光送给穆彰阿。劳崇光无可奈何，悻悻地拿着曾国藩的诗文去穆彰阿府上。

一个时辰后，曾国藩看到劳崇光乐颠颠地走了出来。他顿时感到自己赖以生存的空气消失了，几乎晕倒。当他一步三摇地跑到劳崇光跟前时，劳崇光眉开眼笑，指点着他："你呀，真厉害，把中堂大人给感动了。中堂大人要见你。"

这句话就如闪电，射进曾国藩的身体，照亮了他的生命。那天晚上，他穿上最好的衣服和穆彰阿见面了。

月不明，星却稀。穆彰阿先借着明亮的烛光把曾国藩打量了一番，无论是相貌还是气质，曾国藩都无出色的地方。曾国藩生就一张大众脸，眼皮永远耷拉着，给人的感觉，这家伙天生一副欠多还少的苦相。

但正如民谚，王八看绿豆——对眼了。穆彰阿越看曾国藩越欢喜，在资质平庸的他心中，人就该像曾国藩这样，相貌不可太出奇，气质不能太有灵性，这种人自恃才高，有资本，会骄傲。人一傲，万事不成。相貌平凡如曾国藩这样的人，永远给人老实巴交的感觉，能让人立即信任。

他无死角地审视完曾国藩后，从桌上拿起曾国藩的会试考卷，念道："皇帝不可能遍知天下事，所以要委任贤官，官员好坏，他不可能都知道，这就要靠身边人推荐。然而身边人所称赞的，未必都是好官，左右所否定的，未必都是坏官……好官往往有正直的节操，不哗众取宠，不标新立异，不离经叛道。"

曾国藩因为紧张，浑身在不易察觉地哆嗦。穆彰阿读完这段，称赞道："你这段议论极好。不哗众取宠，不标新立异，不离经叛道，这就是衡量一位官员好坏的标准。正合我意。我曾和皇上说过，不标新立异，不求一己之赫赫名望，只求君主省心，百姓安宁，这就是贤臣了。"

曾国藩唯唯。

穆彰阿发现了他的紧张，就转移了话题："你可知我为何要见你？"

曾国藩突然磕巴起来："想必……是……在下的诗文……"

"你的诗文一般，"穆彰阿打断了曾国藩，"我所以要见你，就因为你知不可为而一直为之，持续不断地向我送诗文，这种毅力打动了我。"

曾国藩当时很想说，我这种蠢货，全靠毅力这门武器才混到今天的。

但他懂的，面对这个官场大佬，最好的应对之道就是少说话。

他的这次表现是优异的，穆彰阿更坚信了自己的判断，眼前这个年轻人是踏实务实的，跟自己年轻时一样。

第二天，他把曾国藩的试卷呈给道光皇帝看，并且夸奖曾国藩，说此时的帝国最需要的就是曾国藩这样踏实、循规蹈矩的官员。道光皇帝看了曾国藩的试卷，没有激情，平淡如水，但清明通达，于是画了个圈。这个圈把曾国藩圈进了翰林院。

得到进翰林院消息的那天晚上，曾国藩去感谢穆彰阿。

其实穆彰阿什么都不缺，曾国藩也买不起贵重的东西，所以他空手而去。

穆彰阿先接受了曾国藩发自良知的感谢，然后就指点他。他说："你以三甲末等的成绩进翰林，这个机会一定要好好珍惜。其实，你天赋不高，中等还偏下。可你有个许多人没有的优点，那就是意志力。人的意志力量是无穷的，可化腐朽为神奇，可让日月换青天。历史上成大事者都是靠勤奋而非天赋，所以你要好好保持这个优点。"

这番话激荡起曾国藩的胸臆，的确，这么多年来，他笨得明目张胆，如果不是靠意志力，早已如那位小偷所说的在家务农了。他为自己而感动，更为穆彰阿赏识自己的笨而感动。

二人分别时，穆彰阿勉励曾国藩："翰林院是天下精英所在，藏龙卧虎，起点高，你一生事业从此地发祥，愿好自为之！"

曾国藩被感动得流泪，当场发誓将永不忘恩师今晚的谆谆教诲，永不忘恩师大恩大德。他说他要做一个对国家有用之人，以报穆彰阿的知遇之恩。

穆彰阿相信曾国藩的话，他大半生阅人无数，很少看走眼。眼前这个从湖南某个村里走出来的人，质朴得使人惊叹，这种人一旦确立一种信念，产生一种感情，很难改变。

他向曾国藩暗示，只要有他在，曾国藩的仕途之路将会很顺。但是否能青史留名，那就要看曾国藩个人了。

曾国藩一想到自己的天资，顿时灰心丧气。可一想到自己的绝密武器"毅力"，又信心百倍。他在心里说，穆老师，咱青史里见！

初露政见

曾国藩在1838年的志向是青史留名。本来，这对他而言是很有难度的事。可因为他得到了穆彰阿的赏识，所以难度系数就降低了许多。穆彰阿在曾国藩的仕途生涯中，几乎倾尽全力帮助他。这缘于他和曾国藩很对眼，更缘于他和曾国藩的政见相同。

1838年离鸦片战争爆发还有两年，英国人在东南沿海的小动作越来越多，清帝国与其的小规模武装冲突接连不断。清政府在对待英国人的态度上分为两派，穆彰阿主和，但追随者寥寥无几。有人主战，一呼百应。因为那时，在很多人眼中，大清帝国天下无敌，英国鬼子不堪一击。穆彰阿在这点上并非懦弱，而是在大清官场高层多年的政治经验，让他看透了清帝国虚弱的本质。

在曾国藩顶着翰林院检讨的帽子回老家光宗耀祖前，他找来曾国藩，单刀直入试探曾国藩的政见。他说："这几年，英国鬼子在东南沿海像头蠢猪，到处咻咻。朝中有人主张强硬对待，有人却主张忍让，你怎么看？”

其实这个问题，在当时已是社会热门话题。曾国藩在京城有圈子，当然会经常听到这一话题，可能他也发表过看法。听穆彰阿这样一问，曾国藩陷入沉思。

当时凡自认有血性者，对夷狄都是“虽远必诛”的态度。曾国藩初入京城时，也是这样的思想。然而随着时间流逝，获取的消息越来越多，他就转变了看法。

他的脑子转了半天，才想到如何开头。这个头是这样开的：“自南宋以来，书生好诋毁议和，以主战博爱国美名，而驾驭夷狄之道绝于天下已500年。”

这个开头，穆彰阿如果较真，非给曾国藩一嘴巴不可。驾驭夷狄之道为何绝迹500年，因为清帝国的主持人就是夷狄啊。夷狄怎么可能驾驭夷狄，但穆彰阿没有华夷之分，所以他认真地听曾国藩说下去。

曾国藩开了个头，又沉思起来。穆彰阿知道他反应慢，所以耐心等着。等了大半天，曾国藩才接上开头部分：“没了驾驭夷狄之道，现运筹恐怕来不及。据我所得到的信息，和英国鬼子和平共处，忍让他们是必须的。”

“哦？”穆彰阿发现了知音，兴趣陡升，“你说说看。”

曾国藩又卡住了，幸好没有多久：“英国鬼子很强大，打败他们不容易，‘和抚’既省力又省心；夷狄也是人，既是人就讲忠信，我大中国是‘忠信’的产地，用‘忠信’对付他们；他们制造的鸦片问题，我们可以用合法的外交、法律手段解决，不必动武。”

穆彰阿高兴地站起来，把也站起来的曾国藩按回椅子，说：“我没有看错你，你说的和我想的一模一样。”

曾国藩不是投穆彰阿之所好，他真就是这样的政见。这种政见是对的，打不过人家就该避让，一遇刺激拔刀就上的是莽夫，曾国藩绝不是莽夫。

当他以翰林院检讨的身份回到老家时，他的老家如起了一阵飓风，整个村庄轰动了，整个曾家沸腾了。曾国藩的爷爷热泪盈眶，在家谱前磕头如捣蒜，感谢祖宗的保佑。的确，曾家几百年来读书人不断，可从未有人像曾国藩一样被点了翰林。这种荣耀连曾家祖坟的青烟都激动得随风飘舞。

不过，曾家虽未出过翰林，却也不是暴发户。曾国藩的爷爷在宴席上先对家人说，虽然咱家出了个翰林，可不要抱着“一人飞升仙及鸡犬”的心态。又对曾国藩说："咱家以农为业，你将来纵然富贵，也不可忘本。你做了翰林，事业正长，不必担心家里，好好忙你的事业。"曾国藩努力把这段话记下来，他老爹又站出来说："你的官是做不尽的，你的才是好的，满招损，谦受益，你若不傲，就最好了。"

曾国藩不置可否，一年后，他在京城才想起老爹的这句话是最货真价实的人生箴言。

在家乡待了一年多，曾国藩终于回到北京，进入翰林院，正式开始了长达12年的京官生涯。

其实京官，说出来有面子，冷暖如何恐怕只有自己知道了。曾国藩初期的京官生涯很惨淡，惨淡得让他的朋友和家人鼻子直酸。

1840年，曾国藩在翰林院做检讨，这是个芝麻小官，薪水少得可怜，他在老家倒是靠四处拜访而凑了一笔钱，可很快就花光，于是只能靠借钱度日。借来的钱并非全是他自己花掉的，给老家寄了相当一部分。

1841年时，咬牙熬到年底，实在熬不住了，借了50两过春节。可第二年，仍然很贫穷，到年末时，已经欠债1000两。

这些钱都花到了什么地方，曾国藩后来回忆说："人情往来是大头，给家里寄的是中头，自己花的是小头。"他进翰林院两年时间，除了官服外，穿得出去的衣服就是一件青缎马褂。搞得每次穆彰阿见他，都以为他买了十件相同的衣服，来回地换。

曾国藩把日子过得这样拧巴，除了他发誓不贪污外，翰林院检讨也并无外财。物质生活的惨淡，激发了他对精神生活的追求，由此使他走上了朱熹理学这条庞然之船。

和朱熹理学的蜜月

曾国藩能走上朱熹理学这条庞然大船，原因只有一个：功名心切。

在未中同进士前，他最大的心事是中进士；中了进士后，他最大的心事就是效法前贤，澄清天下。也就是要按照修身、齐家、治国、平天下的儒家准则，为国家干一番大事业，成为孔子、王阳明那样的圣人。

——曾国藩后来如愿以偿，不过和他的乡试、殿试一样，有点瑕疵：中国历史上有两个半圣人，两个是孔子、王阳明，半个就是他曾国藩。

这就是志向，王阳明最重视的一条成圣法则。曾国藩非常自信地认为，只要立下志向坚不动摇，他的目的就能达到："人苟能自立志，则圣贤豪杰何事不可为？"

有人叹息说，"圣人哪里那样好当？"

曾国藩鼓着眼睛说："孔子说，我欲仁，仁就来了；我说，我欲孔子，孔子自然就来了。关键是要有毅力，坚持到底。"

还有人背后讥笑他："一个乡巴佬读了几本书，就想当圣人？"

曾国藩咬牙切齿地用诗歌回敬："莫言书生终龌龊，万一雉卵变蛟龙。"

为了给自己打气，也让别人知道他的雄心，在给亲友的信中，他大言不惭道："君子就该有民胞物与之器量，有内圣外王之功业，这样才对得起父母生养，不愧于天地的完人。"

这是个大志向，也是曾国藩一生中最坚持的人生信条：立志！

我们若想了解一个人，不要问他干了些什么，首先问他想干些什么。如果一个人想都没想过，就不要问他如何去做，正如你不必去问断了线的风筝要去哪里一样。

曾国藩说，"我经常忧心忡忡，不能自持，若有所失。我想这大概就是志向不能树立时，人容易放松潦倒，所以心中没有一定的努力的方向。没有一定的方向就不能保持宁静，不能宁静就不能心安，其根子就在于没有树立志向啊。"

他是这样感悟的，也是这样做的。首先是把自己的"号"改成"涤生"，"涤"意思是洗涤掉从前沾惹的污垢，"生"是明朝人袁了凡所说的"从前种种譬如昨日死，从后种种譬如今日生"之意。

这叫"正名"，正名之后就是刻苦治学，广为涉猎，为成圣作贤打好坚实的根基。但是，曾国藩的悟性很差，而且当时也没有圣人指南的书籍，所以他只挑历代名人著作苦读，读来读去，转来转去，他就自觉不自觉地转到了理学经典上来。

其实理学经典无非是朱熹所著述的《四书》，任何一个通过科举考试的人都知道，但那时是为了应付考试，很少深入研究。曾国藩这次是把朱熹所著述的《四书》当成学问来研究了，越研究越头痛。有人善意地提醒他，“你可去向北京城里的理学大师唐鉴求教啊。”

曾国藩大梦初醒，唐鉴是名动京城的理学大师，而且还是他同乡，正在太常寺供职。一得到这个提醒，他立刻抱着《朱熹全集》就跑去了。

唐鉴兴奋而热情地接待曾国藩，因为湖南出个翰林很不容易，一听曾国藩向他请教“检身之道，读书之法”，马上严肃起来，叹气说：“现在真做学问的人少了，难得你还如此笃实。这是为何？”

曾国藩诚恳地回答：“我要把自己锻造成一个对国家有用的人，成为名垂史册的圣人。”

唐鉴摆摆手：“咱们还是谈点实际的吧。”

曾国藩恭敬地听着，唐鉴告诉他，“读书当以《朱熹全集》为宗，要熟读百遍，以其为课程，身体力行。”

曾国藩不太明白，唐鉴就近取譬道：“我介绍个人给你认识，此人叫倭仁，是个饱读诗书、胸有丘壑的理学大师。你去向他请教一下吧。”

倭仁比唐鉴好说话，一见曾国藩就滔滔不绝。倭仁说：“其实读书之法，只需按自己的性情而定，有人博览群书，不求甚解；有人一生只钻一本书，殊途同归而已。但检身之法却有一定之规。我的检身之法完全按理学的规矩，从早上睁开眼到晚上闭眼睡去，这期间的一言一动，坐卧饮食，都要记下，如果有私欲，就马上干掉它；每天要静坐一个时辰以上，要把心中的私欲逐一克掉，也就是说，研己（抓住些苗头加以认真研究，从而发现其发展趋势和利害关系）功夫最重要！”

曾国藩耷拉着眼皮，茫然若失。倭仁发现他没有听懂，加重语气道：“其实就是通过静坐、记笔记等自省的功夫把一些私心杂念消灭在微露苗头之时，让自己沿着天理的大道奔驰而去，并将学术、心术、治术连通一气，学问增长的同时，道德水平也得到提高，这样你就逐渐可以修身、齐家、治国、平天下了。”

曾国藩如获至宝，对倭仁几乎要叩头谢恩，一路小跑回家开始“研己”。第一项就是静坐，静坐绝对不是曾国藩的强项，开始时是盘不上僵硬的腿，好不容易盘上了，腰椎又痛。腰椎不痛了，又昏昏然睡去，猛然一睁眼，发现已过去了半天。如此不务正业，曾国藩又气又恼，只好在日记中把自己臭骂一顿，可第二天故态重萌。

写札记还好，毕竟曾国藩的私欲和臭毛病太多，第一个臭毛病就是他老爹所说的“傲慢”。很多人会大惑不解，曾国藩知道自己天赋不高，纯靠汗水才爬过科举关口，他应该有自知之明、谦虚谨慎才对。问题是，资质平平和心高气傲是两码事。一旦被天道眷顾，酬了他的勤，那他就不知天高地厚了，这是人性。

当曾国藩在京城翰林院中寻寻觅觅也寻不到几个老乡时，傲气冲天而起：“看啊，湖南千万人，才出了几个翰林？我不狂妄一点，都对不起湖南人。”于是，他牛气冲天，总把自己抬得很高，把别人看得很低；自己永远是对的，别人只要和自己的意见不符，就必错无疑。

人一旦傲，脾气肯定很臭。因为他听不进别人的意见，而别人肯定有很多意见。曾国藩和各种各样的人吵各种各样的架，把湖南土话中最激情四射的脏话带到了北京，他从前闷头学习，没有时间温习这些脏话，现在终于有了机会，如泄洪一样，见人就喷。

曾国藩开始先对傲慢开刀，每次和别人吵架完毕回家，马上记下事情的来龙去脉，然后咬牙切齿告诉自己：“以后绝不能这样了，要谦虚，要收敛脾气。”

第二天，他找到昨天的吵架对象，又是鞠躬又是道歉，好话说了一大堆，别人释怀了，他一转头：“呸，你以为老子真认可你的意见，老子是在修身。”

这想法一露头，他不禁捶足顿胸，前一个毛病还未改，又出了这个毛病：“不诚，言不由衷，表里不一。”

其实“言不由衷”是中国人的社交习态，见什么人说什么话，本来就是为人处世的一种手腕。可理学家认为，人应该真诚不欺，不欺别人，更重要的是不欺自己的良知。明明人家獐头鼠目，你非说人家貌似潘安，这就叫“伪”，它是修身之道上的猛虎。曾国藩马上跑回家自我批评：绝对不能“浮伪”，要真诚，一是一，二是二，绝不马虎。

但要祛除这个臭毛病比登天还难，因为人人都在“浮伪”，“善意的谎言”是人际交往中的润滑剂。曾国藩此时有点找不着北，无论如何都琢磨不透理学家为何要让人真诚不欺，这是不可能的事啊。其实，理学家太偏激，王阳明说得对，真诚不欺只是不欺骗自己的良知，在不违背良知的前提下，你可以使用善意的谎言。

曾国藩当时还没有读心学，所以决定先把这个坏思想跳过，挑个简单的坏思想攻克。他只随便一找，就找到了一个：好色。

和大多数男人一样，曾国藩也很好色，遇到美女总是目不转睛，甚至连同事的老婆也不放过。他也知道这个毛病不好，可他曾想，我只是看，又没有行动，应该没多大坏处。这一点，理学家和王阳明是异口同声的：绝对不能，你有了这样的意思，虽然没有行动，却已是行了。这就叫知行合一。

为了祛除这个臭毛病，曾国藩去实践中考验自己。他跑到同事家，见到同事漂亮的小老婆，马上行起永恒注目礼。人家移动，他的眼珠就移动，搞得同事连连咳嗽提醒，险些把肺咳出来。事后，曾国藩跑回家，在札记中写了事情的经过，最后臭骂自己：“真不是人，廉耻丧尽，禽兽不如！”

其实中国古人向来谈“色”色变，至少人前是这样。理学家们说，沉浸于“色”里不但和畜牲一样，而且会伤身。曾国藩在这点上就特别极端，不但发誓不看别人的老婆，对自己的老婆也是能不看就不看，甚至能不碰就不碰。

有一天，他在书房静坐克己，突然浑身燥热，不由自主地跑进卧室和老婆颠鸾倒凤了一回。穿上衣服，走出卧室，一道闪电射进他的脑海：哎哟，畜牲！然后狠狠地抽了自己一嘴巴：青天白日做这种事，真是个畜牲！

在全心全意克己修身了一个月后，他去找倭仁，把厚厚的札记呈上。倭仁看着札记，惊骇道：“你的毛病这么多啊！”随即欣喜道，“看来真是用功了。”

说完，一页一页翻起来，表情很复杂，一会儿皱眉，一会儿点头，一会儿又摇头，翻完曾国藩的札记，两个时辰过去了。倭仁伸了个懒腰，突然意识到这个动作不符修身之道，马上坐正，对曾国藩点头说：“不错，不错！其实检身就是要拎把大斧，时时刻刻聚精会神地看着身心上的私欲，来一个，砍一个；来两个，砍一双。”

曾国藩微微点了头，倭仁马上发现曾国藩对他的话不置可否，急转直下道："其实写札记，写日记，还有个好处。"

"哦？"

倭仁想了一下："当然这种话不该咱们修身克己的人说，不过它也是事实。将来你成名了，肯定会有见利就钻的人出版《曾国藩日记》啊、《曾国藩札记》啊，对了，你把家书也留着。留着呢？这很好，以后还会有人出版《曾国藩家书》，你真就名垂千古了。"

曾国藩还是毫无生气地点了点头，倭仁借着窗外透进的光，看了看曾国藩，不禁叫起来："你的脸色怎么这么差？"

曾国藩实话实说："前辈啊，我每天都拎着大斧捉那些私欲妄念，搞得我神经紧张，每天都失眠。静坐时还做噩梦，吓醒了好几次。前几天，我正在心中拎着大斧搜索臭毛病，突然感到胃部痉挛，喉咙发痒，接着是口中发咸，我只好张口，'哇'地吐出一大口血来啊。"

倭仁不动声色地说："此时正是你用功之时，一定要坚持，不可半途而废。世上多少聪明人，就因为半途而废，所以一事无成，你要谨记！"

曾国藩有气无力地点头，告辞而回。虽然倭仁苦口婆心地劝导，但曾国藩已发现理学家的那一套修身办法根本不适合自己的情况，于是改弦更张，放弃了静坐，当然还写日记和札记，只是没有从前那样浑身绷紧，时刻拎着大斧搜索人欲了。

虽然不再遵循理学的修身办法，可曾国藩还是按理学家的思路，严格"克己"，祛除那些臭毛病，随时准备齐家治国平天下。

在翰林院做了三年检讨，他把大部分臭毛病克掉了。从傲慢无礼、毫无修养的农家子弟到谦虚谨慎、待人彬彬有礼的翰林院学士，曾国藩完成了蜕变。但齐家治国平天下的平台没有见到，一道难关却扑面而来。这道难关比他当初进翰林院还难，是为大考翰詹。

有惊无险过关

大考翰詹，就是中央政府组织翰林院的翰林和詹事府的詹事们进行考试，法律规定每六年举行一次。有的翰林或詹事碰不上，因为可能在翰林院或詹事府待了几年就升职走了，而有的倒霉就轻易地能碰上。

曾国藩运气原本没那么差，可中央政府在1843年突然抽风，宣布提前两年举行大考翰詹。更要命的是，通知考试的时间是四天后。

换作智力商数高的人，四天时间可能够了，但曾国藩肯定不够。他一得到消息就请假跑回寓所，昼夜奋战。

四天后，他人不像人鬼不像鬼地坐在书桌前魂不附体。有人通知他考试时间就要到了，他这才垂头丧气地去考场。

曾国藩学习了三年理学，绝对严肃是必修课，为何大考前会如此仓皇失措，丢了理学家的脸？

这是因为，大考翰詹非比寻常。尤其是道光皇帝最重翰詹，翰詹考试过关，前途注定远大，总督、巡抚、尚书、侍郎都是翰詹考试毕业生。倘若不能过关，那就成了“穷翰林”“黑翰林”，前途彻底完蛋，在翰林院里都没脸和人家说话。

对于翰林和詹事而言，大考翰詹是人生转折点，要么天上，要么地下，无处可藏无法可解，只能面对。

曾国藩坐进考场，如坐针毡。试卷发下来，一见考题，心里大呼“天亡我也”。考题是他未复习到的，不过他半辈子一直在读书，所以认真琢磨了许久，心里就有了底。最后一刻，答完试卷，出了考场，已是汗流浃背。

同仁们聚到一起，陆续叙述答题情况，轮到曾国藩，他突然大脑空白，想不起自己的答案了。

同仁们都了解他，让他放松，慢慢想。终于想起来，磕磕巴巴地背答案，还未背完，有人打断他：“你这块错啦！”

曾国藩脸色发紫：“怎么错了？”

同仁快速地说出正确答案，曾国藩如雷轰顶，晃了几晃，瘫倒在地。

同仁们七手八脚把曾国藩抬回他的寓所，又是掐人中，又是灌凉水，折腾了半天，曾国藩才“哇”的一声活过来。同仁们都安慰他，那个说了正确答案的人眼见自己险些闯下人命之祸，急忙改了口风：“我好像记错答案了，你的应该是对的。”

曾国藩奄奄一息，喉咙里咯咯的响，似乎想说什么，但终究没说。那天夜里，他睁着眼睛躺在床上，身如槁木，心如死灰。第二天，他勉强起床，撑着身子走出寓所，四处打探考试情况，但没有人知道确切消息。这更让他患得患失，整个天空都是乌云，越来越低，要把他压垮了。

第三天一早，突然有人敲他的房门。

他挣扎着去开门，是个书童模样的人，拿着一封信。

他一看字迹，眼前一亮，这是穆彰阿老师的笔迹。

穆彰阿老师在信中说，“你的考卷有些地方模糊，我这个主考官看不清，希望你重新写给我。”

苍天啊！

曾国藩既兴奋又懊恼，兴奋的是，穆彰阿这是要给他作弊；懊恼的是，连日来精神紧张，居然忘了这次考试的主考官是穆彰阿。

他慌忙将试卷重新撰写一遍，由于已过去两天，很多答案细节都模糊了，所以他咬着笔杆想了一夜，终于在第三天早晨完成。第四天上午发榜，他看到了自己的名次：第二等第一。

一块石头终于落了地，曾国藩如获新生，也忘了自己是理学门徒，不禁手舞足蹈起来。几天后，他被道光皇帝升为翰林侍读。美好的光芒被穆彰阿引过来，射到他头上。

他给家人写信，得意洋洋地说：“咱湖南以大考翰詹升官者，从前只有陈文肃（乾隆朝宰相）一等第一，以编修升侍读，近来胡云阁先生二等第四，以学士升少詹，和我三人而已。我名次不如陈文肃之高，而升官与之同，这是皇恩浩荡啊。”

这并不怪曾国藩浅碟子，从从七品的检讨升为从五品的侍读，连跃四级，纵然最有定力的和尚，也不能不拈花微笑一下。

发出这封信，他心里有点打鼓，信的语气有点得意忘形，这可不是理学家应有的态度。他马上坐到床上，盘腿静坐了一会，我要定力，我要毅力！

意志力的表现：曾国藩戒烟

升了翰林院侍读的曾国藩精神抖擞，浑身的毛孔里都充满着进取精神。他苦思很久，写下一副对联表达人生态度：不为圣贤，便为禽兽；莫问收获，但问耕耘。

第一句话有些极端，做不了圣贤的人未必就是禽兽，当然，这恰好表达了曾国藩“学做圣贤”的决心。第二句话很有意味。凡是辛苦耕耘的人都想收获，曾国藩为何不问收获？因为他的耕耘比较慢，短时间内无法看到收获，所以只好不问。

虽慢，只要耕耘就必有收获，这是曾国藩多年来身体力行得出的真理。因为毅力能解决天下大部分事情，除了静坐，曾国藩自恃有别人无法想象的毅力，但他也有马失前蹄的时候。

曾国藩年轻时考秀才，总是考不上。心情烦闷之下，学会了抽烟。

他抽的烟不是我们今天的烟卷，而是水烟。水烟的劲道十足，没有烟瘾的人来上一口，马上晕头转向。曾国藩的烟瘾非常大，只要有抽烟的机会，绝不放过。假期在寓所，水烟袋片刻不离。

有一天，他早上醒来照例吸烟，突然感到口苦舌干。他勉强把水烟吸完，肃穆而立，看着满屋子的烟雾，感觉吸烟有害无益，最要命的是恶湿居下，容易引发疾病。

他翻来覆去想吸烟的坏处，想了好多条，再想吸烟的好处，一条都未想到。又想古来吸烟的圣贤名字，仍是脑袋空空。

他一咬牙，一跺脚，把身边的水烟袋摔到地上，用脚踩，使劲踩，踩了个稀巴烂。他发誓：不能立地放下屠刀，终不能自拔，我现在就戒了它，永不沾口！

如你所知，这是斩首戒烟法，一步到位。听上去很气势，第一次使用效果几乎为零。

头一天，曾国藩如热锅上的蚂蚁；第二天，抓耳挠腮；第三天，跑出去买了水烟袋，把三天的烟全补了回来。

十几天后，曾国藩每日都昏昏欲睡，精神萎靡。这应该不是吸烟造成的，而是人的生理周期。可他断定是水烟上瘾的恶果，他再发誓说，如果不戒烟，就是自欺欺人，等于是“假道学”。他再把水烟袋摔断踩碎，“如再说话当放屁，神仙就来惩罚我！”

这次，曾国藩没有食言，虽然每时每刻都心神彷徨，六神无主，但他用毅力撑下来，生不如死地熬了20多天，终于把烟给戒了。

此后，每提到戒烟，曾国藩总是洋洋得意，并以此为例劝诫他人，无论大事小事，都要有毅力、有恒心。毅力是天底下第一利器，无坚不摧，所向披靡。

其实，毅力每个人都有，不过有人只在一件事上有，而有人在大多数事上有。但肯定的一点是，没有人在任何事上都有毅力。比如毅力大师曾国藩，也有没有毅力的时候。

曾国藩嗜下围棋，却因天资关系，他的棋艺大为混沌。

未来京城时，他在湖南老家是个臭棋篓子，来京城后，发愤图强苦练棋艺，终于摘下了“臭棋篓子”的帽子。

如你所知，围棋是天才的游戏，曾国藩非要不自量力，所以就要付出比别人多十倍的努力，下的次数越多就越迷恋，久而久之，他沉醉其中无法自拔。

戒烟后不久，他在一个黄昏时猛然警醒：围棋乃圣人所谓的“小技”，焉能沉沦其中。沉溺于棋，不但妨碍进德修业，还颇耗精力。戒掉它，没错。

戒烟难，因为它有肉体的欢愉；戒棋更难，因为它能带来精神上的愉悦，人在精神上的瘾远高于肉体上的瘾，所以戒起来会非常难。

做任何事之前，当然是先立志。曾国藩立下志向：一月内把围棋戒掉。第二天，有棋友来邀他下棋，曾国藩皱着眉头，拍案而起：“来，明天再戒。”

二人下了一整天，曾国藩输得头晕脑涨。友人一走，他痛责自己，真是狗改不了吃屎。明天绝不下棋！

狗的确是改不了吃屎的，他开始是不玩，可看人家玩，就急得抓耳挠腮，在旁观棋如在沙漠中看到淡水湖一样。

他还是没有忍住，又沉浸在围棋中。每次下完棋，他都要痛责自己，这是典型的自虐，把轻松建立在自责的痛苦上。和别人不同，曾国藩蠢笨，所以下棋时耗费大量精力，每次下完棋都头晕眼花，如同搬了一座山似的累。

可纵然有良心的谴责和精力的消耗，直到死，他都没有戒掉围棋。自鸣得意的毅力这柄剑，在围棋上彻底地钝了。

其实人有点嗜好，未必是坏事。但要有个度，而且要量力而行。曾国藩似乎不明白这点，什么事都一根筋，一种态度，那就是：恒心。有时候，这种态度是极端的，但这能怪谁，只能怪他的天资不高。

曾国藩笨，青史有载，举世皆知。可是，当我们回顾他十余年的京官生涯，却惊讶地发现，就是这个笨蛋，居然在十年时间里连升十二级，一跃而成为二品大员。天资愚钝和这样平步青云的速度，简直水火不容。

这中间，到底有什么奥妙呢？

第二章
京官路线图

“意外”的升官

在翰林院做侍读两年后，1845年6月，道光皇帝御门办事。

所谓御门办事，就是皇帝走出乾清门，在门正中设御榻，榻后立屏风和表案。皇帝升座，各部门按事先编好的顺序向皇上汇报，又叫御门听政。

道光皇帝每年御门不过五次，由于许多下级官员在此时能见到皇帝，所以都重视皇上御门听政的机会，因为如果汇报工作时得到皇上的赞许，就能即刻升官。

问题是，皇上只从一个部门挑一个人，僧多粥少，大家像饿狼一样疯抢这个名额。1846年6月那次的名额出其不意地落在了曾国藩头上。曾国藩自得知要向皇帝汇报工作那天起，就开始准备。所以道光皇帝听政那天，他表现得很好。道光皇帝极为满意，立即升他为詹事府右春坊右庶子（詹事府皇帝殿试阅卷官）。

曾国藩后来受宠若惊地对家人说：“当日升官的人只有三位，我是其中之一。皇恩咋这么浩荡呢！”

皇恩继续浩荡着，小半年后，道光皇帝又御门办事。詹事府的报告人选又落到曾国藩头上，两次被好运气砸中，曾国藩真有点不知所措。

这次的表现和上次平分秋色，道光皇帝一高兴，又把他调回翰林院升为侍讲学士。他喜极而泣地说：“天恩高厚，不知所报了。”

他说这句话时，脑后总会响起一个声音：“天道酬勤”，但其间夹杂着混沌的三个字：穆彰阿。这三个字越来越清晰，渐渐盖住了“天道酬勤”四个字。

曾国藩从遐想中反应过来，啊呀，也许这一切都是穆彰阿老师精心安排的。

他慌忙去感谢穆彰阿，穆彰阿热情地招呼曾国藩。曾国藩憋了半天，要说一段有文采的感谢话，穆彰阿早已摆手制止，说：“这是你应得的。这么多年，无论翰林院还是詹事府，跳不出来都是冷板凳，听着好听，其实没有参与实际政治的机会，只能涵养人，不能锻炼人。”

曾国藩默算了一下，从步入仕途到今天已过去五年多，不算少也不算多。穆彰阿说：“你的毅力和克制力，是我最欣赏的。我听说你的书房名为‘求阙斋’，意为‘求阙于他事，而求全于朝堂也’。这很好，难怪你家门庭若市。”

曾国藩一听这话，慌起来，他以为穆彰阿在说他拉帮结派。这一慌，嘴巴已说不出话。穆彰阿发现了他的艰难，用手势示意他别解释，他不是那意思。

穆彰阿忽然就叹口气，说：“其实我在皇上面前无数次地赞赏你。你还记得皇上第一次御门办事吧，后来皇上对我说，你面相不好，眼皮把眼睛都盖上了，一副苦大仇深的模样。”

曾国藩心里也叹息，面貌这玩意靠毅力可不行，只能听天由命了。

穆彰阿又说：“不过男儿不怕丑，丑男能成事。我看好你。一有机会，我就会把你从翰林院里捞上来，要成大事，还是要参与实际政治啊。”

这句话是曾国藩入仕以来听到的最振奋的话语，他浑身如打了鸡血，跪在穆彰阿脚下，只是激动地磕头如捣蒜，其他什么都说不出来了。

不过正如穆彰阿所言，推荐曾国藩给道光，难度系数很大。道光这人很重相貌，曾国藩的面容难入他法眼。几次提升曾国藩，也只是给穆彰阿面子。若真把曾国藩提到可参与实际政治的位置上，道光还要三思。

所以穆彰阿对曾国藩的帮助只能在暗里进行。

1847年，道光又下令大考翰詹。曾国藩闻听消息，重现几年前的魂不附体。幸好，这次准备时间充裕，再加上这些年的学问精进和穆彰阿的指点，他在本年的翰詹大考中取得二等第四名的成绩。

其中一道考题为“君子慎独论”，曾国藩慎了这些年的独，当然最有发言权。据说道光皇帝看了曾国藩的试卷后，赞赏说：“看他平时作文只是中等水平，想不到这篇文章的论点精辟细致，可谓上乘。”

穆彰阿乘机说道：“曾国藩是个心细如发、遇事留心的人。皇上不信，可测试一下。”

因了曾国藩，道光皇帝这几年被穆彰阿烦得不行，此时看到穆彰阿满脸垂涎之态，不忍驳他面子，只好说，“我考虑一下。”

过了很多天，穆彰阿也未见道光皇帝付诸行动，摇头叹息一番，也就不挂念这件事了。曾国藩根本就不知道道光皇帝夸赞他的事，所以每天还在翰林院里等着升官，等了很多天，也未等到，不禁对着满桌子的书发出叹息。

叹息声未落，突然有圣旨来到，宣他马上到养心殿受道光召见。曾国藩如坠云里雾里，养心殿是皇宫收藏历代名人字画的宫殿，皇上很少会在这里接见低级官员。曾国藩没有时间多想，急忙跟着传旨太监一路小跑去了养心殿。

进得殿里，太监把门关上，曾国藩像个傻子一样站着，等待皇上到来。站了有一个时辰，皇上仍未来。

他看着满墙壁的字画，心烦意乱。又一个时辰，他站得腿脚发麻，再一个时辰，腿脚已如灌铅。如果再站下去，他的双腿会变成石头，幸好，太监来告诉他，“皇上今天不来了，你回吧。”

曾国藩没有气恼，只是走起路来有些艰难。好不容易挪回寓所，赶紧用热水泡脚，血液循环起来，不那样痛苦了，他才回想这件事。越想越觉蹊跷，因为自进入仕途后，他从未遇到过这种情况，也从未听同僚们说起过这种情况。

他琢磨到傍晚，也琢磨不出个究竟，猛然想到穆彰阿老师。

趁着夜色，曾国藩去了穆彰阿家。穆彰阿一向有应酬，晚上很少在家。幸好老天保佑，那天穆彰阿没有出去。曾国藩把今天上午发生的事原原本本说给穆彰阿听，最后发出请教。

穆彰阿老谋深算了好一会儿，问道：“墙壁上的字画是不是新挂起来的？”

曾国藩回忆，努力地回忆，才做出模棱两可的答案：“好像是。”

“还记得字画的内容吗？”

曾国藩又努力回忆，一星半点内容都想不起来。

穆彰阿扼腕长叹，但他有涵养，把已到嘴边的“不争气”三个字生生咽了回去。

曾国藩觉察了老师的失望，却丈二和尚摸不着头脑。又见穆彰阿命人取了大笔银子，悄悄吩咐一个心腹几句话。那心腹立即跑了，这更让他茫然起来。

穆彰阿没有向他解释，只是命令他：“明天上午来我这里，必须来！”

那天晚上，曾国藩彻夜未眠。他想尽了一切可能，也想不出穆彰阿老师到底在搞什么名堂。早上起床洗漱时，他猛然想到，昨天穆彰阿并没有给他答疑解惑啊，难道是今天？

心事重重之下，他来到穆彰阿书房。穆彰阿指着桌上一本白折命令他：“看！”

曾国藩郑重其事地打开白折，上面是几张图画和文字，他正准备从头到尾认真地看一遍。穆彰阿问他：“熟悉吗？”

曾国藩皱起眉头，先是摇头，然后又若有所思地点头道：“好像在哪里见过。”

穆彰阿再次扼腕长叹，心里又暗骂了三声，才缓缓说道：“这就是你昨日在养心殿看到的那些字画。”曾国藩正要从头看起，穆彰阿不想浪费时间，“你别看了，这些字画记载的是乾隆爷当年六巡江南的事迹。皇上常和我说起，也想学乾隆爷，可没有机会。既不能了此心愿，皇上只能把乾隆爷下江南之事读得滚瓜烂熟。这是我买通了养心殿昨日当差的太监，才搞到的。你现在知道皇上昨日为何要放你鸽子了吧？”

曾国藩琢磨了半天，恍然大悟：“啊呀，我知道也。皇上是想考我的记忆力。”

穆彰阿苦笑：“我曾在皇上面前说你遇事留心，想不到你昨日只站着发呆。”

曾国藩慌忙跪下，惭愧得要死。

穆彰阿说：“别浪费时间，赶紧回家去背诵下来，我觉得皇上很快就会再找你。”

曾国藩辞谢了穆彰阿，回到家中，连午饭和晚餐都没有时间吃，终于在第二天鸡鸣时分背诵下来。当他那天上午在翰林院做磕头虫时，圣旨来了。

他信心百倍地跟着传旨太监来到养心殿，果然不出穆彰阿所料，道光皇帝问跪在地上的曾国藩的问题，都出自那些字画。

因早有准备，曾国藩对答如流。道光皇帝大为满意，问答的最后，道光皇帝突然问曾国藩："你多大了？"

曾国藩回答："三十七岁。"

道光皇帝"哦"了一声："岁数也可以了，内阁缺个学士，礼部缺个左侍郎，本来大考翰詹之后就该你来做，当时还疑虑，现在我放心了。"

曾国藩把头贴近地面，蹭出个响头来，说："谢皇上。"内心里说，更谢穆彰阿老师！

让人大惑不解的是，曾国藩虽是靠穆彰阿平步青云，但他对别人说起自己的升官历程，总是用"出乎意料之外"的狂喜态度。我们无从得知，是他真认为自己的升官是意外，还是他想尽力撇清自己与穆彰阿的密切关系。

无论如何，曾国藩是升官了，内阁学士兼礼部左侍郎，正二品。他自鸣得意地给家人写信说，"湖南人三十七岁做到正二品的，本朝尚无一人，哈哈哈。"

岂止是湖南没有这先例，就是清王朝二百多年以来，也没有一例。

臭骂咸丰

成了二品大员的曾国藩只是在家信中得意那么一下，在官场中，他比从前更低调、谨慎、隐忍。在工作中，他刻苦学习为政之术，渐渐变得敏捷干练。在闲暇之余，他也毫不放松，而是采辑古今名臣大儒言论，分条编录成书，该书分"修身""齐家""治国"三章，共有三十二节，这就是闻名天下的《曾氏家训长编》。

曾国藩家训的大部分内容是教育他几个弟弟的，家训很多时候不能外传，可曾国藩的家训却传得人尽皆知，连道光皇帝都知道了。

道光皇帝对穆彰阿说："曾国藩这人为国为家，呕心沥血，真是忠孝人物。"

穆彰阿趁机说："应该给他表现的机会。"道光皇帝就时常招曾国藩前来，探寻他的人生理想和为政之术，曾国藩每次都做好了充足准备，所以总能对准道光的心思。道光皇帝很满意，说："应该升你官。"

1849年春节才过，曾国藩被升为礼部右侍郎。这是个赤裸裸的激励，曾国藩比从前更热爱工作、更勤奋，加班成了家常便饭。这年八月，道光皇帝发现曾国藩有无穷无尽的精力，于是调他到工作更繁重的兵部担任右侍郎，曾国藩凭着刻苦精神，胜任有余。

在同僚的印象中，曾国藩和桌子是一体的。他永远都在桌子后面。就是当他站起来到资料库查资料时，有人也隐约看到他胸前有个桌子。

在好友的印象中，曾国藩的形象就会多姿起来。他说话很慢，下棋也慢，这是因为他脑子经常跟不上。虽然学识丰富，却鲜有汪洋恣睢之文，虽能把古代诗歌倒背如流，却少有灵动之作。但他们都佩服曾国藩那种不达目的不罢休的韧性。一件事，非要弄出个水落石出、板上钉钉不可。

每当同僚或是好友夸赞曾国藩的励志事迹时，曾国藩在椅子上就坐立不安。这是因为他受不了别人的夸奖，皇帝除外。

别人一夸他，他就热血沸腾，一热血沸腾，他浑身就起癣。这是他几年前因精神时刻紧张患的皮肤病。每当癣发作时，痛痒难耐，非用利爪狠狠抓挠不可。

抓挠时，曾国藩被笼罩在飞扬的皮屑中，情景异常魔幻。

无论是为人处世还是参与实际政治，曾国藩以四平八稳的作风赢得了稳健的道光皇帝好感。但1850年，随着道光皇帝的驾崩、新皇帝咸丰的上台，曾国藩这种作风逐渐失去市场。

道光的皇帝生涯，窝囊透顶，政治腐败，第一次鸦片战争的失败，给他的心理蒙上难以磨灭的阴影。他临死前，恼恨羞愧，说对不起爱新觉罗列祖列宗。并且要后人别把他的尸体送进皇家陵园，这是他对自己最大的惩罚。

曾国藩哭得死去活来，并上疏新皇帝咸丰，请咸丰不准道光皇帝的遗嘱。咸丰如果遵守了老爹的遗嘱，那才是千古奇闻。

对于曾国藩这道上疏，咸丰皇帝印象深刻。

在上台一个月后，咸丰召见曾国藩，问了些废话，曾国藩对答如流。咸丰只是若有所思地点头，曾国藩离去后，咸丰对身边的人说："曾国藩的话四平八稳，毫无独到见解，迂腐欠通。”

这个评语对曾国藩而言是个小打击，更大的打击还在后面。

咸丰皇帝剥夺了他老师穆彰阿的一切职务，穆彰阿倒台，穆彰阿的一群同党也被连累，唯独曾国藩安然无恙。

很多人都奇怪，曾国藩却认为这是天经地义，因为这么多年来，他虽和穆彰阿关系匪浅，却从未在各种场合表达过对穆彰阿任何谄媚。私底下的亲近，让他避过了这一劫。

穆彰阿倒台后，曾国藩竟不惧人言和咸丰的淫威，大大方方地去安慰穆彰阿。

穆彰阿流下感动的泪水说：“我真没有看错你。你重情重义，将来前途不可限量。”

曾国藩也眼圈发红说：“一日为师，终生为父。”穆彰阿叹息说：“一个皇帝一个思路，你以后要多加谨慎。”

曾国藩这回没有听老师的话，胆子变得异常大起来。1850年三月，咸丰下旨要众臣为朝廷提建议，大部分人都在观望，曾国藩一马当先，上了《应诏陈言书》。

他在书中说，前朝吏治腐败透顶，但仍有挽救之机，希望咸丰能力挽狂澜，刷新政治，祛除官员“退缩”“琐屑”“敷衍”“颟顸”的通病，让吏治走上光明大道。

如何走向光明大道？

曾国藩的方法是，用对人。怎样用对人，曾国藩说了一大堆，都是“为政在人”的老生常谈。咸丰皇帝看了曾国藩洋洋洒洒的一封长书后，眉毛几乎挤到一起，这是老太太的裹脚布——又臭又长。

但咸丰刚上任，要做出鼓励进言的姿态，所以对曾国藩的这封上书表示认可，并说：“我要好好琢磨琢磨。”

可近一年的时间过去了，曾国藩没有看到咸丰要整顿吏治的任何迹象。他在兵部里直转圈，他隐约感觉到，咸丰皇帝对他很忌讳，最大的原因可能是他与穆彰阿关系不错。

咸丰执政的第一年，曾国藩苦闷之极，在给他的家人信中，他不无抑郁地说：“我现在在官场，已厌恶其繁俗而无补于国计民生。只是势之所处，求退不能。倘若家中有点闲钱，我就辞职回家，专心做学问。”

从曾国藩信中看，他满腹经纶却得不到施展，这是屈才；朝廷颟顸一片却无人改革，这是不思进取。在这种情况下，他一个心存大志的人，还怎么待下去。纵然不能辞职回家，也可以离开京城到地方上去啊。

这似乎是历史上伟大人物的通病，每当在政坛不得志时，就想离开。刘伯温这样，王阳明这样，张居正也这样。而一旦曙光初现，他们又精神抖擞起来。

1850年夏，广西人洪秀全在广西桂平县金田村发动暴乱，很快席卷南中国，是为太平天国革命。1851年年初，中央政府对太平天国猛地重视起来。

曾国藩在书房里急得直转圈，他既想给咸丰出主意，又担心自己和穆彰阿的关系而受到咸丰的打击。所以他愁眉不展，就在他意乱心烦时，同乡兼好友罗泽南来了封信。

罗泽南指责他畏惧而不敢言，他分析原因说，你有贪位的私心，应该说的事你不说，简直给湖南人丢脸。

罗泽南刚和曾国藩认识不久，和曾国藩有个相同点：总过不了乡试，后来当地政府实在看不下去了，只好给了他个名誉头衔“孝廉方正”。据曾国藩说，罗泽南精通理学，思想沉厚，是个不可多得的人才。所以罗泽南说的任何话，都让曾国藩震动。

接到罗泽南的信后，他坐到书桌前，找资料写笔记。十几天后，他向咸丰上了一道《议汰兵疏》。

奏疏说，他在兵部已有几年，发现天下有两大患，一是财政困难，二是军队无能。财政困难，内外大臣，人人忧虑，鸦片战争后，因赔款的关系更让财政雪上加霜。至于军队问题，曾国藩把各地兵勇批了个狗血喷头，尤其说了太平天国兴起后，广西军队一触即溃的情况。他总结说，“兵不在多而在精，必须重新训练一支骁勇部队，才可将太平天国消灭。有了这支军队，不堪一击的绿营、八旗就该裁撤。”

咸丰对着曾国藩的奏疏摇头，此时正是用兵之计，怎么能裁军，简直荒唐！

这道奏疏泥牛入海，曾国藩正茫然时，罗泽南又来信了。罗泽南说：“你是说了，可说的全是假大空，和没说有什么区别，真是不堪，真是无耻。”

曾国藩被罗泽南批评得神魂颠倒，他又坐到办公桌前，写下了他人生中最凌厉的一封上疏《敬呈圣德三端预防流弊疏》。

他单刀直入地说："如今百姓造反如火如荼，吏治腐败依然如故，原因何在？原因就在你咸丰身上！"

"你这人啊，总是在细枝末节上用功，对一些小事斤斤计较，比如你前段时间为了避讳名字中的'奕'，竟将常用的'仪注'两个字改成了避讳字。你就注意这些琐碎的事情，跟国家大事没一毛钱关系，这纯粹是吃饱了撑的。现在，太平军正如日中天，你有计划吗，派谁去剿灭，中部和东南部该如何防守，地图呢？我看咱们帝国的地图全是康熙年间的，真要打起来，不是刻舟求剑吗？"

批评完咸丰的做事态度，曾国藩直指咸丰本人："你这皇帝喜欢文饰，崇尚虚文不务实际。你注重那些狗屁礼节，根本不注重礼节背后的实际功用。有人对你点头哈腰，你就喜欢；有人对你不卑不亢，你就恼火，这是什么事嘛。"

"第三点，皇上你太刚愎自用，自以为是，以为自己很聪明，什么事都要亲自去管，根本听不进别人的意见。对那些提意见的人，总公报私仇。"

咸丰皇帝看了曾国藩的奏疏，尤其是发现曾国藩说的都是事实后，大怒若狂，咆哮道："给我把曾国藩从严治罪，不要让他跑了。"

站在下面的首席军机大臣祁寯（jùn）藻不出声，咸丰皇帝怒气升腾："曾国藩这厮把我说成了桀、纣，我怎么能是那种人，这畜牲胡说八道，祁寯藻，你怎么不说话？"

祁寯藻和曾国藩的私交并不深，但对曾国藩的印象不错。在这种时候，作为首席军机，他应该尽保护直臣的责任。但他不能和正在气头上的咸丰说："曾国藩说得对。"

思来想去，他向咸丰说了四个字："主圣臣直"。意思是，皇帝圣明才有曾国藩这样讲直话的臣子。

这就是说话的艺术，避重就轻，马屁拍得不露痕迹。正如曾国藩所说，咸丰是个崇尚虚文的人，听了祁寯藻的话，不禁转怒为喜。一低头又看到曾国藩的奏疏，不禁问道："这厮就不怕丢乌纱帽吗？"

祁寯藻知道这件事，急忙回答："曾国藩写这道上疏前，已给家人写过信，这封信被他放进了《曾氏家训》里，京城都快传遍了。信上说，我凭良知写这封信给皇上，已将得失祸福置之度外。”

咸丰“嘿”了一声：“这厮大有前朝海瑞抬棺材谏朱厚熜（嘉靖）的风范啊。”

祁寯藻说：“如果皇上惩治他，天下士子必会倾向于他；如果皇上趁此奖赏他，正能证明皇上的心胸。”

咸丰琢磨了一会，一拍大腿：“你言之有理啊，来啊，下旨，升曾国藩为刑部左侍郎。”

升职圣旨未到曾国藩家之前，曾国藩活得简直不像人了。

他上了那道奏疏后就开始懊悔，然后是心惊胆战，最后开始埋怨罗泽南，如果不是罗泽南怂恿，他怎么会上那道奏疏。埋怨完罗泽南，他又埋怨自己，太沉不住气，被人家激了几句，就拔刀而起，这是莽夫啊。这么多年的学问都学到狗肚子里去了，正当他自怨自艾、心魂不定时，圣旨到了。

一听圣旨二字，曾国藩上身晃了两晃，家人赶紧扶住他。他嘴角剧烈颤抖，嘱咐儿子们：“把我的家训保护好，要子孙流传。”

家人把他扶到传旨太监面前，他本来是要跪下去，想不到双腿一软，坐到地上，家人又努力把他扶正。听完升职的圣旨，曾国藩激动得浑身哆嗦，叩头如捣蒜，谢主隆恩。

事后，曾国藩给罗泽南写信说：“你对我的鞭策真是给力。如果不是你那样激我，我不可能把奏折递上去，不递上奏折，我就没有今天升职的机会。你说得对，身为人臣，就不该有贪位的私心，也不该有苟且的念头，要有‘文死谏’的文臣气概。”

这封信一寄出去，曾国藩撸胳膊挽袖子，准备继续“文死谏”，为咸丰提出如牛毛多的从上而下整顿帝国的方案来。

有人实在看不下去他的糨糊脑袋了，偷偷把咸丰表彰他的真相告诉了他。

曾国藩呆若木鸡，随即仰天长叹。他闭门思过，又是悲愤又是后怕，在用朱熹的方法论“格物致知”一番后，他给咸丰皇帝上了一道奏折，俯首认错。

咸丰以为曾国藩从此会缩起头来做人，曾国藩也这样认为。想不到，他不再得罪咸丰，却掉头得罪起了京城权贵。

京城权贵们的唾骂

曾国藩自修身克己后，修养渐好，再加上刻苦努力钻研学术，在文化氛围浓厚的北京城，的确结交了无数朋友。

不过这些朋友除了穆彰阿之外，全无根底，都是来自五湖四海出身普通阶层的人，曾国藩的圈子里少有权贵阶层的人。本来，权贵阶层应该是做官者必须要主动结交的，可曾国藩非但不结交，反而义无反顾地把他们得罪遍。

事情起于琦善。这位贵族出身的公子哥凭借家族力量在二十岁时就当了河南巡抚，一度位极人臣，风光八面。

琦善会做官也会做人，所以在朝廷中人缘特好，根深蒂固。鸦片战争期间，琦善是坚定的和解派，触怒了道光，被革职抄家。但他的人缘太好了，一批一批的人保举他，终于他重获启用，被派到甘肃兰州担任陕甘总督。

大概是在鸦片战争中懦弱的表现而被革职抄家，琦善受了严重刺激，一到兰州就一反常态，重典治国，还将周边本来安静的少数民族首领诱杀，引起了不必要的麻烦。

意料之中地，有人举报他这种疯魔行为。咸丰雷霆大怒，一面骂娘一面说："长毛（太平军）已把我搞得寝食难安，如果再被逼出叛乱，我还活不活了？把琦善这蠢材交刑部审讯！"

琦善一进刑部，曾国藩就发现了人缘的威力：会审官员只问琦善些微不足道的问题，琦善保持着贵族风度，对答如流。

作为刑部副部长的曾国藩越听越气，当听到会审官员要把举报琦善的人捉起来审讯时，他怒发冲冠，对会审官员们说："你们到底是在审案，还是在为罪犯开脱罪责？把举报人当成罪犯捉来，根本不符合大清律例，你们难道不知道？"

审讯堂鸦雀无声，琦善摆出他的满洲肥佬做派，把脑袋歪成九十度，看向曾国藩，阴阳怪气地问道："您哪位？好大的官架子啊。"

换作未修身克己前的曾国藩，肯定冲上去就是一顿湖南脏话，但曾国藩修身了好多年，已经有了高深涵养。他看着琦善，冷冷地回答：“新任刑部左侍郎曾国藩的便是。”

刑部尚书恒春是个老好人，慌忙站起来，把琦善请了出去，气急败坏地训斥曾国藩：“你糊涂啊。”

曾国藩大怒：“我看你们才糊涂。琦善固然位高权重，既然是奉旨审讯他，就该以罪犯对待，但你们却把他当成爷。这样也就算了，你们竟然还要捉拿举报他的人，如果举报者都被这样对待，将来再有大员犯罪，谁敢过问？”

恒春被这番话震住了，去看其他审讯官，其他人急忙仰头看天。

在曾国藩的坚持下，琦善被革职并发配回他的老家东北。

琦善本人是走了，可他的门生故旧遍布京城各个衙门，曾国藩收了无数的唾骂和指责。许多他圈里的朋友此时也埋怨他不该与权贵为敌，主动或被动地与他拉开了距离。

面对圈子的紧缩，曾国藩不为所动。

不久，在广西前线寸功未立的官场大家伙赛尚阿被咸丰交给刑部审讯，赛尚阿是满洲贵族，论影响力还在琦善之上，人缘也是相当地好，所以各部官员都希望从宽处理。

曾国藩又跳出来说：“军务关系重大，不能就这样轻描淡写，否则以后还有谁会卖力剿匪？”

没人理他，他就写了奏折递交咸丰，请咸丰从严惩处赛尚阿。

咸丰不是卖曾国藩的面子，而是被长毛搞得心情烦躁，赛尚阿又寸功未立，所以愤怒之下将赛尚阿革职。

曾国藩算是捅了马蜂窝，而且是两回。他在官场上已如站在悬崖边，非但孤立无援，而且险象环生。很多人在聚会时一见到他，掉头就走。而在背后，则是破口大骂。

曾国藩心情沉闷，整日愁眉不展。当他苦心积虑地想挽救大清帝国江河日下的形势时，别人却在诅咒他，当他殚精竭虑地想制定绝妙的消灭太平军计划时，别人却在诋毁他。他那颗热衷功名的心渐渐冷淡下来，有一天，他看着寓所里的一颗树苗，发出感叹：“补天倘无术，不如且荷锄。”

这话被他一位从前的朋友、现在的陌路之人听到了，冷嘲热讽道：“你呀，就是个老农思维，若真回家荷锄，倒是得其所哉。”

曾国藩憋红了脸，脸红如残霞。

他看准了对方的背影，恶狠狠地吐出一个字：“呸！”

这是无可奈何的发泄，但他倒是真想辞官回家。于是写信给罗泽南道：“过段时间，我就脱掉官服，和你一起优游山林，可好？”

罗泽南知道曾国藩受到了刺激，正咬着笔杆准备回信，曾国藩的转机来了。

1852年7月下旬，中央政府命曾国藩到江西担任乡试主考官。曾国藩得到消息，一跳三丈高，吼起来：“我终于不用脱掉官服，就可以离开这个令人失望而厌恶的地方了！”

由此可知，他脱掉官服是假，胸膛里燃烧的功名之火仍然是炽热的。

接到圣旨的第二天，离江西乡试还早得很，曾国藩就迫不及待地离开北京，走上了一条他做梦都无法梦到的路！

结束京官生涯

曾国藩离开北京后，有好事者摇唇鼓舌道，这个乡巴佬是被骂出北京的。

其实不然，曾国藩在道光末年，就始终想去南方当差，无奈运气不佳，每次都轮不到他。

他总想去南方当差，有两个原因：第一，京官的日子太苦，出去当差一次就能收地方官的红包、礼金千两银子，可以提高生活质量；第二，他做京官十余年，从未回过老家，去南方当差，恰好顺道回老家探亲。

所以这次去江西南昌主持乡试，他真是欢天喜地。

但1852年9月初走到安徽太湖县小池驿时，一封家信来到，是个噩耗：他母亲于一个月前离开人世。

曾国藩胸膛如挨了一拳，血气上涌，“哇”地吐一大口鲜血来。

呆坐了许久，他终于缓过气来。按传统和法度，他此时应立即回老家奔丧。不过，有点小困难。

他离京时只带了到南昌的单程路费，行抵小池驿时，盘缠已所剩无几，如果转头回老家，那就要不吃不喝的靠两条腿走回去。

这是不可能的事。

曾国藩在旅馆来回踱步，心里开始运用朱熹“格物致知”的超级方法论。

他要“格”的“物”就是路费，“格”了半个时辰，终于得出结果和道理（致知）。结果是：可以到江西找路费；道理是：我是江西乡试主考官，暂时属于江西官员，而我老母正在此时去世，所以江西官员给我奠仪（份子钱）实是天经地义。

决心一下，曾国藩立即行动。

他穿上孝服，雇了乘扁舟来到江西九江。九江官员们见新任乡试主考官披麻戴孝而来，目瞪口呆。曾国藩就把老母去世的消息告诉他们，并说两天后要启程回老家守孝三年。对于不能主持江西乡试，曾国藩深表遗憾。

老娘去世，做儿子的应该刻不容缓，恨不得多生四条腿往家中赶，曾国藩怎么说要两天后才启程？

伶俐的江西官员们看曾国藩一脸菜色，马上明白其中玄机。

有人道破玄机对曾国藩说：“您就是不在这里待两天，我们也非让您待不可。您母亲去世，我们江西官员们应该表示一下，但南昌离此有些路程，所以您得等等。”

曾国藩哭丧着脸，不说话。

江西官员们马上去凑钱。两天后，凑齐了一千余两银子。曾国藩当场就把银子精准地分成三份，众官员大惑不解。

曾国藩咧嘴一笑，指着其中第一份道：“这份要还给京城中一朋友的，他最近太缺钱。”又指着第二份道，“这份是还给湖南长沙我几个朋友的。”第三份已少得可怜，曾国藩不好意思地说：“这是回家的路费。”

众官员对曾副部长欠了一屁股饥荒，叹息不已。想不到，从油水角度讲，京城的副部长还不如地方上的小县令。

曾国藩既然拿到钱，回去奔丧也就刻不容缓了。他收拾行装，带着钱坐船先到黄州，然后登陆直趋武昌，湖北巡抚常大淳接见了曾国藩。

常大淳和曾国藩是老乡，在当时太平军已闹将起来的动乱时期，异地老乡见老乡，分外亲切。常大淳听了曾国藩要回家守孝的事，慌忙制止：“你千万别走长沙，太平军此时正在围攻长沙，吉凶难料啊。”

曾国藩脸色大变：“乱匪竟然入湖南了？”

常大淳神色凝重，许久才说道：“岂止是湖南，倘若中央拿不出切实可行的剿匪计划，整个南中国都会遭殃。”

以曾国藩对太平军很少的了解，问题是有点严重，却绝没有常大淳说的那样严重。

不过，长沙是不能走了，曾国藩只好绕道回乡。1852年10月初，曾国藩历经千辛万苦和诸多小惊吓，终于抵达老家湘乡。跪在老娘棺材前嚎啕大哭几个时辰，他走到书桌前给咸丰写了封准备在家守孝三年的信后，开始认真守起孝来。

然而，这是一厢情愿。他才到家两天，老朋友罗泽南就来了。

罗泽南这段时间忙得四脚朝天，所以曾国藩老娘死了两个多月，他才首次登门。曾国藩刚死了娘，脸上毫无热情可言，罗泽南倒热情起来。他对曾国藩说：“最近我正和咱们湘乡县长朱孙诒搞团练。”

曾国藩对团练并不陌生，当时任何一个知识分子对团练都不陌生。团练就是民兵部队，清王朝的团练始于1796年的四川、湖北白莲教暴乱，当时清政府调集正规军八旗、绿营前往镇压，想不到一触即溃。湖北襄阳知识分子梁友谷为国家分忧，倡议组织团练。团练的初衷是“自卫”，敌不犯我我不犯人。

但随着形势的严峻，团练开始配合正规军对敌人做些侦缉和小规模围追堵截的战斗。在团练的全力协助下，清政府消灭了白莲教叛乱。对团练的出色表现，清政府又喜又惧。喜的是，团练其效如神；惧的是，团练其效如神。它既然可以帮政府干掉乱民，当然也可以帮乱民攻击政府。

清帝国皇帝们一想到这儿，马上魂不附体，白莲教暴乱才平定，各地团练正等着分果果，突然接到圣旨：解散，回家种地。

但所有人都意识到，让团练彻底消失的唯一办法就是正规军能打仗。遗憾的是，清政府正规军不能打仗，所以太平军一暴乱，正规军丑态频出时，道光追溯历史，回想往事，自然而然就想到了强悍善战的团练。

不过道光很谨慎，只下令让太平军的暴乱地广西省组织团练。由于太平军善于流动作战，四处乱窜，所以不等道光的正式命令，湖北、湖南、江西、安徽等地都先后在官绅们的主持下办起了团练。

曾国藩的老弟曾国潢在两年前就是白杨坪村的团练总指挥，他老爹曾麟书则受湘乡知县朱孙诒的委托担任湘乡县团练的名誉主席，罗泽南和他的弟子王錱（zhēn）此时正在湘乡干得热火朝天。

对罗泽南异常的兴奋，曾国藩心如止水。他是理学家，理学家守孝时要知行合一，不但足不出户，连心都不能跳得过快。

罗泽南很快就发现没有戳中曾国藩的兴奋点，眼珠飞快转动，找了个话题向曾国藩发起谈话。

“近来还在读理学？”

“是的。”曾国藩眼神发出光芒。

“理想还在？”

曾国藩沉思一会儿，点头。

“我看你修身齐家做得都很好，修身方面已文质彬彬，隐忍负重，据说在京城被人骂得狗血喷头，却泰然自若。”

曾国藩叹息道：“背后没少生闷气，险些把肺都气炸了。圣人说要慎独，看来我修行还不够。”

罗泽南摇头笑了笑：“能在人前不动如山，就是一大境界了。你的齐家做得更好，我看过你写的家书，真是字字真切，可谓深得理学‘诚’之一字精髓。”

“兄弟你取笑我。”

“绝没有！”罗泽南很正经，随即又装出一副可惜的模样来，“修身齐家做得好有屁用，值此危机关头，身为圣人门徒，不能治国平天下，生不如死。”

曾国藩睁圆了眼睛看罗泽南，翻来覆去都思忖对方话中之意，想了半天，才慢慢说道：“你在这里说有什么用，圣人之学无非是‘即物求道’和‘身体力行’。”

“太对了，就要知行合一，即知即行。”

这话让曾国藩很诧异，因为这思想是王阳明的，罗泽南什么时候读上王阳明了？

他当然也读王阳明，可惜天资不高，没有读懂。但“知行”的辩证，他却读懂了，而且很不同意王阳明“知行”并驾齐驱、同等重要的思想。

“我觉得‘知’重要，‘行’更重要！”

罗泽南拍手惊叫，语速加快：“对啊！你脑子里始终有‘治国平天下’的理想，现在正是实现理想的好机会，为何要在这里只知不行？圣人说，国难当头时，就该移孝作忠。”

圣人是否说过这样的话，曾国藩在书本上没有见过。但罗泽南的话的确激起了他多年的夙愿。他沉思许久，才开口慢慢问道：“团练办得怎样了？”

罗泽南眼里放出光芒来，盯着曾国藩，用鼓励的口吻问道：“去县上看看？”

第三章

巧计建湘军

出山任团练大臣

湘乡知县朱孙诒热情万丈地会见了曾国藩，并请曾国藩为保卫湘乡出谋划策。

曾国藩认真而全面地视察了团练，向朱孙诒和罗泽南提出练兵“贵在精而不在多”的建议，只要能训练出不要命的民兵400人，就可以和敌人来一场野战。同时他还提醒罗泽南，在湘乡周边多设探子，及时掌握情报，知己知彼才能大有胜算。

当然，曾国藩的着眼点不仅在团练上。他特别重视民间的安定和团练人员的来源。太平军暴乱一起，由于承平日久，所以流言四起，有人连太平军的影还没见到，就携家带口逃亡。曾国藩四处活动，宣传千万不要逃走，而且还写了通俗易懂的《保守平安歌》，提出：第一，莫逃走；第二，齐心保家乡；第三，操练武艺，大家齐心办团练，才能家家户户保平安。

因为行动起来，所以奇迹发生。湘乡在曾国藩的努力下，恢复了稳定和秩序，民心一定，团练水涨船高，无论是人员数量和质量，都远在湖南其他地区之上。

就在曾国藩为家乡贡献智慧和精力时，两个消息接踵而至。

第一个消息是，太平军在湖南长沙使尽浑身解数都无法攻克，于是撤围而走。这当然是个好消息，曾国藩特意跑到湘乡县城和朱孙诒、罗泽南喝了一顿，由于太过于兴奋，他把守孝期间不准喝酒的禁令忘得一干二净。

第二个消息不知是好是坏。1853年1月，他接到圣旨，咸丰皇帝任命他为湖南团练大臣，协同湖南巡抚共同办理团练。清政府最早设团练大臣是在1852年10月，地点是江西。曾国藩是第二位团练大臣，可谓沐浴了滔天的皇恩。清政府设立团练大臣的初衷是要把团练搞得铺天盖地，让乱匪陷进人民战争的海洋中去。所以挑选的大臣人选都是正在老家的京官，因为这样的京官熟悉家乡，而且就在家乡，可立刻上任。

罗泽南得到这个消息后，第一时间跑来祝贺，曾国藩却心事重重。罗泽南问："你成就功名的日子来了，怎么不高兴？"

曾国藩搓着手，唉声叹气："这若是从前，我要去祖坟祭拜的，可现在……"

罗泽南明白了，曾国藩正在守孝，如果出来任事肯定会受人耻笑："我前段时间跟你说的话，你难道当饭吃掉了？"

"什么？"

"移孝作忠啊！"

要移你去移！曾国藩想，在背地里为罗泽南出出主意，发些宣传单给老百姓，这都情有可原。可担任团练大臣，那可是光天化日之下出来做官，祖宗有灵，圣人有感，苍生有嘴，我非被他们谴责死不可！

罗泽南劝了半天，毫无效果，垂头丧气地走了。

曾国藩木然地呆坐房中，心乱如麻。突然想到理学家的静坐修行，于是盘起腿，把杂念驱赶出头脑，一会儿工夫，就端坐着打起了呼噜。

一觉到天明，但也不是自然醒，而是被老爹曾麟书唤醒的。老爹对他说："你的好友郭嵩焘来了。"

曾国藩大喜，蓬头垢面地跑了出来。

郭嵩焘1847年才中进士，比曾国藩晚了九年。戏剧性的是，他官路一点都不亨通，才中进士，就撞上双亲离世，所以回老家湖南湘阴守孝。

1850年守孝结束，正要回京，又遇上太平军造反。在咬牙切齿了几天后，强烈的使命感让他留在湖南，帮助地方官防御太平军。

1853年10月，云贵总督张亮基调任湖南巡抚，郭嵩焘被人推荐，成了这位沉稳干练的巡抚大人的幕僚。

郭嵩焘和曾国藩交情匪浅，所以总在张亮基面前推荐曾国藩，当曾国藩被任命为湖南团练大臣后，郭嵩焘征得张亮基的同意，一路小跑来到白杨坪请曾国藩出山。

曾国藩对团练大臣的位子犹豫不决，不仅仅是他怕别人的议论，还有个重要的原因就是，他对当时政府的腐败无能和官员的软弱散漫深恶痛绝，他特别担心的就是很难和这些人合作。

如果在工作中和这些人产生矛盾，必会事事掣肘，处处荆棘，非但自己不能成功，可能还会因过受罚，再受到他人的耻笑。到了那片田地，他曾国藩就是有想活下去的勇气，老天恐怕也不会给他机会。

所以在罗泽南来劝他之前，他就写好了辞请奏疏，准备由张亮基转交咸丰。郭嵩焘一来，两人谈了些闲话，他就把那封奏疏哆嗦着拿了出来，要郭嵩焘交给张亮基。

郭嵩焘皱眉说："你这是打退堂鼓啊。"

曾国藩叹息连连说："团练大臣有个鬼用，今日不可救药的地方不是什么团练的战斗力，甚至都不是正规军的战斗力，只在人心。人心陷溺，毫无廉耻。看看那群官场肥佬，摇头尾巴晃，混吃等死，再看看那些有志于拯救苍生的人，全沉沦下层，郁郁不得志。人心不古，世道浇漓，这要比长毛贼厉害百倍！"

这是段社会杂评，堂而皇之，所以无用。

郭嵩焘埋怨道："你现在说这些有什么用，此时就该出山，见一事解决一事。你坐在这里兴叹，于世事有何益处？"

曾国藩心不在焉。

郭嵩焘提高了嗓门："你不知道吧，长毛匪已攻陷了湖北武汉，常大淳殉职了。"

曾国藩"啊呀"一声，武汉一失，湖南地区必是太平军觊觎之地。虽然上次长沙之围解了，但难保太平军不来个回马枪。到那时，整个湖南将狼烟四起，血流成河。

一想到这，曾国藩就脊背发凉，眼皮直跳。

郭嵩焘趁机劝道："你本有澄清天下之志，现在不乘时而出，拘于守孝的古礼，对皇上甚至是对你老爹都没有益处。国要破家要亡，你什么都守不住的！"

曾国藩在房间里转悠起来，脸上一会儿是兴奋，一会儿是忧虑，一会儿是莫名其妙，一张脸变幻无常，搞得郭嵩焘神经紧张，连胃都发紧。

转了半个时辰，曾国藩才端坐在郭嵩焘面前问道："我父亲那里，怎么办？"

郭嵩焘惊喜地笑起来："这好办，我来说。"

经过郭嵩焘的三寸不烂之舌，曾麟书意识到如果不让曾国藩去长沙担任团练大臣，那他这个老爹就该天诛地灭。

曾老爹同意了，曾国藩还有顾虑。这顾虑不好意思说出口，郭嵩焘要他一定要说出来，要无任何后顾之忧地去长沙。曾国藩咬咬牙，像是下了很大决心似的说了三个字：江忠源。

这是个人名，曾国藩最要好的朋友。

江忠源是湖南新宁县人，新宁离曾国藩的家乡湘乡不远。江忠源虽是读书人，却不受礼法约束，吃喝嫖赌样样都来。1847年，新宁县闹匪，政府军一筹莫展。危急时刻，江忠源砸锅卖铁募集了一支民兵部队，很快就把匪乱镇压下去，由此名声大噪，从此混入官场，但不久后因老母去世，回家守孝。

太平军起事后，江忠源再发神威，脱了孝服，组织精锐团练，出湖南入广西和太平军作战。江忠源是将才，手下无弱兵。在湘江边上的蓑衣渡，他眼光独到设置下埋伏圈，消灭了从此经过的太平军大半兵力，连太平军三号人物冯云山都壮烈于埋伏圈中。

江忠源因此一役名动南中国。

郭嵩焘对曾国藩在此时顾虑江忠源，简直丈二和尚摸不着头脑。他说："江忠源和您是好友，此时正风生水起，不正有利于您出山做事嘛。"

曾国藩低头垂目道："我怕他耻笑我。"

郭嵩焘就更莫名其妙了，问了好半天，曾国藩才做了大致解释。

原来，1851年江忠源正在老家守孝，清政府认为他是暴民的克星，所以要他立即脱掉孝袍上战场。曾国藩在北京得知此事后，急忙摆出一副理学大师的架势，写信给江忠源说："我知道你是礼法外之人，但在守孝期间穿起官服，岂止有违礼法，更有违天理。你要慎重，万不可轻出！"

郭嵩焘听完曾国藩的解释，哈哈一笑，说："你太多虑了，江忠源不是那种人。"

曾国藩正色道："我刚劝完人家，自己就犯同样的问题，这是知行不一。"

郭嵩焘沉吟一会，恍然大悟。曾国藩只是不想被好友捉到把柄，在别人面前，他可以无所顾忌，可在朋友面前，他要有个样子。伟大人物不畏人言，只是不畏天下苍生的言，天下苍生的话算个屁！但他们却畏惧亲朋好友的言，如果连亲朋好友都不体谅他理解他，那他可真就成了千夫所指的罪人了。

郭嵩焘沉吟时，曾国藩也在沉吟，他在运用朱熹方法论"格物致知"。半个时辰后，他"致知"了："我要给江忠源写封信，说明我移孝作忠的真意。"

这封信简洁明快："大局糜烂到这种地步，我不想执着守孝不出的初心，能尽一分力必须拼命尽这分力，成败利钝，全都不问。"

江忠源对曾国藩的解释毫无兴趣，因为他本来就不是受礼法束缚的人。他只是大为不解，曾国藩的语气中把出山任团练大臣一事看得那么难。训练团练，把他们送上战场，痛殴长毛匪，这有什么难的呢？

江忠源这样想，没有错。他本人大大咧咧，思想上放荡不羁，是个乐观主义者。

曾国藩做事踏实，看问题更踏实。他看得很透，当时的破败时局不是编个团练打几场仗就能挽救的。因为人心已不古，世道在浇漓，小修小补于事无补，不干则已，要干就必从头做起，放手大干。要有不顾一切、勇往直前、百死不悔的精神，才有可能力挽狂澜，成就大业！

团练无用也

1853年1月末，曾国藩和郭嵩焘途经湘乡县，闻听张亮基征调了湘乡一千团练到长沙，同时还征调了湖南其他地区的团练。曾国藩惊问道："这么兴师动众征调团练，长沙正规军呢？"

县令朱孙诒叹道："正规军都去追击长毛贼了，长沙防卫是相当的空虚。"

曾国藩心里七上八下，太平军善于流动作战，一旦掉头再回长沙，那后果不堪设想，另外，罗泽南说，自长毛匪围攻长沙后，长沙城甚至整个湖南城镇局势极不稳定，一些闲散人员已蠢蠢欲动。

当时正在吃饭，曾国藩丢掉筷子，对郭嵩焘和罗泽南说："走，赶紧去长沙！"

1853年2月1日，曾国藩抵达长沙。在城外，他看到墙基出现好多狗洞，经打听原来是太平军围攻长沙时挖的地道。进了城，看到街上的百姓行色匆匆，又看到三五成群从湖南各地来的团练正在扯淡，不禁忧从中来，对罗泽南说："形势严峻啊。"

形势的确严峻，巡抚张亮基向曾国藩摊了底牌："长沙城里正规军不到两千人，其他都是团练，不足三千人。"

曾国藩开始沉思，张亮基看到曾国藩耷拉着眼皮，毫无表情，一副半死不活的模样，心情就沉重起来。

时间像是停滞了一样，张亮基被这死寂搞得昏昏欲睡，突然听到曾国藩咳嗽了一声，接着就是问话："巡抚大人，咱们现在有两个最迫切的任务。第一，加强防卫长沙的军事力量，长毛刚攻陷武昌，声威正盛，难保不卷土重来攻长沙；第二，要迅捷地把湖南各地，尤其是长沙的不稳定分子消灭于萌芽中。如果这些不稳定分子和长毛里应外合，后果不堪设想。"

张亮基连连点头，"这也是我的心病，幸好你来了，你有什么快速起效的良策？"

曾国藩没有快速起效的良策，那不是他的风格。他善于稳打稳扎，步步为营，文火慢慢烤，而且一心不能二用："咱们先来解决长沙防卫问题。"

张亮基正襟危坐，饥渴地等着曾国藩发言，可曾国藩一言不发，把眼皮耷拉下去，沉思。张亮基等了许久，才等来曾国藩的一个问句："您以为团练能保卫长沙吗？"

张亮基一愣："当然，团练在当年白莲教暴乱中立下过赫赫大功。就是长毛叛乱这回，各地的团练也立功不小。您那位兄弟江忠源，把长毛三当家都干掉了。”

曾国藩又沉思起来。站在他的智慧层面，张亮基的看法太蠢。白莲教暴乱时，团练能起作用，是因为团练的一切经费都由政府出，而且还有工资。所以各地团练成员都纷纷上战场，于是精英辈出。但现在，政府没有钱，各地的大部分团练成员都是被强行拉出来的。更要命的是，团练毕竟是民兵，不是正规军，他们最善于的是侦缉和游击战。在曾国藩眼中，游击战就不是正经打仗，只能起扰乱敌军之用。从未听说一场战争或一次战役是用游击战打胜的。

曾国藩问张亮基的问题正缘于此，他认真解释给张亮基听，最后提出自己的想法：“应该建立一支凶悍敢战的部队，怎么称呼它都无所谓，但它一定要比敌人凶狠，比政府的正规军强出百倍！”

张亮基惊骇万分。这是私建军队，搞不好会掉脑袋的。他的担忧不是没有道理，咸丰交给曾国藩的任务是帮助巡抚办理团练，并没让他组织军队，办理团练和组织军队正如狗和热狗的区别一样。张亮基当然希望有这样一支军队，可如果在脑袋和这支军队之间选择，他绝对选择脑袋。

曾国藩很乐观，因为他深思熟虑了许久，而且认定这件事可行，首先他要做的就是把这件事在当地名正言顺化。两天后，他在长沙政府高层会议上对官员们说，其实团练是两码事，“团”就是各族、各乡组织起来，清查户口，侦缉奸细，绑送匪徒。而“练”是从“团”中抽取勇武之人，政府为其请教头，购买武器，定期操练，既能保卫本省，也能出省作战。

大多数官员都听出来了，曾国藩这位团练大臣志不在团练，而在建军。他们是想提不同意见，可提不了。因为曾国藩的职务是团练大臣，既非官也非绅，又不是皇帝的特派员，他是个四不像。

在张亮基的支持下，曾国藩把从湖南各地来的团练编到一起，称为“大团”，让他们和长沙城内的正规军八旗、绿营共同训练。

“大团”一成立，曾国藩马上把早已写好的奏疏递交给咸丰。奏疏说：“长毛贼攻陷湖北武昌，凶焰炽烈，湖南、湖北、江西、安徽等省，都是他们所觊觎之地。目前湖南的正规军都跑去拯救武昌了，长沙兵力薄弱，根本无法守卫。我想在长沙成立团练一大团，把湖南各地的团练集中起来认真操练，防守长沙就有望了。”

由于曾国藩在奏折中始终提“团练”，并未提重建新军，咸丰很痛快地答应了。

咸丰的同意并未让曾国藩彻底安心，几天后他又上了一道奏疏说，我是守孝出山，心里极不安定。等长毛贼安静后，我还要回家继续守孝，希望那时请皇帝恩准。

咸丰很高兴，说：“曾国藩真是忠孝两全”，于是回曾国藩说，“你不可胡思乱想，要专心办那个什么大团，只要长毛贼消停了，我必准你回家守孝。”

曾国藩长出一口气，踌躇满志地开始下一步计划。这个计划用一个字就可表述：杀。

就地正法

编练新军是攘外，古语曰过，攘外必先安内，曾国藩的“安内”没有文化育人的成分，因为是非常时期，文化育人效果缓慢。所以他的“安内”就是屠刀。一到长沙，他就以团练大臣的身份向湖南各地发出文告，严令各州各县迅速从严剿办土匪，这个光荣的任务交给了当地的团练头子。他对这些人严肃地说：“自从长毛匪叛乱以来，各省一些刁民坐观天象，跃跃欲试，再不想做人而要做匪。对于这种人，就该像理学家祛除人欲一样，只要稍有苗头，当头一斧，绝不客气。至于苗头是什么样，你们有眼有心，眉眼不顺的人必是土匪坯子。倘若你们力量不够，那就赶紧来长沙通知我，我派兵去协助你们。”

有人提出质问：“县城还好，各个乡村没有那么多监狱，该如何关押这些土匪？”

曾国藩回答：“湖南这鸟地方多年来刑法不严，很多罪犯本该处以死刑，地方官却老虎念佛珠，假慈悲。天道循环，他们早就欠下的债现在到了还的时候，一旦捉到土匪，不必讯问不必关押，就地正法！”

湖南各地如此，长沙同样如此。曾国藩原本是让长沙各地的团练头子捉到土匪后捆送长沙第一县善化处决，可一段时间后，他发现善化县杀的土匪并不多。这让他暴跳如雷，怒中生智，他在团练大臣的公馆内设了审案局，说是“审案”，其实根本不审。对团练头子们捆绑而来的“土匪”，既不依照法律条文，也不需任何证据，只要团练头子说对方是土匪，曾国藩再看一下对方的面相，马上结案。面相过得去的立即砍头，面相不好的可就倒霉了——活活被鞭死。曾国藩设立的审案局对那些相貌不佳、贼眉鼠眼的人而言就是阎王殿。

曾国藩后来以善于相面著称，这项本领大概就是在湖南长沙审案局学来的。

审案局虽是阎王殿，可曾国藩毕竟不是真的阎王爷，百姓对他咬牙切齿，社会舆论也对他口诛笔伐，他的朋友们为他担心起来，这其中就包括他认识不到一个月的左宗棠。

左宗棠，1812年生于湖南湘阴，比曾国藩小一岁，天资卓越，少负大志，读遍经世致用书籍，但科举之路走得很不顺，直到1852年投奔张亮基时还是个秀才。但他的确才能卓越，由此成了张亮基的灵魂。

曾国藩初到长沙和张亮基见面时，左宗棠就在。那天的情景让曾国藩大跌眼镜，整个谈话过程都是左宗棠在谈，张亮基像个木偶，只是恰到时机地点头而已。张亮基后来问曾国藩：“左宗棠这人如何？”曾国藩想了想，回答：“高人，滔滔不绝，言必有中。”张亮基又背地里问左宗棠：“曾国藩这人如何？”左宗棠脱口而出：“正派而肯任事，但才具似欠火候。”

左宗棠这一评价是出于曾国藩反应缓慢、行动迟钝、谨慎内向，极为中肯。现在，左宗棠来找曾国藩，单刀直入道：“稳定内部，未必非要如此。”

曾国藩回答：“乱世用重典。”

左宗棠一笑：“外面有人说你是曾屠夫、曾剃头。”

曾国藩梗着脖子：“我不在乎，这是时势造成的，我只是顺应时势。”

左宗棠冷笑：“我知道你的深意。”

曾国藩两眼无神地望着左宗棠，左宗棠侃侃而谈：“你想制造白色恐怖，让百姓不敢接近太平军，由此孤立太平军。第二，你要杀一儆百，让那些不安定分子趁早打消闹事的想法。第三，你是为土豪撑腰，让土豪把大部分百姓压制下去，这样就减少了大部分不安定因素。”

曾国藩像是听到天外梵音一样，震骇当场，连眨眼都忘了。其实左宗棠为他总结的杀人理由，他自己从未想过。这使我们想到，有人随意写了篇小说，当他成名后，无数人就跑来研究他的这篇小说，最后得出各种各样的深奥道理。

左宗棠的话让曾国藩回想，或者说是尽力验证。他想到几天前听到太平军进入江西，无数百姓箪食瓢饮迎接太平军时，他暴跳如雷说：“要剿匪，先把这些刁民宰了！”他又想到有个乡村的团练头子和他诉苦，他们乡里刁民特多，一听到长毛匪造反，这些刁民在大街上开始横着走路。他咆哮着说：“刁民刁民，该死该死！”他最后想到有位官员的报告：“自您来后，虽然那群刁民的嘴巴不干不净，可行为却老实多了。“曾国藩抚掌一笑：“杀一儆百真是屡试不爽。”

脑海里翻江倒海了一遍，曾国藩确定左宗棠的总结真是严丝合缝。他正要站起来感谢左宗棠，左宗棠却先他而起说：“你呀，最好先给皇上写封奏疏，让皇上支持你的屠杀政策，不然……”

曾国藩急忙从枕头底下抽出事先写好的奏疏，递给左宗棠要他指教。左宗棠也不客气，展开大致一看，如同夸奖小学生答对了题一样说：“不错，可教也。”

左宗棠把信还给他，转身就走，曾国藩愣了一下，突然叫住左宗棠：“您刚才说‘不然’，什么意思？”

左宗棠压低声音：“你以为你只得罪了百姓吗？”

曾国藩迷惑地睁大眼睛，看着左宗棠，不发一言。

左宗棠以一副恨铁不成钢的口吻问道：“你得罪了更危险的人难道不知道？”

曾国藩正要沉思，左宗棠急忙拦住他：“别想了，你一想起事情来太浪费时间，我还有事，等你想好了，再来找我。”转身欲走，又停住回过头来，“不过你想明白了，就不会找我了。”

曾国藩像个愣头小子被人无缘故抽了个嘴巴，站在原地迷茫困惑，眼睛在左宗棠的背影上留了许久。

几天后，曾国藩接到了咸丰的回信：“匪徒繁杂，你要严肃认真、不计代价地消灭。你这种模式如果反响不错，就要推广南中国，好好干！”

曾国藩万分高兴，只是高兴那么一回，就又想起左宗棠的那些话。这个左宗棠，曾国藩想，实在让人厌恶，有话不直接说，害我伤了很多脑筋。

其实左宗棠要说又没说的正是曾国藩即将面临的重大难题，就在左宗棠和他谈话的几天前，郭嵩焘和他谈起审案局时说，“善化县的县长对您夺了他的审讯权很不满呢。”

曾国藩说：“非常时期就要有非常举措，善化县县长不该有这样的想法。”

“这是什么话，你把人家权力夺了，还不让人家有意见？”郭嵩焘见他没明白其中的危险，又说，“整个湖南官场都对你有意见。”

曾国藩冷笑：“他们做事愚蠢，拖拖拉拉，对我有意见又如何。不怕，有张巡抚在。”

左宗棠和他谈话的几天后，郭嵩焘气喘吁吁地跑进来，上气不接下气地说：“糟了。”

曾国藩平静如水：“何事这样惊慌？”

“张亮基要走！”

“去哪？”

“被调走当湖广总督去了。”

“哇呀呀，”曾国藩脸色大变，但立刻就恢复平静。他意志坚定，一字一顿地说，“看来，只能靠自己了。”

打脱牙和血吞

张亮基是曾国藩的贵人，没有张亮基的大力支持，曾国藩的“大团”不可能顺利建成。曾国藩是那种认准目标就不顾一切的人，本以为有张亮基这个湖南一把手当靠山，就万事大吉。所以正如左宗棠所说，他得罪的不仅是湖南百姓和匪徒，还有湖南的官场。

设立审案局，处理杀人案件就地处决，是对湖南司法机关（提刑按察使司）的公然蔑视和侵越；让“大团”和绿营军一起操练，这是对提督权力的蔑视与侵越。他在官场多年，当然懂得权力界限和运作方式，为何还要这样做，一是有张亮基的支持；二就是，认准目标不顾一切的性格。在他看来，自己的所作所为是利国利民的，所以承受任何风险都无所谓。

张亮基走后，继任巡抚的叫潘铎，潘铎和新任布政使（主管民政的副省长）徐有壬以及按察使（司法部长）陶恩培对曾国藩是一肚皮不忿。曾国藩心知肚明，但却假装不知，依旧我行我素。

四人的争吵就成了家常便饭，但每次都是曾国藩胜出。因为每当三人轮番向他攻击时，他用沉默应对，正襟危坐，闭目养神。三人喊得唇焦舌敝，四处找水喝时，他才慢悠悠地站起来说："三位慢喝，我要去练兵了。"

就当三人对曾国藩时刻咬牙切齿时，领导班子又发生变化，张亮基之前的湖南巡抚骆秉章卷土重来，再成巡抚。骆秉章比潘铎的度量大那么一点，并不太为难曾国藩，但也不给曾国藩好脸。曾国藩也不攀附他，只用一颗平常心对待。

曾国藩并不担心三人弹劾他，因为他所做的一切都是经过咸丰批准的，这就叫胸有成竹。但事故没有发生在湖南三大员那里，而发生在湖南军界。

按常例，清帝国各省绿营兵受总督管理，巡抚以及其他文官，如果不挂提督衔，是无权干预绿营军务的。曾国藩是个四不像的团练大臣，更是没有资格。可他非要有资格，初到长沙，顺利把"大团"插进绿营军中后，他就在绿营中聘请教头操练"大团"。其中有位教头是绿营中的低级军官，满人塔齐布，此人英勇果敢，没有绿营军官的腐败习气，所以很得曾国藩赏识。

塔齐布多年来在军营始终不得志，终于盼来了曾国藩这个大贵人，自然全力以赴帮曾国藩。曾国藩也没有辜负他，一个月内，连上三道奏疏保举塔齐布。于是，塔齐布由一个默默无闻的低级军官一跃而成为参将（仅次于副总兵）。塔齐布的升职让原本是民兵部队的"大团"有了正式军官，对于后来的湘军而言，是个质的飞跃。

塔齐布对曾国藩是感恩戴德，所以训练起"大团"来使出了吃奶的力气。在他的精心训练下，"大团"频频出动剿匪，1853年5月，"大团"出了湖南奔赴江西，和太平军狠狠打了一架。虽然罗泽南的几个门生都阵亡，可曾国藩却喜出望外，因为"大团"可以独立作战了。

这场战役也让"大团"在湖南长沙的绿营军中声名鹊起，绿营军本身不能打仗，所以看不得别人能打，双方摩擦起来，火星在飞速酝酿中。

让火星迸出的是曾国藩本人。他以团练大臣的身份对湖南军界发布一道命令：驻省正规军每三、八两日要与"大团"一起会操。驻长沙的绿营兵军纪败坏透顶、四处扰民，曾国藩要这些人会操为的是对他们进行纪律教育，目的是唤醒他们的良知。每当会操时，曾国藩站在高处，喊破了嗓子呼唤他们的良知，可绿营兵的良知关起门来睡大觉。

曾国藩相信只要功夫深，铁棒能成针。精诚所至，金石都会开。他让绿营兵加班听他的教诲，真是苦口婆心、语重心长，像教育自己不成器的儿子。曾国藩不明白一点，别和猪谈哲学，你浪费时间不说，猪还不高兴。

1853年夏，长沙酷热如下了天火。最热的一天，曾国藩下令绿营兵在操场集合，他要文化育人。长沙政府军福将清德忍无可忍，站在军营前骂街。曾国藩不动声色地听着清德扯着破锣嗓子骂街，过了好一阵，悄无声息。曾国藩擦了把汗，坐到桌前写信，信写给湖广总督张亮基，内容是商讨弹劾清德。这自然而然地就得罪了巡抚骆秉章。第二天把信一送出，他又发布命令："绿营兵在操场集合，我要文化育人。"

清德照例又站到军营门口，破口大骂。由于昨天伤了嗓子，所以今天的骂街没有持续多久。但今天和昨天不同，清德骂完后没有进军营，而是跑到了湖南提督鲍起豹那里，满脸通红、沙哑着嗓子说道："没法活了。这么热的天，他居然还要训话，这不是把人往死路上逼吗？"

鲍起豹拍案而起："曾国藩这厮，拿鸡毛当令箭。传我话，以后谁他妈敢去操练，就宰了谁。"鲍起豹因在之前的长沙保卫战中立下犬马之劳，所以越发刚愎自用，不可一世。而清德也是狗仗人势，得了鲍大人的"鸡毛"，胆气冲天，就在军营前大声宣传了鲍起豹的话。

曾国藩在房间里拼命地打着扇子，听完清德的破锣嗓子后，平静地坐到桌子后写信，仍是弹劾清德。这一回起了效果，清德被革职。塔齐布兴高采烈地跑来向曾国藩贺喜，曾国藩却神色凝重起来。他嘱咐塔齐布："清德被革职，绿营兵必对咱们怀恨在心，所以万事小心，千万不可出岔子。"

塔齐布不以为然，他说："绿营兵向来欺软怕硬，杀了清德这只鸡，他们肯定噤若寒蝉。况且咱们有支独立的军队'大团'，怕他们做什么。"

这是实话，曾国藩现在有支属于自己的军队"大团"，他不担心在长沙会有事。但他还是有一种不好的感觉，这种感觉如游丝，看不见，却分明感觉得到。

1853年7月末，太平军围攻南昌，南昌告急、江西告急、湖南告急，巡抚骆秉章慌忙召开紧急军事会议。曾国藩说，“南昌一旦沦陷，太平军必会逼入湖南，长沙就危急了。与其坐等长毛贼来把长沙变成战场，不如把战场挪出省外，派军去南昌。”

骆秉章连连点头，曾国藩说出了自己的计划，“派绿营军出省支援南昌，“大团”协同作战。”

一听这话，提督鲍起豹把身子向后一仰，阴阳怪气地说：“曾大人真是贵人多忘事，前段时间还说我们绿营兵不能打，怎么现在又能打了？”

曾国藩板起脸来：“鲍大人，这是正事，怎可推脱？”

鲍起豹“腾”地站起来，真像一头豹子，提高了声音：“你不是有‘大团’吗？恕我直言，你的‘大团’肯定能打，绿营兵不奉陪。”

话音未落，转身就走，留下曾国藩在热浪滔天中情绪凌乱。

骆秉章去看曾国藩，曾国藩脸色很难看，那种不好的预感猛地袭上来。但形势危急，他根本没有多想，毅然决然地派出了他的“大团”。

“大团”主力一走，事故接踵而至。虽然留在长沙的“大团”只剩一百余人，但曾国藩还是没有放松对他们的训练。1853年8月下旬，“大团”士兵试验新到的一批火枪，毕竟是笨手笨脚的农民，试验时突然走火，一名绿营兵的屁股被打开了花。屁股开花的绿营兵哭得撕心裂肺，人同此心，心同此理，绿营兵早已忍辱负重多时，现在见对方人少，马上对其发起攻击。幸运的是，双方没有动用火器，也没动刀枪，只是流氓打法，所以只是鼻青脸肿而已。

鲍起豹得知此事后，趁势跑进曾国藩办公室兴师问罪。曾国藩不能像对待文官那样对待武夫鲍起豹，他只能平息绿营兵众怒，将试枪走火的“大团”士兵责打二百军棍。鲍起豹全程监控，发现二百军棍过后，该士兵的屁股仍没有他那名士兵的屁股洞大，仍是气咻咻的。曾国藩说尽了好话，总算把鲍起豹的怒气平息了一些。

塔齐布却愤怒起来，他对曾国藩说：“鲍起豹这只蠢豹子是无事生非，您就不该对他低三下四。”曾国藩看着窗外多如驴毛、气势汹汹的绿营兵，低声对塔齐布说：“此时是非常时期，咱们的人少，忍气吞声才是上策。”

塔齐布大惑不解：“既然如此，何必当初，就不该让‘大团’出省。”

曾国藩严肃起来：“塔齐布！你不能有这种想法，我们建立‘大团’的目的就是为国为民，它可不是维护个人利益的工具！”

塔齐布惊骇万分，慌忙鞠躬认错，一抬眼，发现曾国藩的形象顿时高大起来，要榨出他军服下面的“小”来。

塔齐布没有在曾国藩的位子上，所以不能深切理解曾国藩的谨小慎微。这几个月来，湖南政界和军界对他已是恨之入骨。只不过有咸丰皇帝授予他的大任和他的“大团”，所以不敢明目张胆地对付他，如今“大团”不在身边，这些人要动点歪脑筋轻而易举，鲍起豹只要稍有头脑，对他搞个小兵变，然后谎报曾国藩在酷夏虐待士兵，整个湖南都会为他作证。

一想到这里，曾国藩就不寒而栗，可他对派出“大团”从未懊悔，因为这是他良知的命令。

纵然千万分小心，问题还是出了。

1853年9月6日，一群绿营兵和一群“大团”士兵赌博，这本来是曾国藩严令禁止的，可总有些人喜欢违反禁令。赌博过程中，“大团”士兵认为绿营士兵出老千，绿营士兵抓住这千载难逢的机会，拿出准备好的武器，把“大团”士兵砍得七零八落。

绿营兵一不做二不休，干掉了牌友后，又去围攻塔齐布公馆。塔齐布仗恃武功超群，和绿营兵短兵相接。但绿营兵是内斗的高手，塔齐布节节败退，最后使出逃遁术，溜之大吉。

绿营兵清除这些障碍后，终于到了正式面对他们最厌恶的敌人曾国藩。

曾国藩那天正在房间里克己，绿营兵干掉牌桌上的大团士兵，闹哄哄地去围攻塔齐布时，他急忙派人去打听。打听的人去了一会儿，脸色苍白大汗淋漓地回来报告，绿营兵把塔齐布打跑，正向这里杀来。

曾国藩吓得双股发颤，絮叨着“终于来了”，在房间里转起圈来。他的十几个卫兵也是魂不附体，尤其是看到曾国藩脸色发青时，几乎要屎尿齐下。

曾国藩转了十几个圈后，突然急中生智，命令一名卫兵：“快，快去找骆巡抚帮忙。”

那名士兵飞一般的跑了出去，不到五分钟又飞一般的回来了。骆秉章的巡抚衙门就在曾国藩旁边，曾国藩的团练大臣办公室是湖南巡抚的健身中心（射圃），所以那名士兵来回的时间很短，他气急败坏地报告曾国藩：“骆秉章的大门像是墓门，根本敲不开。”

曾国藩扼腕长叹：“看看，我失人心到这种地步，为国为民，却拙于谋身。”

有卫兵带上哭腔：“大人，赶紧想办法，现在谈感悟无济于事啊。”

曾国藩毕竟是饱读诗书之人，书能养浩然之气，自然也能生智。他沉思一会，一咬牙一跺脚，大踏步走到门口，开了大门。绿营兵正向这里冲来，手里端着长枪。曾国藩定定神，朝他们大喊：“不要误入歧途，就此停下，既往不咎。”

“砰”的一声，曾国藩只觉耳边响起个炸雷，一摸耳朵，热乎乎的，拿到眼前一看，不好，是血！

他的卫队慌忙把他拖进来，紧闭大门，外面已是枪声大作。曾国藩捂着耳朵，叫道：“他们居然向我开枪。”一扭头看到巡抚衙门，灯火灼灼，于是愤怒地冲到墙边，不知是哪里来的力气，一纵身上了墙，再一翻，整个人跌落到了巡抚衙门里。

站起来，整理了衣冠，抬头一看，骆秉章正在院子里向健身中心张望，一见到他的狼狈样，急忙装出大吃一惊的样子来：“啊呀，曾大人，这是怎么了？”

曾国藩怒火中烧，你他妈的居然看热闹，还装聋作哑。但他知道此时不是发火的时候，必须要让骆秉章保下自己，他略一沉吟，脱口而出：“骆大人救我，绿营军要杀朝廷命官，在您的辖区内杀我这个京官！”

这话说得已十分露骨，他这个京官如果在长沙出事，那身为巡抚的骆秉章是脱不了干系的。骆秉章当然听出来了，急忙上前扶住曾国藩，像是扶个去花园里一面赏梅一面吐血的老员外，“哎哟，这群武夫，太不像话。快，传我命令，要他们住手，把带头闹事的给我捆了来。”

巡抚就是巡抚，只一会儿工夫，有人就押着一个绿营军官来了。骆秉章看了曾国藩一眼，站起来走向那个军官，让曾国藩大跌眼镜的是，骆秉章居然给那人亲自松绑，而且还好言安慰了一番。更让曾国藩生不如死的是，骆秉章竟然又跑到绿营兵面前，替曾国藩向他们道歉。这还不算，骆秉章竟然当着绿营兵的面对曾国藩淡淡地说：“将来打仗，还是要靠他们啊。”

这简直比他获得“佾生”资格、同进士身份和在京城中被人唾骂还要屈辱!

他的克己功夫在此时产生奇效，听了骆秉章的话，看了骆秉章的所为，虽七窍生烟下但仍不动如山。他只能往好处想：总算保住了一条命，留得青山在，何愁没柴烧?

绿营兵围攻他的公馆后，湖南官员们乐得肠子直疼，并把这件事编成笑话，四处传播。还有幸灾乐祸的流言说，你一个四不像的团练大臣，就不应干预军事。被打得翻墙，纯是自取其辱。

曾国藩就像是个小丑，把欢乐带给别人，自己却愁眉苦脸。那段时间，他努力回想来长沙后的所有事，认为自己没有做错什么。朋友们都敦劝他据实参奏，请皇上严惩凶犯、评定是非。曾国藩考虑很久，摇头道:“做臣子的不能为国家平乱，却以这种琐事麻烦皇上，我于心不忍。”

曾国藩心事重重时，朋友们却唉声叹气:“您要是不拿出点威风来，在长沙可就呆不下去了。”

他沉思一会儿，神色凝重地说道:“好汉打脱牙和血吞。”

这是曾国藩最突出的性格，也是他碰壁后的唯一心理状态。绿营兵攻击他一事对他的刺激是强烈的，经过这次打击和挫折，让他感到绿营兵的腐败已深入骨髓，随随便便就闹兵变，这种毫无纪律的部队只能当摆设。这种感觉让他益发坚定了另起炉灶、重新建军的决心。

他更有种沉重的感觉：自己所从事的事业是非常艰难的，在前进的路上每踏出一步都会遇到障碍，要想成就事业，不仅要打败长毛匪，更要和自己人进行顽强的斗争。而要想战胜自己人中的那些反对派，就必须打败长毛匪，要想打败长毛匪，就必须有一支比长毛贼还凶悍的部队！为了能有这样一支部队，一切屈辱都可以忍受，这就是“打脱牙和血吞”。

他的属下和朋友们暂时还不能领会这一神技，曾国藩只能用一句话让他们释怀:“既然这里待不下去了，咱们就走。”

去哪啊?

“衡州！”

皮包湘军的崛起

衡州是今天的衡阳，离长沙400里，山地丘陵多，对外交通极不发达，是个运筹练兵的宝地。但条件也艰苦，所以“大团”的指挥官们一听说去这地方，都拉下脸。郭嵩焘说：“我不去。”

曾国藩眼皮耷拉下来，没有任何表情。郭嵩焘解释说：“我并非是因那条件艰苦不去，您的职责是帮办湖南巡抚组织团练，湖南巡抚在长沙，可不在衡州。您去衡州，名不正言不顺。”

这的确是个大问题，曾国藩着实花了几天工夫“格物致知”，最后终于“致”出了“知”。他对骆秉章说：“江忠源和他的部队转战多地，在短短的三年时间里，由一小县令升安徽巡抚，是因为他履立战功，但是，江忠源的部队损失也很大，为了保证他长盛不衰，我想为他练兵。”

骆秉章盯着他的脸，审视了半天，不明白曾国藩的用意。曾国藩只好说出自己的算盘：“我想离开长沙去衡州为江忠源练兵，长沙太闹，衡州很静，正是练兵的好地方。”

骆秉章眼里放光，同僚深情油然而生，他紧紧握住曾国藩的手，激动得要落泪：“好啊，你去衡州，就是一万人反对，我和省城的官员们也要帮你完成这个愿望！”

曾国藩心里很不是滋味，骆秉章又忧虑起来：“曾大人是帮办巡抚组织团练，没了我这个巡抚，您这团练大臣就什么都不是，此去衡州，我不跟去，皇上那里不好交待吧。”

曾国藩早就把这个皇帝这个“物”格出来了：“这好办，我已向皇上提了湖南衡州、永州、郴州等地匪徒滋生，准备为皇上分忧，倘若皇上同意，我马上去坐镇衡州，就近便宜行事。”

骆秉章很欢乐：“我看行，你这几天有什么困难，尽管说，我绝对义不容辞。”

曾国藩苦笑。几天后，咸丰的圣旨来了，允准他移团练到衡州，解决匪患。曾国藩多日来终于笑逐颜开，去告诉骆秉章这个消息。在去巡抚衙门的路上，他看到家家户户张灯结彩，像是准备庆祝节日。随便拦住一路人问原因。路人满面笑容地告诉他，“曾屠夫要走了，这比过大年还值得庆贺。”

曾国藩长叹一声道：“百姓愚昧，不知我心啊。”

百姓愚昧，官员更愚昧，他走到巡抚衙门口时，看见巡抚衙门也在披红挂绿。骆秉章和一群官员正在衙门里谈笑风生，一见到满脸苦大仇深的曾国藩，纷纷站起来向他问候。

曾国藩知道，这是带着浓厚情感的欢送会。骆秉章兴奋地说：“皇上的圣旨我们已知晓，曾大人很能干，希望到衡州后继续发光发热，拯救众生。”

曾国藩赔着笑，骆秉章有点迫不及待地问：“什么时候走？”

曾国藩感觉到了，如果他回答，现在就走，骆秉章和那些官员非抱着他的头亲几口不可。为了不扫这些人的兴，他只好把去衡州的日子提前：“明天一早就走。”

官员们小声“嘘”起来，曾国藩讪讪地笑了一回，灰溜溜出了巡抚衙门。转过墙角，他眼露凶光，咬牙切齿、喘着粗气道：“和血吞，和血吞！”

1853年9月最后一天，曾国藩和他的“大团”在长沙城鞭炮齐鸣中黯然地离开，它留给长沙城一个火药味十足的背影。

去衡州的路上，曾国藩绕道老家湘乡看望家人。曾麟书对儿子在长沙的行径早已耳闻，不禁愁肠百结，这位老人眼睛通红地叹道：“我的儿啊，你是活生生被长沙赶出来的啊。”

曾国藩虽心知肚明，嘴上却不承认：“老爹这话差矣，我是去衡州练兵，我要练出一支比八旗、绿营强悍一百倍的部队，我要平定长毛贼乱，还天下太平。”

曾麟书流下泪水：“你该把绿营兵枪击你的事说给皇上听啊，这还有没有王法了。”

曾国藩握住老爹干枯的双手，加重了语气：“打脱牙，和血吞。埋头苦干必有扬眉吐气之日。”

曾麟书非常赞赏儿子这种性格，再看到儿子脸上坚毅的表情，心情已平和。曾国藩此时也感觉到兴奋，突然畅想起美好前景，可当他踌躇满志，意气风发地来到衡州后，立即蔫了。

衡州政府官员早就接到省政府的口头警告：曾国藩这厮被我们赶到你们衡州，你们如果有能力也可照葫芦画瓢，倘若没有能力，也不可帮他。

衡州政府谨遵上级教诲，所以曾国藩到衡州后，发现自己连个办公地点都没有。去找衡州政府，衡州政府摊开双手，还耸耸肩说："我们就这条件，有时候连政府部门都要去庙里办公。您自己想办法吧。"

曾国藩只好自己想办法，办法很快就有了。有一富户人家特别担心土匪来抢劫，见到曾国藩到来，喜出望外，所以把自家的祠堂借给曾国藩当办公室。

解决了办公场所，下面的问题就不请自来：这是个什么部门呢？倘若有信件往来，他的地址总不至于写"××家祠堂"收吧。

曾国藩琢磨好久，才把一面"统辖湖南湘军总营务局"的牌子挂了出去。可才挂上，他意识到不对，马上又摘了。这个牌子太张扬，而且和他的职权也不符，他在湖南是帮办，不是统辖。他又开始琢磨，想到了当初在长沙设置的审案局，这是个在湖南臭名昭著的部门，可此时没有办法，只好再把它请出来。

办公场所和牌子都有了，更大的难题马上摆在他面前，当然这个问题也是大多数人的难题，它的名字叫"钱"。

曾国藩到衡州建军队，本来就名不正言不顺，所以不可能从政府那里拿到钱。他又没有点石成金的法力，所以只有一个办法：众筹。也就是劝那些富绅捐款，当然，不可能白捐。曾国藩允诺会由国家授予他们一些荣誉性的虚职，还有省政府给的大奖状。第一个被"众筹"的自然是曾国藩办公场所——祠堂的主人，主人很不情愿。他说，我已把祠堂免费让你们办公，这也算捐款啊。况且，你们从我这里拿了钱，将来是否真能保护我们，还是未知的。

这是大多数富绅的想法，所以众筹失败。曾国藩见软的不行就来硬的：强行众筹，派兵到各个富绅家里，如果拿不到钱，就捉人。由于很多人都闻"审案局"而丧胆，所以咬牙捐出了一些。

虽然如此，曾国藩的众筹之路走得仍不顺畅，他唉声叹气地对同事们说："众筹之难，难于登天，费尽心力，仅得毫毛。"

不过他毫不气馁，一方面强行众筹，一方面四处宣传。天下事都有例外，有人就主动找上门来，要给曾国藩捐一笔让他目瞪口呆的军费。此人叫杨江，是已故湖北巡抚杨健的孙子。他让人扛着两万两白银来找曾国藩，指着银子说：“你收下，条件只有一个，把我爷爷列入祀乡贤祠。”

曾国藩被银子发出的光芒刺痛了眼，乐不可支地答应了杨江的请求。但他没想到这么点小事办起来却相当困难，咸丰皇帝得知他的请求后，马上严厉地回信道：“杨健这厮曾受过处分，其官声、政绩都不配入祀乡贤祠。名位乃国家重器，你怎么就把它当成尿壶随便予人？我看你是袒护同乡，私欲茂盛，可恶至极。降你一级！”

曾国藩大为郁闷，不是郁闷被降职，这是无关痛痒的处罚，他郁闷的是，怎么为理想做点事，就这么难。

幸好苍天垂青他，在他两手都硬的情况下，军费方面虽捉襟见肘，他也勉强把军队的架子搭了起来。可架子搭起来，里面要填充什么内容，也就是说，他要建立的这支新军到底是什么样子的，他还没有成熟的答案。

他当初建立的“大团”，只是在训练上改弦更张，实质上，“大团”仍是民兵部队。曾国藩是个善于分析归纳的人，这种人最大的优点就是，能从现存的事物中发现不足，并反向推理，从而得出自己的创见。

清帝国的武装力量主要有兵、勇和团练三部分。“兵”指的是八旗（满人部队）和绿营（汉人部队），八旗有二十五万人，绿营有六十四万人。八旗和绿营是父子相承，世代为业。正是因为有铁饭碗，再加上国家承平日久，所以这两支部队已不能打架。“勇”是国家临时招募的特种作战部队，称为官勇，有事时招募，无事时遣散。

我们常常在关于清朝的影视作品中看到士兵的后背有“兵”和“勇”的字符，指的就是这两种军队的士兵。

团练就是民兵，它和“勇”不同的是，“勇”是国家招募，吃公粮，团练则是后娘的孩子，只能自力更生。

曾国藩就此分析归纳，得出了他的新军模样：它应该介于官勇和团练之间，又应兼二者的优点。一方面，这支军队应该如官勇那样得到训练和整编；另一方面，它不应该被解散，它应该和八旗与绿营一样，存在是常态。

架子里知道填充什么内容，剩下的就是实行的问题。士兵来源主要是健壮、朴实的山乡农民，绿营兵不收，集镇码头上油嘴滑舌之人不收，曾在衙门当差的书役、胥吏更不收。

至于军官，更是条件苛刻。他按理学标准提出四个条件，第一要才堪治民，第二要不怕死，第三要淡薄功利心，第四要能吃大苦耐大劳。

有人问他，这四条标准有什么科学依据吗?

曾国藩洋洋自得地回答:“第一条，治民之才不外公、明、勤三字，不公不明则士兵不会心悦诚服，如果是头懒猪，则军务巨细都会废弛不治。

“第二条，不怕死则临阵当先，士卒看你如猛虎出笼，当然会拼死向前。

“第三条，军官如汲汲名利，升他官稍晚，他就怨恨；给他薪水稍低，他就黯然伤神，如此，还有什么精力打仗?

“第四条，能吃大苦耐大劳，必须要身体强壮，每天都病怏怏的，敌人未来，自己先病死了，要了这种人就是累赘。”

最后，曾国藩总结说，“其实这四条只是外在标准，我有一条最具天理的标准，那就是忠义血性。一个人只要有忠义血性，有崇高的政治思想，无论他是手无缚鸡之力的书生，还是妓院里的龟公，都能做我这支军队的军官。”

在士兵的编制上，曾国藩煞费苦心。这支军队的基本作战单位是营，每营五百人。他按县籍编组分营，这些人能成为一个营，类似传销。他们呼朋引类，或是同族、或是同乡好友，正所谓打虎亲兄弟，上阵父子兵。大家都沾亲带故，所以在战场上能互相照顾，不肯轻弃战友。按县籍编立营头，还有一层深刻之意。指挥官所带的是他本籍贯的人所组成的营，他只能指挥他的营，却不能指挥别的营，但这些营都必须听从曾国藩的指挥。这就是“分而统之”的智慧，它能防止大权旁落。

除了这些，曾国藩最高明的创建就是把军队国家化变为军队私人化。他对全军训话说:“将来咱们必能建功立业，得到朝廷的赏赐。可你们给我记住，无论你被朝廷授予什么官职，哪怕是一品大员，只要在你们上级面前，必须要毫无条件地服从命令！也就是说，朝廷的排名和在我这里的排名是不同的。”

这是政治教育，终这支湘军一生，政治教育都是它的主旋律。曾国藩的政治教育就是理学教育，他把理学的种种规定很巧妙地融进军队中，要他们守纪律，不得扰民，不守纪律、扰乱民众就是伤天害理，不必军法处置，老天就会收拾他。他要士兵们唤醒内心的良知，为国为民贡献全部力量，消灭长毛匪，让天理正常循环，让人心归于平静。

曾国藩的口才是无敌的，每个月都有那么几天，曾国藩都会喝掉大量清水，原因只有一个，他口干舌燥。任是谁，站在高台上对着下面一群仰面如听圣人讲道的人说上三四个时辰，都会口干舌燥。开始，这些乡巴佬看到曾国藩挥汗如雨、张牙舞爪的样子，都偷偷嬉笑。但后来，曾国藩不厌其烦的毅力感动了他们。他们开始认真倾听，而且听出了许多微言大义，深深为从前的所作所为懊悔流泪，并暗暗发誓将来要重新做人，为解放被长毛匪蹂躏地区的百姓贡献全部力量。

在取得不俗的成绩后，曾国藩对朋友说："人啊不论贤愚，无论美丑，更不论知识的有无，只要他有良心，就能被教育。不过话说回来，教育这些乡巴佬还真不容易，虽不敢说点顽石之头，也是苦口滴杜鹃之血。"

软件和硬件都大致齐备，曾国藩把精力投到水军上，这是个大胆而疯狂的计划，除了曾国藩，恐怕没有人敢尝试，因为困难是不可想象的。

曾氏军舰

现在，我们把曾国藩和他的战友们在衡州建立的这支新军称为湘军，意为湖南人的军队。陆军建设，之前有"大团"的创建经验，还算容易，难的是水军。

曾国藩到衡州打了两个旗号，一是剿匪，二是为江忠源练军。这两个旗号也非纯是幌子，比如剿匪，湘军的陆军多次在衡州周边和小股叛乱交火，成绩不俗。再比如为江忠源练军，曾国藩也的确和江忠源进行着频繁的沟通，事无巨细。他所以要下决心创建水军，也是和江忠源多次沟通的结果。

江忠源是太平军叛乱初期和太平军打交道最多也最扎实的清朝将领，在多次的交锋中，江忠源发现，太平军在江南的势如破竹很多时候都得益于陆军和水军的亲密协作。他们往往利用长江下游水乡泽国的地理形势，水陆并进，唇齿相依，行动迅捷，攻守自如。

江忠源去信曾国藩说："长毛贼如今占据了沿江的南京、镇江、安庆等战略要地，三面陆地，一面临江，我军虽全力进攻，长毛贼却能轻易化解。因为他们能海陆救护以牵制我们的兵力，搞得我们总是焦头烂额，有力使不上。要想收复长毛贼占据的沿江城市，必须先拿到制江权，要想拿到制江权，必须干掉敌船，要想干掉敌船，你想想，咱们该怎么办？”

曾国藩回信：“建一支水军！”

这话说起来容易，做起来太难。曾国藩和他的战友们都是旱鸭子，虽然生活在南方，但大多数时间都读书了，连船的大致构造都搞不明白。这就只能在一穷二白的情况下白手起家。

1853年10月，曾国藩在衡州找了个池塘建立船厂，开始制造战船。他把湖南全省数得上的能工巧匠都请到衡州，大家召开特大型会议，探讨建船。会议听取了曾国藩关于建立世界第一水军的报告。报告结束后，工匠们各抒己见。有的工匠诚实回答，船身上精美的雕饰他天下无二，但造船不会。还有的工匠临时抱佛脚翻鲁班遗书，其余的工匠觉得这是政府工程，应该能大赚一笔，所以劝曾国藩别建战船，因为他们最擅长造战车。

曾国藩垂头丧气，会议结束后，他再次感悟到凡事都要靠自己的格言，端坐在床上开始“格物致知”。格了好久，他没有格出战船的制造方法，却格出了不必造战船的堂皇理由。他叫来湘军的巨柱塔齐布、罗泽南和王鑫说：“战船这东西中看不中用吧，如果船大，太笨重，行进起来不方便；如果船小，在水浪中会晃动，必不能战。”

三人认真想了下，觉得有道理。曾国藩就拿出自己的主张：“咱们制造木排，这东西既免于笨重，又不会晃动，实在是水上第一利器。”

王鑫一笑，带着点嘲讽：“我读了那么多书，从未见过有人用木排当战船的。”

罗泽南犀利地看了徒弟王鑫一眼：“你还是读书少！”

塔齐布是曾国藩的信徒，曾国藩说牛能飞，他都信，所以有点迫不及待地问：“咱什么时候开始？”

制造木排，费不了多少工夫，很快，一支庞大的木排就制造出来，曾国藩和他的湘军弟兄们站在河边，看木排试水。顺流时还可以，但逆水行进时简直比登天还难，尤其是稍遇风浪，木排不必等敌人来攻就自我终结。

曾国藩在哄笑声中收场，他闭门思考，终于否定木排，又把思路拉回木船上。凡事都要靠自己，曾国藩下定决心，鼓起勇气，推开大门，喊了一声："来啊，给我纸笔。"

他要自己设计战船！

曾国藩不是胡闹，也非闭门造船。湖南有赛龙舟的传统，曾国藩就按照龙舟的样子画出几条战船，当然他还做了些改进。比如把龙舟加宽，木板加厚，把龙舟的"龙头"制造成几根尖锐的木桩，作为冲击敌人战船的刺刀。

"曾氏军舰"制造完毕，曾国藩下令在河边试水，湘军弟兄们又来观看，嘻嘻哈哈中，曾国藩感觉他们是来看热闹的。果然，龙舟一下水，速度的确惊人，可人人都看出来了，经不起碰撞，水中一根木棒就能让它晃荡半天。"曾氏军舰"黯然收场。

连续两次打击，并未让曾国藩气馁。他如果灰心丧气，他就不是曾国藩。

塔齐布看着曾国藩在设计室神魂颠倒的样子，大为发愁，罗泽南也是心有余而力不足，只能为他干着急，理学在此时派不上任何用场，恐怕朱熹复生，也难以找出战舰的"天理"来。

就当曾国藩在设计室里来回晃悠，胡言乱语已近走火入魔时，救星来了。江忠源听说曾国藩在衡州鼓捣军舰的情况后，派了一位懂战舰制造的人来了衡州。此人其实也是个半吊子，画出的广东快蟹船、舢板船和长龙船图纸总会缺点什么。曾国藩就主动做设计室一把手，半吊子设计师缺了什么，他就冥思苦想给补上。

在两人不分昼夜的苦心设计下，终于有了一份合格的战舰图纸，制造出来试水后，效果还不错。曾国藩激动得一夜不睡，第二天就把湖南境内的能工巧匠们邀请来，1853年12月，衡州造船厂和湘潭两个分厂成立，开始夜以继日地大批量制造战舰。

战舰图纸只是介绍了船舰的大体模样，而船的具体结构尺寸，乃至每一个部件都没有详细说明。所以工匠们在制造船舰时，曾国藩全程参与。他和工匠们反复设计，不断实验，甚至连帆樯桨橹的位置都每一寸每一寸地试验，以期让它们发挥最大效能。

曾国藩深知，这支水军将来是要和太平军争雄的，所以绝对马虎不得。造船上，曾国藩精选广西出产的木料，力求坚固耐用。对于炮的质量和安装更是讲究到极致，当时中国各省筑造的大炮炮身笨重，射程极短，重达三千斤的大炮射程上竟不如百斤重的洋炮。曾国藩花费重金，让人从广东购买大批洋炮，并组织人力反复试验，解决了一系列技术难题，把它完美地安装到战船上，由此建成了当时中国技术最先进的内河水师。

湘军水师共有快蟹舰四十艘，长龙舰四十艘，舢板舰八十艘，快蟹舰在战船中最大，安装的大炮也最多，是主力舰。长龙舰小于快蟹舰，装有火炮，行驶比快蟹灵敏，是巡洋舰。舢板舰最小，行驶轻捷，配有火器，是驱逐舰。

没过几年，曾国藩就用这支配备大量洋炮的舰队夺取了长江的制水权，为太平天国的覆亡掘开了坟墓。

湘军水师共有十营，和陆军一样，每营五百人。这只是建成之后的规模，初组建水师时，还是困难重重。首先是湖南人多以上船为苦，视水战为洪水猛兽。有人来应聘，一听说是水师，掉头就走。曾国藩好不容易招募了三千多人，再也招不上一人，万般无奈之下，只好将陆军改为水军。士兵们必须服从命令，只能唉声叹气。营官们却死活不干，跑去和曾国藩说理。

营官彭玉麟说："你让我在陆地当个小兵都可以，就是别让我去水上当什么营官，我真是做不来。"另一营官杨载福也说："我一见水就晕厥呕吐，平时喝水都不敢用大碗，让我去水上指挥战斗，和送死有何分别。"

其他营官互相议论，都支持彭玉麟和杨载福，整个大堂喧嚣如滚雷一样。曾国藩不是不知道这些陆军营官的本事，尤其是彭玉麟，读书人出身，却拥有超绝的军事天赋，是个陆地之虎。把这样的人才从陆地弄到水上，实在有浪费之嫌。

但没有办法，曾国藩言辞恳切地向他们诉苦，"战舰都有了，士兵也有了，如果你们不做，那就没人来做了，咱们辛苦创建起来的水军就得解散。你们不为我曾国藩想，不为大清帝国想，就为那些出了无数力气的工匠们想想，还为那些从广东运来大炮的苦劳力想想。将心比心，浪费别人的劳动果实是可耻的，你们难道眼睁睁看着那些战舰就那样一动不动地烂在水里吗？"

见营官们不出声了，曾国藩趁热打铁："我的兄弟们，看看外面那些战舰，咱们没向朝廷要一个铜板，全靠咱们的厚脸皮到处化缘，才建立起来的。你们忍心看着咱们化缘的成果灰飞烟灭吗？"

这番话，说得众营官们很惭愧。虽不情愿，但还是答应了曾国藩，尽力当好这个水军军官，让曾国藩高枕无忧。

曾国藩不可能高枕无忧，原因就在于世界上有个叫“咸丰”的催命鬼。

咸丰三催曾国藩

曾国藩到衡州建湘军，咸丰皇帝不太清楚。但江忠源了如指掌，江忠源后来把曾国藩的宏图大展报告给了中央政府。咸丰并无不满，因为当时正是用兵之计。1853年11月，太平天国西征大军向武汉推进，咸丰下令要曾国藩率海陆军增援湖北。

曾国藩懊恼江忠源的大嘴巴，当时水军刚刚成立，连打鱼都困难，何况是打仗。曾国藩对江忠源抱怨说：“我原意是等把水陆两军练好后再上报朝廷，你的嘴怎么就没把门的，提前透露出去了？”

江忠源回信说：“我说你啊，读理学读傻了吧。朱熹说先知后行，但知行应该合一，去战场练兵要远比你在操场上练兵进步得快。况且……”江忠源嘲讽道，“皇上只是让你去配合正规军作战，没让你担当主力，你慌张个什么劲？”

曾国藩最讨厌的就是这句话，不当主力我去干什么，正规军根本就打不了仗，我去配合他们送死吗？

他当然可以不搭理江忠源，但对咸丰却马虎不得。琢磨了一天，想到了如何搪塞咸丰。他对咸丰说：“衡州周边匪徒有春风吹又生之势，我若离开，他们和太平军连成一气，后果不堪设想啊，所以我不能走。”

不多久，曾国藩又收到咸丰的圣旨。咸丰说：“长毛贼在进攻安徽庐州，你即刻带上你的人入安徽，支援庐州。”曾国藩拿上次的回信复制一回，发了出去。1854年2月，咸丰的圣旨又来了：“长毛贼进攻黄州，曾国藩你他娘的赶紧带人去增援。”

曾国藩三次不出兵，不是懦弱，更不是保存实力。他很明白一个道理，太平军骁勇善战，名将众多，没有一支劲旅绝不能去碰他们。而且和太平军一决雌雄的战场是在水上，他的水师还羽毛未丰，绝不能高飞。

他给咸丰回信说：“衡州乃湖南省之重地，我若离开贼必来，容我剿灭衡州附近土匪后，再出山。”

曾国藩摇摇摆摆的“千呼万唤不出来”，咸丰终于发了雷霆之怒。他给曾国藩回信，语气充满了讥讽：“你真是吹牛不打草稿，好像衡州离了你就会从世上消失一样。我也和你打过交道，我只是想问一句，你的才能行吗？平常牛气冲天，以为天下人都不如你。如果你的话能抵上你一半才能，我还真放心，倘若遇事后一败涂地，岂不是贻笑天下。好吧，我暂时相信你的话和你的才能是相匹配的，你出山给我看啊！”

收到咸丰的信，曾国藩心里翻江倒海。皇上竟然说他吹牛，而且还说得这么露骨，真让他无地自容。他反复思量，上下考量，用尽全部感情给咸丰写了封回信。在陈述了船炮未备、兵勇不齐的情况之后，他突然慷慨激昂起来：“我知道自己才疏学浅，只能用一颗忠诚不避死的心报答您，至于成败利钝，全不在放在心上。如果皇上真要我出军，那我就出军。但我敢肯定，必是死路一条。到那时您会对我超级失望，我仍是死路一条，与其那样死路一条，不如现在您就治我个畏惧不前的罪名，这样我虽死，却能保住千万人性命，死而无憾。”

写到这里，曾国藩想起自担任团练大臣后在长沙受的屈辱，又想到来衡州后的白手起家，不但步履维艰，还得到无数的讥讽嘲骂，他不禁眼眶湿润，继续写道：“湖南官员不理解我，给我难堪，皇上您也不理解我，非让我出兵自取其辱，一旦我兵败，必会被人唾骂至死。身死却不能报效国家，一想到这里，我在大半夜都能哭醒。希望皇上能理解我的进退两难境地，不要逼我出军，要不了多久，我羽毛一丰，定会建下破天荒之大功，以报圣恩。”

咸丰被这封信感动了，不再催他出军，同时还安慰他：“成败利钝固不可逆睹，但你心可昭日月，并非只有我知。”

曾国藩收到咸丰的信后，当着湘军将领们的面，嚎啕大哭，拿着信给众人观看，哽咽着说：“皇上真是怜悯我等啊，皇上万岁！”

皇上在遥远的北京怜悯他，解决不了他眼前的麻烦。麻烦来自王鑫，王鑫向他发出了挑战。王鑫是湘军的元老级人物，开始和曾国藩合作时很融洽，王鑫才能出众，雄心勃勃。曾国藩当初在长沙时见人就夸王鑫志大才高，前途无量。

王鑫虽然雄心勃勃，但胸有主张，他是理学家罗泽南的弟子，深深懂得规矩的道理。他本来和曾国藩的关系不错，可自到衡州后，关系渐渐恶化。曾国藩来衡州是打着为江忠源练兵的旗号，但很快王鑫就发现，曾国藩是在为自己练兵，他要建一支曾家军。

咸丰第一次催曾国藩增援湖北时，王鑫就鼓动曾国藩出兵，曾国藩死都不出。太平军很快攻占汉口、汉阳，长沙人心浮动。湖南巡抚骆秉章也写信给曾国藩，要他来长沙协防。曾国藩理都不理，王鑫拍案而起，带着他的那一营五百人从衡州奔回长沙。一到长沙，王鑫就大肆招募士兵，将他的一营扩充到三千人。

骆秉章对此大力支持，因为长沙兵力不足，又指望不上曾国藩。曾国藩却很不高兴，因为王鑫招募士兵的事并未向他汇报。但他隐忍不发，不久后，在新任湖广总督吴文镕的左右周旋下，太平军退屯黄州，长沙局势缓和下来。曾国藩马上去信责备王鑫，“你名义上算是从前大团的人，在衡州咱们也建立了上下级关系。你在长沙招募士兵，却不向我报告，是何道理？我现在郑重告诫你，我在湘军里给你留了三个营的空额，你迅速带你的人回来。”

王鑫气得怪叫：“三个营就才一千五百人，你这是要我裁撤一半兵力啊。我回去你个鬼啊。”

曾国藩见王鑫毫无动静，又去信说，“你的士兵必须减员，选出三个营长来，不必你指挥，指挥权由组织决定。另外，你速来衡州参加会操，开出一份名单，把不肯来的人写上，以后我不会要他们了。”

王鑫继续生气，且拒绝回信曾国藩。曾国藩矢志不移，意志顽强地给王鑫写信。1854年2月，彻底搞定咸丰的催促后，曾国藩决定和王鑫摊牌：“咱们奉朝廷之命，兴君子之师，章程必须划一，怎可参差错乱，各立山头。你如果要立山头，别打着湘军的旗号。”这封信仍未得到回音，曾国藩怒了，派出四名将领去接替王鑫的四个营军官职务，同时命令王鑫只统帅一营。

王鑫这回不生气了，反而对曾国藩的一厢情愿大笑不已。曾国藩看着狼狈而回的被派去的四名军官，恼羞成怒地给骆秉章写信，夹枪带棒地说：“王鑫这厮反了，背后肯定有人撑腰。我把话放这里，您如果同意他归我督带，就必须受我节制。倘若他不想受我节制，您又命令不了他，那我在此宣布，湘军从前不曾，现在不曾，将来也不会有王鑫这个人！”

就这样，湘军的祖师爷之一王鑫被曾国藩逐了出去，曾国藩通过驱逐王鑫，再次稳固了他的领导地位。

曾国藩见死不救：江忠源之死

和王鑫是明争，和江忠源则是暗斗。江忠源是自太平军造反以来，战场上最清醒最干练的将军，受到清政府一个接一个的大奖，所以曾国藩当初才打起为江忠源练兵的旗号跑到衡州。

也许不仅是为了迷惑清政府和江忠源，曾国藩当时真就发自良知。他信誓旦旦地向江忠源保证，我去衡州练兵就是为了给你作为“扫荡天下之具”的。江忠源至为感动，对曾国藩表露心迹：我江忠源能光耀门庭，就全靠兄弟你了。

很快，江忠源就在现实中发现曾国藩靠不住。1853年秋，江忠源在江西九江一带抵抗太平军，他的楚勇兵力不足，所以去信曾国藩问，有没有新出炉的士兵，赶紧搞点来给我用。

曾国藩连咸丰的圣旨都敢不遵，区区个江忠源算个啥。他回信给江忠源，士兵还是半成品，不能立即出炉，你少安勿躁。江忠源并未生气，因为他知道曾国藩做事很慢，所以就调了云贵、湖广的绿营兵六千，与自己的楚勇合成一万，艰难抵抗太平军。

曾国藩得知江忠源调集绿营兵后，去信揶揄道：“绿营兵纪律败坏，怎么能打仗，您要三思啊。”

江忠源夹枪带棒地回信道：“我倒是想用你的兵，可你太慢了。”

曾国藩发现了江忠源的不满，慌忙回信道：“你不要着急，我已训练出三千士兵，再训练六千，就双手呈送阁下做建功立业的工具。”

江忠源突然发现曾国藩在和他玩太极，由于前线吃紧，所以没空和曾国藩纠结。但曾国藩却对他穷追猛打起来，曾国藩对湖南巡抚骆秉章与新任湖广总督吴文镕说，江忠源的楚勇成事不足败事有余，我听说他们常常骚扰百姓，进驻一地后的头等事就是抢劫。政府正规军不可用，楚勇也欠精练。

吴文镕是曾国藩举荐上来的，同时还是曾国藩的师长，所以自然不自然地就偏袒曾国藩。骆秉章对曾国藩虽成见渐小，却站在公理之上，对曾国藩冷嘲热讽："正规军不成，楚勇欠精练，我听你的意思只有你的湘军才是天下唯一的精兵。但我怎么就没看你们湘军有一人在战场上？"

曾国藩险些被问了个跟头，回信骆秉章："羽毛不丰不能飞。"

骆秉章只回了一行字："你不飞，就闭嘴。"

江忠源对曾国藩的风凉话极为在意。他认真给曾国藩回了封信，一针见血地解释道："'勇'是否可用，关键在带勇之人，和'勇'本身无关。好人带坏'勇'，也能把"勇"带好；坏人带好'勇'，也能把勇带坏。你总说你的湘军这样好那样好，到现在我也未亲眼见到，先假设你的湘军是好的吧。可你是否想过，现在是好的，将来解散后还一定能好吗？"

曾国藩根本没考虑那么远，他在全心全意处理眼前的问题、脚下的问题。江忠源的一番话让他更加坚定了这样的信念：他不会把一兵一卒交给任何人，包括江忠源。1853年冬天，曾国藩写信给骆秉章说："我正在夜以继日地筹备水军，等船炮齐备后，我愿意带着我的湘军跟随您左右。"

骆秉章惊叫："曾国藩这是要自己指挥湘军啊。"

半个月后，太平军攻陷黄州，咸丰催曾国藩出师，曾国藩死都不肯，江忠源催他赶紧来，他一字不回，但却给吴文镕去信嘘寒问暖："这次贼有多少人？需要援助吗？我带领湘军去如何？您好好斟酌，速回我信。"

江忠源得知此事后，气得一跳三丈高："曾国藩这畜牲，这是想抛弃我依附吴文镕啊。"

曾国藩得知江忠源的反应后，马上去信安抚："兄弟最近如何，我正准备东下，配合吴文镕总督的'四省合防'计划，另外也为阁下澄清天下之用，我已做好三年不归之想。"

江忠源接到信后，"呸"地吐到信上，火气上涌道："曾国藩这厮，拿吴文镕压我，还要亲自领兵，给我练兵言犹在耳，打着我的旗号，拉自己山头，真是卑鄙！"

江忠源不会想到，与下面即将发生的事相比，曾国藩这封信的想法实在太高尚了。1853年11月中旬，太平军攻取安徽桐城，兵锋再指舒城，安徽北部危急。清政府急忙调江忠源去安徽北部支撑危局。

江忠源忠贞可鉴，连夜从湖北汉口急行军往安徽庐州。抵达六安时，突然生病，并且日益沉重。12月中旬，稍有好转，于是亲率二千楚勇进抵庐州。他才到一天，太平军就把庐州合围，开始了猛烈进攻。咸丰下令曾国藩驰援，曾国藩按兵不动。他的军官夏廷樾实在看不下去了，就请求他率师东下，解救江忠源之急。

曾国藩板起脸，一本正经地说："目前我托购的洋炮还未到来，水师不能成军，绝不能出战。即使我能出师，也要先收复黄州、九江等处。大局所在，顾不得兄弟情谊，一想到这里，我不禁泪流满面。"

1854年1月中旬，江忠源在内无粮草外无援兵的情况下兵败被杀。曾国藩得到消息后，号啕大哭，他对人说："我这个人最有自知之明，我不善带兵，完全寄希望于江忠源兄弟，想不到他未等我练兵完毕，就离开人世。我练了这么多兵，造了这么多军舰，有什么用啊！"

他哭得越伤心，站在他身边的军官们就越觉得他虚伪。几个曾和江忠源并肩战斗的军官带着自己的士兵趁夜离开他，投奔骆秉章去了。曾国藩又是一阵伤心，还未等憔悴的心平复，马上流言来攻。湖南大批官僚和士绅毫不留情地攻击他，对江忠源见死不救，连畜牲都干不出来的事，竟然被他曾国藩干了。

曾国藩把脸憋得铁青，如死尸一样静坐不动，静坐了很久很久，才掏出日记写道："荆轲之心化为贯穿天宇的彩虹，但见到者却将它视为不正的色彩而鄙薄；苌弘之血化为碧玉，而赏玉的人将他视为破石而丢弃（虹贯荆卿之心，见者以为淫氛而薄之；碧化苌弘之血，览者以为顽石而弃之）。"

荆轲是战国时期燕国聘请的去刺杀秦始皇的刺客，被杀后化为彩虹；苌弘是春秋时期周王朝的高级官员，被冤而死，流的血三年后化为碧玉。

曾国藩其实是想说，你们这群人都冤枉了我，我不是畜牲。我只是不打没把握的仗，炮舰不齐，哪怕只缺少一门炮的情况下，我都不会出省作战。这就是我，一个脚踏实地，不见兔子不撒鹰，不做好准备不出马的曾国藩。

也许湖南的官员和士绅们真的误会了曾国藩，他是真的抱定"炮舰不齐不出省"的决心，所以他不但对兄弟江忠源见死不救，对自己的师长吴文镕同样如此。

吴文镕在太平军猛烈围攻时，曾一天发数道求救信给曾国藩。曾国藩看着信直哭，据说他当时真想出战，他和吴文镕的关系非同一般，多年的师生情谊，还有个现实问题，吴文镕一旦出问题，那在湖广地区，就没有人替他说话了。

可他咬牙忍住了冲动，去信给吴文镕，说明了自己不能出战的原因：炮舰未齐，出战就等于送死。又声泪俱下地劝吴文镕自己想办法，真情实感力透纸背。吴文镕终于被说服，在料定自己必死的情况下，去信给曾国藩，要他一定要保持这种高度谨慎的态度，万不可草草出兵。

吴文镕殉职后，曾国藩哭得死去活来，但即使在湘军内部，也有很多人认为他在演戏。的确，对兄弟师长统统见死不救，无论你写多少家书、多少日记，无论你生花妙笔还是口吐莲花，都无法解开世人心上的结：你曾国藩总说时机未到，到底什么时候才到时机，你到底什么时候才能出兵？

曾国藩站在衡州造船厂最高处，看着最后一门洋炮严丝合缝安装到船上，眼神射出夺目的光芒。他默默地说了句："可以出兵了。"

第四章
湘军首胜

讨粤匪檄

1854年2月25日，曾国藩带着他的湘军从衡阳出师，走向了当时中国最大的战场。五千余人湘军水陆并进，舰船挤满水面，两岸骑兵夹护，万马奔腾，威风八面。看上去，这是一支虎狼之师，天下无敌。

曾国藩也有这种神秘的感觉，所以当他站在主舰甲板上向远方眺望时，他看到的是一片似锦繁花。至少站在曾国藩的立场看，这是事实。自从太平天国造反以来，他苦心研究局势，凭借顽强的意志和不懈的努力，他轻而易举地破解了太平天国首领洪秀全的小算盘。

洪秀全，广州花都人，生于1814年，比曾国藩小三岁。洪秀全天分不足，连续三次乡试落榜，意志也相对薄弱，所以不能如曾国藩那样屡败屡考，终于在第三次落榜后神经错乱，看到西方的上帝降临他家。这位上帝说，“你可打着我的旗号，行使我的意志，在人间斩妖除魔。”然而洪秀全毕竟是读书人，对这种“怪力乱神”心有戒备，所以只是深深藏在心底，并未付诸行动。6年后的1843年，他再去乡试，结果又落榜。这回，他愤怒了。

他烧了儒家经典，捧起基督教教义，到处宣传上帝的美。在传道过程中，洪秀全认识了几位志同道合的兄弟。他们坐到一起时，都被当时的政治腐败和社会不公激起怒气。于是，神圣的传道事业变成了鬼鬼祟祟的造反预谋。1851年1月，洪秀全和他的弟兄们在广西金田宣布革命，建立太平天国，开始了席卷南中国的革命运动。1853年3月，势如破竹的太平军攻陷南京，将其作为首都。

太平天国定都南京后，洪秀全野心勃勃，既想占领江西、安徽、湖北和湖南，巩固上游，又想轻取北京、天津，乘得胜之势一举干掉清王朝，所以同时发动了北伐和西征。用事后诸葛的说法，这是“两个拳头打人”的战略错误，但站在洪秀全的角度看，太平天国当时战无不胜，两个拳头打人最好不过。

和曾国藩有关的是太平天国的西征，曾国藩清醒地认识到，太平天国定都南京后，必力争安庆、九江、武昌以至湖南、荆州。倘若太平军将长江四千里占据，那中国将被一劈为二，南北交通隔绝，后果不堪设想。他更意识到，武昌是长江的重镇，雄踞江汉，武昌的得失，关系到南中国特别是湖南的安危、长沙的存亡。所以，他出师的直接目的就是和太平军争夺武昌。

从衡阳出发前，曾国藩咬着笔头，倾尽所有情感写了一篇战斗檄文，这就是19世纪中国最有名气的文章之一——《讨粤匪檄》：

逆贼洪秀全、杨秀清（太平天国二号人物）称乱以来，于今五年矣。荼毒生灵数百余万，蹂躏州县五千余里，所过之境，船只无论大小，人民无论贫富，一概抢掠罄尽，寸草不留。其掳入贼中者，剥取衣服，搜括银钱，银满五两而不献贼者即行斩首。男子日给米一合，驱之临阵向前，驱之筑城浚濠。妇人日给米一合，驱之登陴守夜，驱之运米挑煤。妇女而不肯解脚者，则立斩其足以示众妇。船户而阴谋逃归者，则倒抬其尸以示众船。粤匪自处于安富尊荣，而视我两湖三江被胁之人曾犬豕牛马之不若。此其残忍惨酷，凡有血气者未有闻之而不痛减者也。

自唐虞三代以来，历世圣人扶持名教，敦叙人伦，君臣、父子、上下、尊卑，秩然如冠履之不可倒置。粤匪窃外夷之绪，崇天主之教。自其伪君伪相，下逮兵卒贱役，皆以兄弟称之，谓惟天可称父，此外凡民之父皆兄弟也，凡民之母皆姊妹也。农不能自耕以纳赋，而谓田皆天王之田；商不能自买以取息，而谓货皆天王之货；士不能诵孔子之经，而别有所谓耶稣之说、《新约》之书，举中国数千年礼、义人伦诗书典则，一旦扫地荡尽。此岂独我大清之变，乃开辟以来名教之奇变，我孔子孟子之所痛哭于九原，凡读书识字者，又乌可袖手安坐，不思一为之所也。

自古生有功德，没则为神，王道治明，神道治幽，虽乱臣贼子穷凶极丑亦往往敬畏神祇。李自成至曲阜不犯圣庙，张献忠至梓潼亦祭文昌。粤匪焚郴州之学官，毁宣圣之木主，十哲两庑，狼藉满地。嗣是所过郡县，先毁庙宇，即忠臣义士如关帝岳王之凛凛，亦皆污其宫室，残其身首。以至佛寺、道院、城隍、社坛，无朝不焚，无像不灭。斯又鬼神所共愤怒，欲一雪此憾于冥冥之中者也。

本部堂奉天子命，统师二万，水陆并进，誓将卧薪尝胆，殄此凶逆，救我被掳之船只，找出被胁之民人。不特纾君父宵旰之勤劳，而且慰孔孟人伦之隐痛。不特为百万生灵报枉杀之仇，而且为上下神祇雪被辱之憾。

是用传檄远近，咸使闻知。倘有血性男子，号召义旅，助我征剿者，本部堂引为心腹，酌给口粮。倘有抱道君子，痛天主教之横行中原，赫然奋怒以卫吾道者，本部堂礼之幕府，待以宾师。倘有仗义仁人，捐银助饷者，千金以内，给予实收部照，千金以上，专摺奏请优叙。倘有久陷贼中，自找来归，杀其头目，以城来降者，本部堂收之帐下，奏受官爵。倘有被胁经年，发长数寸，临阵弃械，徒手归诚者，一概免死，资遣回籍。

在昔汉唐元明之末，群盗如毛，皆由主昏政乱，莫能削平。今天子忧勤惕厉，敬天恤民，田不加赋，户不抽丁，以列圣深厚之仁，讨暴虐无赖之贼，无论迟速，终归灭亡，不待智者而明矣。若尔被胁之人，甘心从逆，抗拒天诛，大兵一压，玉石俱焚，亦不能更为分别也。

本部堂德薄能鲜，独仗忠信二字为行军之本，上有日月，下有鬼神，明有浩浩长江之水，幽有前此殉难各忠臣烈士之魂，实鉴吾心，咸听吾言。檄到如律令，无忽！

这篇檄文中充满了高度智慧。

曾国藩称太平军为“粤匪”，这是利用地方主义孤立太平军。众所周知，太平天国兴起于两广，骨干和领导成员几乎全是广东和广西人，军中称为“老兄弟”。后来在两湖三江地区有了飞速发展，新加入的成员多处于被领导的地位，称为“新兄弟”。曾国藩利用这个分别离间他们，借以从内部分化瓦解太平军。他称两广人为“匪”，称其他地区的人为“被胁之人”，“粤匪自处于安富尊荣，而视我两湖三江被胁之人曾犬豕牛马之不若”。这是最高明的一招。

太平军说，天下男子皆为兄弟，天下女子皆为姐妹，军民上下皆以兄弟姐妹相称。曾国藩说，这群混账不让人们称自己的父母为父母，而只能称兄弟姐妹，这是对传统伦理的践踏，简直是不伦不类的禽兽，人人得而诛之。

太平军反对孔孟，独尊上帝。曾国藩说，我大中华子民千万年来都以孔孟为圣人，这是不言自明。你们这群孽畜不顾民众心理，一味打破偶像，实在是自寻死路。若干年后，毛泽东谈到曾国藩击败太平天国的原因时说，洪秀全起兵时，反对孔教提倡天主教，不迎合中国人的心理，曾国藩即利用这种手段，扑灭了他。这是洪秀全的手段错了。

洪秀全虽然错了，但仗还是要打的。不能说洪秀全排孔孟尊上帝错了，曾国藩就坐等胜利。

湘军从衡阳一路张牙舞爪抵达长沙，长沙沸腾。巡抚骆秉章亲自出城门迎接曾国藩，长沙市民载歌载舞，欢迎这支看上去无敌于天下的军队进城。

骆秉章拿着曾国藩的《讨粤匪檄》，称赞不已。曾国藩垂眉低目，夸张地谦虚谨慎。

骆秉章眉飞色舞地说：“他长毛贼有西征，咱们就有东征，你何时起程？”

曾国藩思虑一会儿说道：“我还需要几个人。”

骆秉章指着窗外说：“你有这样一支精兵，还需要什么人？”

曾国藩摊开手掌，开始扳指头：“第一人是左宗棠；第二人是胡林翼；第三人郭嵩焘；第四人冯卓怀；第五人李元度。”手指头不够用了，“还有陈士杰。”

左宗棠自张亮基离开湖南巡抚任后，就告辞回了老家，骆秉章多次去信请他出山，左宗棠一概拒绝。这次曾国藩派人去请左宗棠，得到的答复很不客气。左宗棠对曾国藩说："你呀，没这个金刚钻，非揽这瓷器活。"字里行间透露着对曾国藩的轻视。

曾国藩不气馁，又请胡林翼。胡林翼是湖南益阳人，比曾国藩大一岁，多年前二人就相识。胡林翼中进士后在贵州做官，由于能力出色，手腕毒辣，所以得到他历届上级的欣赏。太平军造反后，胡林翼从贵州被调入湖南，和太平军进行过多次小规模战役，积累了宝贵的战斗经验。曾国藩认为，除了江忠源外，在湖南就属胡林翼了。

胡林翼很给曾国藩面子，召之即来。

曾国藩又找郭嵩焘和冯卓怀，郭嵩焘一脸哭相说："时机未到，您就出山，恐怕不好。"冯卓怀眯着眼，一言不发，搞得曾国藩以为自己犯了什么大错，只好灰溜溜地走了。

李元度和陈士杰都是曾国藩的门生，实在架不住曾国藩的热情，只好相从。曾国藩后来回忆此事时极为悲苦地说，很多人都不看好我那次出征，所以都不肯来。平日结交的生死之交比如郭嵩焘，竟然也不来。一想到此，我就鼻子发酸。

让他鼻子发酸的远不止此。

岳州之败

曾国藩在长沙磨刀霍霍，还未来得及东征，太平天国的西征军石祥祯兵团就以闪电之势陆续占领岳州、湘阴、宁乡，前锋部队逼近长沙。至此，湖北战略据点尽为太平军所有，由此形成了全面进击长沙的态势。

骆秉章慌问曾国藩："计将安出？"

曾国藩沉思许久，回答："攻宁乡。"

说这三个字时，曾国藩脸上充盈着高度自信的光芒。骆秉章忙吩咐下去，预备庆功宴。但庆功宴没有吃成，前去攻宁乡的一部湘军在半路上遭到太平军的伏击，该部湘军头领当场殉职。侥幸逃回的湘军哭爹喊娘，长沙城里再度沸腾。

骆秉章哭丧着脸说："想不到湘军的战斗力如此吊诡。"

曾国藩羞愧万分，正当他手足无措时，突然传来天大的好消息：太平军石祥祯兵团从宁乡、湘阴、岳州突然撤兵，退向了湖北腹地。

曾国藩震惊当场，这就叫得来全不费工夫。长沙城又沸腾起来，庆祝湘军不发一枪一弹就收复了宁乡、湘阴和岳州。

石祥祯兵团为何突然撤军，原因就在那支被灭的湘军兵团身上。石祥祯虽然设下诡计，伏击了那支湘军，但那支湘军的装备和战力给他留下深刻印象。石祥祯自参加革命以来，从未遇过劲敌，今日一遇，不禁两股战栗，又不知从哪里听到湘军有十万人马到来的消息，所以大叫一声，撒腿就撤。

骆秉章兴趣陡增，和曾国藩商议军事计划。骆秉章的意见是，让王鑫兵团和曾国藩湘军同时进入岳州。曾国藩和王鑫有私怨，所以不想和王鑫共事。骆秉章没有办法，只好命王鑫兵团先进岳州巩固，曾国藩随后就到。

曾国藩还没到岳州，1854年3月30日，太平军林绍璋兵团突然出现在岳州城下，这是太平军西征军最能打的一支部队，所以王鑫在岳州城守得异常艰苦。岳州城三面临陆，一面靠洞庭湖。在王鑫的苦苦盼望中，4月7日，曾国藩的舰队才慢悠悠地出现在了洞庭湖之上。

王鑫在炮火中对着曾国藩的舰队破口大骂，斥责他为何来得这么晚。人啊，就是不知足，倘若他了解内情，就会对自己的行为深深愧疚。曾国藩根本就不想来。原本他就和王鑫有私怨，又闻听围攻岳州的太平军战力强大，特别担心去解救岳州如同肉包子打狗，所以他在离岳州几十里的南津驻足观望。

陈士杰急如热锅上的蚂蚁，对曾国藩见死不救大惑不解。他说："自太平军造反以来，政府军始终处于败地，原因之一就是各自为政，大家都见死不救。您和王鑫有私怨不假，可您和大清江山社稷有什么恩怨？"

曾国藩拉下脸："这支太平军太厉害，恐怕救也白救，岳州城不能保也。"

陈士杰说："没有让您救岳州城啊，你只需把舰队开到洞庭湖上，对着太平军阵地放它几炮。趁太平军慌乱之际，王鑫和他的人就能缒城逃走。这是一箭双雕的计策，一来，大家都看到你拯救了王鑫；二来，顺便让舰队来场真的演习。"

曾国藩一拍大腿："这真是好主意，来啊，把舰队开进洞庭湖，离岸千万要远些，别让长毛贼的炮打到我们。"

长毛贼的炮打不到他曾国藩，他的炮自然也很少打中长毛贼，所以当时的场景是，战场上炮火连天，乌烟瘴气，但没有人死伤。在这漫天飞尘中，王鑫大喊一声：“缒城。”千余人从城上缒下，逃上了曾国藩的战船，曾国藩一声令下：“撤。”

如长龙般的舰队就这样摇摇晃晃地一路逃回了长沙，岳州城重新被太平军占据。一回到长沙，曾国藩就受到了铺天盖地的刁难和责骂。

长沙百姓说，这支部队中看不中用，全是花架子。

布政使（主管民政的副省长）徐有壬和按察使（司法部长）陶恩培自曾国藩摇头摆尾地进长沙城那一刻起，就憋了一肚子气，现在终于有机会发作出来。

二人对骆秉章说：“这个什么狗屁湘军有名无实，不必看其他，只看曾国藩那副哭丧的脸就知道它不是打仗的料，现在最好的办法是，就地解散它。”

骆秉章召开长沙城高级干部会议，大部分人都主张解散湘军。骆秉章长吁短叹说：“你们哪里知道我的难处，如今长沙城内没有兵力，只有曾国藩的湘军，倘若将其解散，长沙城就是危在旦夕。”

众人都不说话了，骆秉章又无可奈何地补充了句：“况且，你们谁有本事解散曾国藩的军队？”

这是事实，曾国藩的湘军可不是随便就能解散的，即使皇上亲自驾到，解散起来也没那么容易。

虽然大家都对曾国藩和他的部队很有意见，但不能解散是肯定的。曾国藩找骆秉章谈心，骆秉章一副爱搭不理的样子。曾国藩解释说：“这次出师不利有原因。岳州之战前三日，起了一场大风，战舰有所损坏。”

骆秉章冷冷地回道：“那场大风真够大的啊，不过你的战舰连一场大风都抵挡不住，如何抵挡长毛贼的大炮？”

当时二人正在曾国藩的战舰上谈话，说到这里时，一阵风吹过，骆秉章煞有介事地站起来说：“快，起风了，小心你的战舰。”

显然，这是对曾国藩莫大的讥讽。曾国藩没有怒气，只有一股子不知名的邪气，却不知该向哪里发、怎么发。

有机会的，曾国藩的脑海里总会突然跳出这句话。他看向长沙城里，那里正有人谈论他的耻辱，谈论他那支不堪一用的湘军。

他在战舰里来回踱步，思考着该如何把这通邪火淋漓尽致地发泄出来。

第一次自杀

太平军给了他机会。就在曾国藩退回长沙不久，林绍璋兵团突袭了长沙和衡阳之间的湘潭，一战而成。由此，太平军切断了长沙的后路。很快，又攻取宁乡、湘阴，对长沙完成了钳形包围。

骆秉章去曾国藩的战舰和曾国藩相见，单刀直入："现在形势只能靠你，你要做出点样子来给湖南人看看。"

曾国藩激动得双手直颤，要去握骆秉章的手，表示决心。骆秉章一转身走了，走出大门前，骆秉章突然停住，回头说："左宗棠来了，就在城里。"

这条消息已提不起曾国藩的兴奋点，他现在最迫切要做的就是召开会议，和大家商讨紧急对策。

会上有两种意见：一是全力固守长沙，二是对太平军实行反攻。

曾国藩说，"我比较同意全力固守长沙，他手下的谋士们极力反对。"李元度说："固守长沙是入城受困，况且，现在的情形，咱们能否进得了长沙城还是问题。"

曾国藩悚然："是啊，长沙城里反对湘军的声音太震耳。"他急忙点头说，"看来只有对长毛贼实行反攻。"

但反攻的反击点应该选哪里呢？湘军将领们提出三个地点：靖港、宁乡、湘潭。

众人讨论了大半夜，终于确定了反击点：湘潭。这反击点选择得相当高明，湘潭在长沙和衡阳之间，如果成功，那长沙之围不战自解；如果失败，那可以轻松退到衡阳，保存实力。

计划一旦制定，曾国藩立即执行。可就在起兵去湘潭的那天夜里，曾国藩的厄运来了。几个长沙乡团成员跑来找曾国藩，希望他能进攻靖港。

曾国藩问原因，这几个长沙乡团成员就满嘴跑起了火车。他们说，靖港敌营中守军不过一百余人，防御力量非常薄弱，完全有把握把他们歼灭。

曾国藩摇头说："你们恐怕不知道，但我知道。林绍璋那贼把战舰分布在临资口、樟树港、靖港、铜官渡一带，水陆重兵都集结在靖港，港外环列战船，岸上修筑了炮垒，那是个易守难攻之地，你们这不是让我去送死吗？！”

几个长沙乡团成员提高了嗓门忽悠曾国藩：“他们真没多少人，我们实地考察过。而且我们还偷偷地搭建了浮桥，机不可失，时不再来啊。”

曾国藩搓起双手，贪小便宜的心理萌发。他慌忙“格物致知”，最后“格”出了“知”：双管齐下，湘潭和靖港一起打！

特别要命的是，曾国藩决定亲自去指挥攻打靖港的战役。李元度不建议曾国藩这样做，他的意见是，不能两个拳头同时出击。

曾国藩并非是心血来潮，他有自己的想法，如果能取靖港，就可阻止太平军对长沙的正面进攻，同时还起到牵制湘潭太平军的作用。这是上上策，但李元度问道：“如果失败了呢？“

曾国藩大摇其头说：“不可能失败，你没听那几个乡团成员说靖港的情况吗？”

1854年4月28日，他从攻打湘潭的湘军中抽出战舰四十余艘、士兵八百余人昂首阔步奔向靖港。命运待曾国藩极不公，当他的舰队走到离靖港20里的白沙洲时，突然一阵西南暴风陡起，水流迅速湍急，战舰不能自制，顺风向靖港如没头苍蝇般的驶去。

倘若没有这阵大风，曾国藩完全可以把舰队停留在太平军炮火射程之外，而他的大炮比太平军打得远，所以摧毁靖港的防御力量易如反掌。可这场大风让他的计划破产，战舰一直被大风吹到靖港太平军的大炮射程之内，太平军见送上门来的肉，怎能不吃，于是毫不客气地把所有大炮对准曾国藩的四十余艘战舰，一顿乱轰。

只是刹那之间的事，曾国藩的舰队樯橹飞灭，血肉横飞。曾国藩惊慌无助，魂不附体。幸好有人提醒他，掉头跑啊。

曾国藩这才想到“三十六计走为上”的古训，太平军也想起了“擒贼擒王”的俗话，所以曾国藩在前面跑，太平军在后面猛追。战舰上的大炮小跑，对着曾国藩舰队的屁股猛轰猛炸。

曾国藩先跑到靖港对岸的铜官渡，太平军很快逼近。曾国藩稳定了残余舰队后，下令还击。但问题来了，他的战舰高而大，太平军的战舰低而小，他的大炮不能俯射，但太平军的大炮能仰轰。

太平军不但抬高大炮轰他，而且还顺风纵火，湘军战舰上的士兵眼见要葬身火海，鬼哭狼嚎地弃船逃上岸。只有曾国藩，凭着一股顽强的意志，把自己乘坐的战舰撤到了白沙洲。白沙洲的湘军陆军正在等待胜利的好消息，想不到等来的却是主帅狼狈不堪的模样。

曾国藩虽然狼狈不堪，但斗志仍在。他拔出宝剑，指向天空，扯开嗓门吼道：“咱湘军的名誉在此一举，士兵们，给我冲！”

湘军陆军被他激起勇气，张牙舞爪地向靖港冲去，口里喊着：“水师兄弟们，别怕，我们来救你们啦。”

才冲出几里，迎面而见太平军的陆军，个个如恶虎下山，比他们喊得声音还大。湘军陆军一见，几乎条件反射地掉头就跑。曾国藩正在欣慰湘军的勇敢，猛见他们撒丫子跑了回来，明白了是怎么回事。这种“畏敌如虎”的作风绝不能出现在他训练的军队中，他命人把令旗插在岸边，发出命令：“过旗者杀无赦！”

乱哄哄的一片，有人听到了，有人没听到。没听到的拼命向前跑，听到的先是一愣，一见到所有人都在跑，也就跟着跑起来。于是，那面令旗成了摆设。曾国藩挥舞着手中的宝剑，声嘶力竭，捶足顿胸，眼睁睁看着那些人如长跑运动员一样兴奋地冲过那面令旗。

曾国藩叹息流泪，看了一眼正在逼近的太平军，郑重其事地收了宝剑，掉头和那些湘军一起跑了起来。

终于跑到了战舰上，又把战舰开出远离陆地的水面，曾国藩一颗心总算放了下来。安危之心放了下来，羞耻之心却一直在嗓子眼搅动着他，他终于憋不住，一张口，“哇”地吐出一口鲜血来。身边的人慌忙围上来，嘘寒问暖。曾国藩脸色青灰，如死人一般。

他的心里波涛汹涌：在衡阳出发前，他曾吹嘘用三年时间平定太平军，而现在亲自指挥的靖港战役，水陆惨败到如此地步，前途何其渺茫？他无法面对湖南父老，无法面对皇上，无法面对长沙城里的官僚，更无法面对的是他自己。

那天晚上，他在灯下枯坐，无论如何都想不明白一个问题：我曾国藩向来以理学“诚”字为人生信条，为何老天爷如此对待我？

这是个伪命题，“诚”只是一种品格，不是智慧。所以他是在钻牛角尖，越钻越黑暗，钻到后来，他猛地站起来，望向漆黑的夜。随从看到他猛地站起，以为他有什么事，过来问。他气若游丝地回答，我想出去走走。

随从察言观色，确定曾国藩有事，说：“我陪您。”

曾国藩带上统帅的威严：“不用！”

他一个人走进漫漫黑夜，如同走进了墓道。随从慌忙去找那些将领，将领们正在看湘潭来的捷报。正所谓天不亡湘军，靖港惨败，但湘潭那边却取得大胜。

湘军的将领们冲进黑暗里，四处呼喊曾国藩。终于有人在河边找到了曾国藩，找到了正准备跳河的曾国藩。

大家七手八脚地把他拖到安全地带，曾国藩已是泪流满面，口里喊着：“你们不要管我，让我死了吧。我死了，什么烦恼都没有了。”

众人把湘潭捷报拿给他看，曾国藩看完后半信半疑，此时，任何胜利对他而言都是梦幻。他认为这是眼前这些人为了阻止他自杀而编造的谎言。但大家都向他保证，湘潭真的大捷了。

他询问了好久，把捷报翻来覆去地看，最后终于确信这是真的。他再度流下眼泪，这场眼泪是喜极而泣的泪。

关于曾国藩在靖港的自杀，后来很少有人提起。因为这场失败和后来曾国藩的多次失败相比，简直不值一提。但大嘴巴左宗棠却经常提起，每次提到曾国藩这次自杀时，他都一副轻蔑哂笑的欠揍样：“这么点挫折都受不了，我真替他害臊。”

关于曾国藩自杀，左宗棠也并非止于道听途说，就在曾国藩自杀的第二天，左宗棠得到风声，特意从长沙城缒城而下，跑进曾国藩的军舰美其名曰慰问。

曾国藩还未彻底从颓废中恢复，所以躺在床上，气若游丝。自杀时的衣服也没有换，泥沙斑驳。

左宗棠一看到曾国藩这副衰样，可就发自良知地乐了。他问：“听说你昨晚活腻了？”

曾国藩很有礼貌地对他苦笑，左宗棠没有看到，而是站在道义制高点上开始发炮："你呀，脑子不灵光。如果你死了，你辛苦创建的湘军给谁？一遇挫折就死的人是懦夫，幸亏你当时要我跟你随军时，我没有跟随。否则现在大家会说我是懦夫的军师，真若得了这么个名声，你还让我怎么活下去？到那时候，死的恐怕是我哦。"

曾国藩瞋目不语，左宗棠过完嘴瘾，觉得曾国藩不还口很没意思，就主动结束这此羞辱之旅，闲庭信步地回了长沙城。

如果曾国藩给左宗棠个面子，搭几句话，左宗棠就会滔滔不绝，曾国藩就会知道在过去的二十四小时内，长沙城里的壮阔波澜。

当然，这壮阔的波澜自然是针对他曾国藩的。当长沙城的官僚们得知曾国藩在靖港惨败后，心花怒放。他们一致要求骆秉章撤销湘军，把曾国藩赶回老家。上蹿下跳最厉害的自然是徐有壬和陶恩培，两人上辈子大概和曾国藩有夺妻之恨，千方百计想让曾国藩出丑。

正当骆秉章也拿不定主意时，湘潭捷报传来，徐有壬和陶恩培才偃旗息鼓，长沙城中开始渐渐传颂曾国藩的威名。

这就是人心，任何时候，成败就看人心。

咸丰的大棒加胡萝卜

长沙方面对曾国藩已无可指摘，反而渐渐萌生敬重之心。但中央政府方面却给了曾国藩几记响亮的耳光。

湘潭大捷后，骆秉章要上报朝廷，曾国藩阻止。他说："你报湘潭大捷，那就要报靖港之败，不能只报喜不报忧。"骆秉章慌忙把这个差事推给曾国藩说："那你来报吧，况且仗也是你打的。"

曾国藩这一招叫暗度陈仓，骆秉章是湖南巡抚，在湖南发生的任何事只有他有权力上报，特别是战事。曾国藩现在是把上报的权力悄无声息地夺到了自己手上，他以为这次能垄断向上汇报的信息渠道，但是他想错了。

曾国藩向咸丰上书说："这次在湖南的两场恶战，可谓惊心动魄，实在让我大感意外。湘潭之战完败长毛贼，可恨的是靖港之战却颗粒无收，我深知有罪，请皇上治我罪。”

咸丰皇帝拿到曾国藩的上书，皱眉不解。他有点看不明白，于是问身边的人：“曾国藩向来标榜诚意，你们觉得他这字里行间是真情实意吗？”

有人站出来说：“前段时间风传，曾国藩以一在籍绅士，短短时间就凑齐了一支军队，可见能力强大，志气也不小。如今他打了这样大一个胜仗，咱们要小心啊。”

咸丰皇帝“呸”了那人一口：“你这种人真是犯贱，羡慕嫉妒恨，搬弄是非，见不得别人好。曾国藩能有什么别的心？不过他这封信倒是很不诚意，他是否有罪，我做皇帝的说了算。他凭什么要这种小聪明？！”

咸丰要起小聪明来比曾国藩厉害十倍，所以他采取“大棒加胡萝卜”来对付曾国藩。他必须要让曾国藩知道，在他面前要小聪明是自寻死路。做他咸丰的臣子，无论你有多能耐，老实本分、以诚为本是基础。

第一大棒：下旨训斥曾国藩，你是不是昏头了？你的罪固然很大，总要听朕的处分，岂有自己给自己定罪的道理？我觉得你有这种想法时肯定是心如飘萍，漫无定见也。

第二大棒：你既然有自知之明，说自己有罪，那我就革了你的礼部侍郎职务，赶紧戴罪立功，剿灭叛匪。

第三大棒，最严厉。咸丰把曾国藩的手下塔齐布升为湖南提督，统辖湖南全省军队，这无疑是把塔齐布凌驾到了曾国藩之上。

庆幸的是，塔齐布从无二心，始终听命于曾国藩。

揍了曾国藩三大棒后，咸丰又给了曾国藩一根胡萝卜：朕赏你独立奏事的权力，你要珍惜，不可等闲视之。

事到如此，曾国藩哪里还敢等闲视之。他上奏疏说，自己感激得鼻涕一把泪一把，发誓必歼太平军，保卫大清江山万年不倒。

和咸丰皇帝过招之后，曾国藩把注意力集中到湘军上。他认真总结了岳州、靖港和湘潭三次战役的经验教训，最终认定失败的根本原因是功罪不清、赏罚不明。要扭转这种情况，必须从明晰赏罚、严肃军纪做起。

曾国藩一想到在靖港之战中，那些士兵不顾其命令冲过令旗的场景时就气得浑身发抖。这种士兵在湘军中不胜枚举，无组织无纪律，心中只有自己的狗命，根本没有统帅的军令。他根据各营在这几次战斗中的表现，把一些没有奋勇向前的士兵全部解职。

留下来的都是敢打敢拼的士兵，曾国藩又对他们进行思想政治教育，让他们知道世上的确有军纪这回事。如果你不拿军纪当回事，那我曾国藩就不把你们的命当回事。你们既然想在湘军中闯出一片天下，那就必须唯我曾国藩马首是瞻。要想追随我曾国藩升官发财的，必须为我卖命，不允许任何人滥竽充数。

同时，曾国藩注意到了自己的弱点，那就是优于谋划，拙于指挥。所以他在指挥系统上做了很大的改革。从前，湘军的编制最高一级为营，曾国藩直接指挥营。现在，营以上设立统领，统帅两营或数营。这些统领就是团长、旅长。有了这样的编制，使得湘军的兵力更容易集中，容易适应战阵形势的变化。

最后，曾国藩花大价钱购买了更多的西洋炮。在湘潭之战中，正是因为西洋炮的威力才取得了胜利，曾国藩自此后深深地迷恋上了大炮，这也是湘军后来能击败太平军的一个重要的技术原因。

经过一番翻天覆地的整顿后，曾国藩的湘军脱胎换骨，这就是长沙整军，它是湘军货真价实成为一支军队的开始，也是曾国藩逐梦的开始。

然而，天将降大任于曾国藩，非和他作对不可，必要苦其心志劳其筋骨饿其体肤，让他咬牙切齿找不到北。

曾国藩接下来的命运，坎坷得使人忍不住要为他哭尽一生的泪水。

第五章
坐困江西

曾国藩轻取武昌

当曾国藩在1854年六月下旬站在湘军战舰甲板上，吹拂着温暖的微风时，长沙人从远处张望，发出惊涛拍岸般的称赞。彻底整顿后的湘军，看上去实力和士气都今非昔比。

这自然不是假象，六月的最后一天，湘军采用“诱敌出击”之计，轻松地从太平军手中收复岳州。岳州太平军仓促而逃至城陵矶，湘军紧追而至，双方展开惨烈水战，结果湘军以“亡命之徒”的勇气击败太平军，并击毙了太平军勇将曾天养。

其余太平军狼奔豕突地逃回武汉，湘军紧追不舍，就此，武汉之战拉开帷幕。

一路逃回武汉的太平军惊惶未定，就被武汉守将石凤魁找来问话。石凤魁抓耳挠腮，百思不得其解，因为自革命以来，他们很少吃这么惨的败仗。

逃兵们涕泪齐下说：“非是我等不效忠天国，而是我们的对手就不是人。他们每个人都以血肉之躯挺立船头，我们的大炮根本伤不到他们！”

石凤魁冷笑，这和他们伟大领袖洪秀全常常做梦见到上帝一样恍惚难测。他轻轻地挥了挥手，那批自认为遇到战神下凡的逃兵们就被砍下了脑袋。

别人滚落尘埃的头颅并未化解石凤魁的疑惑和焦虑，他开始深思熟虑如何应对马上就来的曾国藩湘军。

石凤魁大惑不解的问题，曾国藩在城陵矶的军事会议上给出了答案。他对这场轻而易举得来的胜利禁不住得意忘形，幸好在其唾沫即将横飞时，理学“人生要绝对严肃”的教导如闪电般射入其脑海。

他偷偷地出了身冷汗，立即收起得意洋洋的神情，平静地对军官们说：“咱们水军初上战场时，我就冥思苦想抵御炮弹之法。你们也知道，开始用牛皮，后来用铁皮，效果都不怎样。如今，我们终于找到了抵御炮弹之法，那就是不披甲胄，以血肉之躯植立船头，可避就避，不可避则听天由命。我这招数，其背后的理论就是，躲避不是办法，要勇于面对！”

众将官纷纷点头，向曾国藩投以浓郁的钦佩目光。除了将士们对曾国藩的大力认可外，北京方面也对他赞赏有加。咸丰皇帝特意发来圣旨，赏他个三品官，曾国藩大感欣慰，和将士们说，自己诚惶诚恐得很。

他根本就不必如他所说的那样诚惶诚恐，这个三品官，他受之无愧。自太平军革命以来，无数拥有重兵的亲王重臣，还有雄踞一方的封疆大吏，一和太平军接触就无底线地溃败。只有他曾国藩的湘军，竟然把太平军赶出了湖南，非但如此，竟然还即将兵临长江军事重镇、大清版图南北的关键点武昌城下，东南局势顿时旋乾转坤。他曾国藩这份擎天之功竟被皇帝一个“三品官”敷衍了事，更要命的是，他还在那里诚惶诚恐？！

他真就诚惶诚恐，觉得自己受了这个“三品顶戴”是名过其实。他给咸丰皇帝写信说：“我在办理团练之初就和您说过，以后有功不计，自然也不升官。我这样做有原因，我是守丧期间出山，一旦南方版图有起色，我该回家守丧，不可在外闲逛。所以功勋于我如浮云，孝道（守丧）才是我本心。”

咸丰看不出这封信所表达的深层意思，只好用权力回答曾国藩：“孝道就是为国鞠躬尽瘁。如今国家有难，你不可再唧唧歪歪说守丧的事，聚精会神于对付长毛，建立功勋，光宗耀祖，这才是真孝！你现在兵强马壮，赶紧去收复武昌，武昌可是至关重要的！”

不必咸丰废话，曾国藩当然知道武昌的重要性。有武昌在手，就能顺流东下，进攻九江、安庆，直抵太平天国老巢南京城下。武昌城不仅有此重要的战略意义，还有清政府的尊严。武昌城是被太平军攻陷的第一座省城，对清政府而言，收复武昌城就等于挽回了一个大面子！

1854年八月下旬，湘军一支主力逼进离武汉只有30公里的金口。金口太平军守军一触即溃，湘军轻而易举地占领了金口，曾国藩站立船头，风度翩翩姗姗而至。

经过一番缜密的研究，攻打武昌的计划立即被执行。首先，以水军沿江东下，扫清太平军水军。然后兵分三路：罗泽南兵团进攻武昌外围要隘花园，塔齐布兵团绕路扑洪山，另外一支湘军则攻汉阳。

曾国藩和太平军打交道的时间虽短，却已大致熟悉太平军的防守战术。太平军向来是在城池外围的险地驻扎重兵，险地一失再退而守城。武昌太平军的精锐部队都分布于城外沿江要隘，凭险修筑堡垒。比如花园，太平军在此构筑大营三座，挖掘了宽二丈、长约三里的战壕，把长江水引进。同时建立木城，用土沙填实，在中间开炮眼，安置了百余尊大炮，比马其诺防线更有威力。

这是湘军第一次面对如此强硬的堡垒，分配任务前，竟然无人敢领兵打花园。关键时刻，罗泽南为曾国藩排忧解难，主动请缨，这才有了之前提到的作战计划。当湘军水军如游戏般的扫荡了太平军水军后，罗泽南兵团开始行动。

罗泽南知道，此时不可硬碰硬，要以巧劲取胜。他把军队分为两支，一支在花园正面用大炮猛轰太平军堡垒，另外一支悄无声息地摸到花园的后面，如同二战时德国军队摸到马其诺防线后面一样，突然发起轰击。

花园守军被前后夹击，霎时崩溃，发出天崩地裂的嘶喊，仓皇逃回武昌城。与此同时，湘军在洪山和汉阳城外也击垮了太平军的防御堡垒。至此，武昌城外太平军堡垒全被拔除，武昌城孤立无援，人人都可看出它的命运。

武昌城守将石凤魁此时已如惊弓之鸟，武昌城外一连串的惨败让他想起那批从城陵矶逃回的兵将们。他似乎真看到湘军如天兵天将般踏着五彩祥云逼近武昌，他浑身发抖地爬到城墙上，望向战场。他对身边的人说：“这他妈的到底怎么回事？我们从来未吃过这样惨的败仗！”

他的感慨是事实。太平军自造反以来，所向披靡。定都南京后，西征军占领了安庆、九江、武昌等绝对重要的战略据点，将清军拦于长江以北，太平军在长江沿岸从来就没有遇到过任何清军。长江沿岸如同是太平天国的后花园，天国子民可以在长江沿岸撒网捕鱼、乘坐装饰豪华的游船欣赏长江的滚滚东逝水。但仿佛一夜之间，一只叫湘军的恶兽扑面而来，先是攻陷湘潭、岳州等重镇，现在又把武昌城下变成了战场，这真是个巨变！

石凤魁趴在武昌城墙上，哭丧着脸嚎丧道："巨变啊，巨变！"

1854年八月二十二日晚，石凤魁和他的心腹们从城墙缒下，溜之大吉。第二天，武昌城守军发现长官凭空消失，顿时炸了窝。一批珍惜生命的将士打开大门，敲锣打鼓迎接湘军入了城。

这不是最有戏剧性的，最有戏剧性的是太平天国汉阳城守军。他们一听武昌城失守，拔腿就跑，连在汉水完好无损的水军也忘了通知。曾国藩占领汉阳后，这支水军被封锁在汉水，被湘军关门打狗，全部毁灭。

湘军的这次全线胜利，自有它的原因，比如湘军的玩命拼杀和野蛮。罗泽南竟让士兵挖太平军俘虏的心肝吃，一是壮胆，二是挑拨起疯狂的野蛮人性，让他们在战场上由人变成野兽，提高战斗力。另外，太平军将领的无能，尤以石凤魁最具特色。他本是文人，参加太平军后凭着理论功夫走上高位，误把理论当作实践，结果一遇事就仓皇失措，把武昌城拱手相让。

无论如何，曾国藩取得了自太平天国叛乱以来破天荒的成绩，人人都可见，咸丰皇帝自然也见到了，有些遗憾的是，咸丰皇帝不是从曾国藩那里而是从一个叫杨霈的人那里得到的捷报。

有功，不赏

杨霈，一个官场老油条，清朝史上最有权势的封疆大吏之一，1854年时正代理湖广总督。曾国藩收复武昌的第二天，他就得到消息，但他不相信曾国藩真能收复武昌，可又不想再花费时间证实，急吼吼地写了封奏折，让人快马加鞭送到北京。奏折上写的是，"我听说曾国藩在我的指导下收复武昌，如果确实，真是震动天地的大功。我身为湖广总督，激动得非流干泪水不可。"

咸丰也不相信曾国藩真能收复武昌，那可是太平天国的重镇，怎么能如此轻而易举就被曾国藩收复？但他希望这样，所以他给杨霈回信道："你这报捷书值得商榷，等消息确凿，再来禀告。我已记下你一功。”

咸丰收到杨霈的朦胧捷报的六天后，曾国藩和塔齐布的联名捷报送到北京。咸丰狂喜，恨不得在龙椅上翻个跟头！如果曾国藩在他面前，他非上去亲两口不可。

几年来，咸丰被太平军打得满地找牙，六神无主。想不到曾国藩异军突起，创造奇迹，这怎能不让他惊喜若狂？

几乎是本能驱使，他看完捷报就大喊大叫，命人起草圣旨，任命曾国藩为代湖北巡抚，并在奏折上深情款款地批示道：“看到你的捷报，朕心花绽放，简直大出意外，很好！”

他激动得两眼发光，几天后，仍不能平复激动的心情，话越来越多。他对身边的人说：“曾国藩这老小子真可以，一个书生竟能创此奇功。”身边的人眼珠子转了几转道：“一书生竟能建成如此强大的军队，再给他个湖北巡抚的平台，让我油然而想到‘如虎添翼’这个成语！”

咸丰皇帝“啊呀”一声，从前有人说这样的话，他不介意；现在有人说这样的话，他就很介意。在古代中国，震主的都是功高的臣子，曾国藩已符合条件。

“这可如何是好？”咸丰大腿抽筋，焦虑得龇牙咧嘴，“要他代理湖北巡抚的圣旨已发出，君无戏言，这可如何是好？”

天老爷看到他那副懊悔终身的模样，实在不忍，于是给了他挽救的机会：一个叫沈葆桢的御史把整个身心沉浸在曾国藩收复武昌的喜悦之海中，然后极为兴奋地上疏咸丰。他说：“曾国藩应该乘胜东下，对长江中下游的太平军发动毁灭性打击，然后攻克太平天国的都城南京。”

沈葆桢是1840年在广州焚烧鸦片的民族英雄林则徐的女婿，正义感和冲动感交互在身体里流动。他憎恶长毛贼，希望曾国藩能迅速剿灭他们，于是认定曾国藩能剿灭他们，才有了那道上疏。这道上疏简直就是给了曾国藩一记闷棍。

咸丰皇帝一见沈葆桢的上疏，心狂喜地直跳。他喜的不是沈葆桢的战略计划，而是有理由取消曾国藩的代理湖北巡抚。他想都没想就同意了沈葆桢的意见，命令迅速下达：曾国藩即刻起兵东进，代理湖北巡抚一职由陶恩培接任。

曾国藩如同一只猴子被咸丰耍着。刚接到要他代理湖北巡抚的圣旨时，曾国藩内心极为激动，但激动戛然而止，因为理学教条回到了他的头脑。他马上恢复冷静，写信给咸丰推辞说：“我是守孝期间出山为国分忧，按祖制是有功不能赏的。如果他接受代理湖北巡抚一职，那和当初的意愿大相径庭，我向来标榜孝道，却知行不一，对不起儒家列祖列宗，更愧对皇上。接受代理湖北巡抚一职，我心有余悸。因为人情可畏、人言可畏。倘若我违背传统，将来怎能号召群徒，奔赴战场？所以，这个代理湖北巡抚，我是诚心诚意地不能接受。”

这封信还未送到北京，咸丰就已改了初衷。当这封信摆到咸丰面前时，咸丰简直比得到曾国藩收复武昌的消息还要高兴。他顺势在曾国藩的奏折上批示道：“我早就料到你推辞。你不干这活我也不勉强你。其实你要整师东下，挂个代理湖北巡抚的空职也无意义，朕赏你个兵部副部长（兵部侍郎）吧。”

这不算完，咸丰又要起了把式，拿腔拿势地训斥曾国藩：“你这个人啊，太实诚。你写这封奏折时已是代理湖北巡抚，可官衔竟不写湖北巡抚，有人说你好名，我看你好名之过没那么严重。但朕让你担任代理湖北巡抚，你却推辞，这是违旨，罪过很大。严重警告一次！”

曾国藩接到这道圣旨时，五味杂陈。首先，他很失落，虽然代理湖北巡抚是他真心不想要的，但一辞就被允了，心里仍不是滋味。其次，圣旨里还说道，要那个笔杆子特别快的杨霈由代理湖广总督转正，原因是曾国藩收复武昌，杨霈功勋卓著。

据说，曾国藩在和太平军浴血奋战时，杨霈正在办公室里品信阳毛尖，他的功勋不知从何而来，竟然还卓著？！

最后，也是曾国藩心上很恐惧的一点，无论从哪个角度来分析，咸丰的忘恩负义都无疑地被证明了，北京方面对他具有很重的猜忌心理。这是什么世道啊，曾国藩的粗鲁将官们发出愤怒的叹息。曾国藩却不动声色，但细心人看到他双手紧握，牙齿紧咬，双眼射火，仿佛在忍受着巨大的折磨。

折磨并非来自心上，而是肉体。每次情绪波动过大时，他的癣病就会发作，奇痒难耐，苦不欲生。他走过的路上会落下一层白，步步生癣花。幸好有癣病发作，转移了咸丰打击他的注意力，曾国藩才只是悲观，而并未绝望。

他也不是那种受到一点打击就灰心绝望的人，否则他早就死了。

真正让他挂碍于心的是咸丰皇帝竟然同意沈葆桢的馊主意。曾国藩的性格决定了他喜欢稳扎稳打，他原本想攻占武汉后好好经营下湖北，再以湖南、湖北为基地，进取江西、安徽，一步一个脚印地攻向太平天国的首都南京。收到咸丰让他启动快进模式的命令后，他提出攻占武汉后立即东下有三大忧虑。

第一，湘军经过从岳州到武昌的一系列战役后，人员和武器都有损耗，需要一个较长时间的休整和补充，以巩固和提高战斗力；第二，太平军虽失去武昌，也正如人失去一只手，实力犹在。太平军在湖北、江西等地的群众基础超级良好，湘军如果东下就是孤军深入，稍有挫折就可能陷入太平军的包围之中，到那时进不能退更不能，只能等死；第三，湖北经济没有恢复，不能成为湘军的粮饷基地，湘军东取江苏、安徽，仍要湖南供给，可湖南也没那么多余粮啊。

曾国藩的考虑是有远见的，这缘于他谨小慎微的性格，能在取得重大胜利后头脑依然清醒，客观地观察和估计敌我形势，是一个战略家必备的素质。

但是，咸丰皇帝对曾国藩的担忧嗤之以鼻。他严厉斥责曾国藩："才有点成绩就不思进取，忠孝之人岂是可以这样的？如今满朝文武都翘首张望东南，你那光辉的形象映射在天，帝国恢复秩序的重任就在你肩，你却和我讲这些废话？！朕命你不可迁延观望，坐失事机！"

曾国藩不是王阳明，他没有和皇帝周旋的心机和能力。他的悟性和学识决定了他必须要执行皇帝的命令。从武昌东下前，他和湘军军官们聊天，内容却不是东下而是建立基业。

他说："古代英雄的事迹必定有基础；比如汉高祖刘邦在关中，光武帝在河内，魏在兖州，唐在晋阳，都是先占据根据地，然后进可以战，退可以守。"

军官们听懂了，虽然说的是历史，但内容还是东下。军官们以为曾国藩要抗旨，谁知曾国藩另有说法："就如同居室那样宏大，那么它占的宅地就广阔，能够庇护的人就多。当然，除了宏大之外，还要有诚信。诚信如果站得很稳固，结构就牢靠。《易》说：'宽大居之'，说的是宏大；'修辞立其诚，所以居业也'，说的就是诚信。程颢也说：'道之浩浩，何处下手？惟立诚才有可居之处。'诚便是忠信，修省言辞，便是要立得这忠信。若口不择言，逢事便说，则忠信亦被汩没，动荡立不住了。"

说来说去，虽必须有牢固基础，但奉命行事的忠诚也不可缺少。大家都知道了曾国藩的意思，毫无理由、绝无抱怨地东下！

1854年九月上旬，湘军向九江迅疾推进，太平天国举国震动！

胜利的喜悦：田家镇大捷

武昌失守后，太平天国二号人物杨秀清暴跳如雷，把逃回南京的武昌守将石凤魁斩首示众。当时洪秀全正沉醉在温柔乡中，几日后才知道这件事，找来杨秀清问情况。杨秀清说："石凤魁把武昌弄丢了。"洪秀全大惊失色："他们下一步要打九江，如何是好？"

杨秀清发挥全部智力道："曾国藩这妖善稳扎稳打，短时间内不可能打九江。"

洪秀全上帝附体似的从喉咙里发出怪声："他是满清狗皇帝最忠实的走狗，咸丰让他东来，他敢不来？"

杨秀清一笑，认为最近上帝附体后的洪秀全智慧不高，转身出去了。但几天后，有情报传来：湘军正在东移，而且速度很快。

杨秀清大叫一声，匆忙命令燕王秦日纲亲去九江，负责防御事宜。秦日纲才能不高，但和洪秀全家关系很深，每当祭祀天地时，秦日纲会充当小天王洪秀全儿子的"坐骑"，将其驮上祭祀之地。正因此，秦日纲占据高位，理所应当。他一到九江，马上就把曾国藩东下九江的必经之地田家镇作为防御重地。短时间内，太平天国在这里集结了四万人马，秦日纲在阵地上来回奔走指点着防御要点，专注而忙碌的身影给人留下深刻印象。

秦日纲当然不会瞎忙，而是有板有眼。他用并排两道铁索将田家镇和与其隔江相望的半壁山生生连了起来，两道铁索贴近江面，相隔十几丈。铁索下面排列数十条小战船，战船上设有枪炮护卫；北岸修筑土城，土城的墙壁上开凿了无数个洞，远望如蜂巢，近看全是炮位。

这就叫立体防御，水陆空样样不差。

探子们把秦日纲的防御工事报告给曾国藩，众将都心里没底，有的已冒了冷汗。曾国藩用一句话就打消了众人的疑虑。他说："别管他人如何准备，如何修行，我们只做自己，做最好的自己，自己准备充分，修行圆满，还怕事情不成吗？"

他所谓的准备的确充分，在深思熟虑，模拟了无数次后，1854年九月中旬，湘军兵分三路向九江方向开进。长江北岸是绿营兵团，南岸是罗泽南、塔齐布兵团，曾国藩本人则率湘军水师沿长江顺流东下。

此前的情报指出，半壁山太平军要远弱于田家镇，所以他命令罗泽南、塔齐布带领湘军陆军主力去打半壁山，这就叫以强击弱，只要拿下半壁山，战事就应该结束了。

1854年九月最后一天，曾国藩在长江的指挥舰中与罗泽南、塔齐布谈话。他说，打仗最忌讳不要命。塔齐布打仗就不要命，听到这里大惑不解。

曾国藩慢悠悠地解释道："孙子说，兵者，国之大事，死生之地，存亡之道，不可不察也。当初，子路问孔子，如果打仗带上谁。他认为自己最勇猛，孔老师一定会带上他。但孔夫子却说，我不带不怕死的去，我只带那些临事而惧、好谋而成的。咱们带兵，必须要做好充分的计划，否则就不可轻易开战。但开战之后，必须要勇猛，若能发挥出猛兽般的野性，才最好。"

这番话实际上是儒生带兵的特点，而曾国藩更为持重而已。塔齐布终于听到要勇猛的话，才要放松下来，曾国藩又说了："你二人如何打半壁山？"

塔齐布脱口而出："先运筹周全，再如野兽般攻击。"

曾国藩眯着眼，看罗泽南。罗泽南此时不想动太多脑子，所以向他请教。曾国藩就在二人面前缓缓展开一张地图，"这是新得到的半壁山形势图。我们要取半壁山，必先取距半壁山三里远的马岭坳。马岭坳孤峰峻峙，俯瞰大江。长毛在山上设了大营，营垒之外挖了宽三丈深的壕沟，壕沟内机关重重，若是硬攻，伤亡不可估量。"

二人面面相觑，曾国藩终于说出自己的策略："我们守，他们攻。"

这怎么可能？马岭坳的太平军纵然吃错药，也不可能放弃有利地势而主动进攻。曾国藩说，还是那句话，只做自己的事，咱们要做的事就是围困，至于他们攻不攻，那是他们的事。

如果世界上有完全以自我为中心、只专注于本身的人，那曾国藩就是典型代表。

罗泽南和塔齐布虽大惑不解，却不能不执行曾国藩的命令。两人抵达马岭坳后就在山下里三层外三层地紧紧围困，不做任何进攻。

匪夷所思的是，几天后，曾国藩猜对了。马岭坳太平军守将真的大开栅门，向湘军发起了猛烈的冲锋。罗泽南目瞪口呆，不相信眼前的事是真的。后来终于相信，太平军已冲到第一道防御前。他急忙下令迎敌。

这是一场毫无悬念的战斗，湘军数倍于太平军，又是守势，马岭坳很快被攻陷。消息传到曾国藩的指挥舰上，他不禁眉飞色舞，对着幕僚们指点道："你们看，只要有耐力，能等待，就能带来好消息。"

马岭坳一得，半壁山就在眼前，曾国藩下令进攻半壁山。秦日纲决心和半壁山共生死，为此信念，他特意带着卫队从田家镇冒着风雨来到半壁山。

环境有时候可改变人的思维，秦日纲原本是想死守半壁山的。但抵达半壁山后发现自己的防御是铜墙铁壁，人马众多，气势如虹，脑子一抽筋，就改变了策略：对围困在下面的湘军发动进攻！

秦日纲只发现了自己的优势，没有看到敌人的强项。曾国藩的湘军最善于的不是进攻，而是防守，更是防守之后的反冲锋。

半壁山太平军主力全部出动，由于人太多，阵形无法展开，最前面的士兵已被湘军干掉，后面的士兵还在原地踏步。罗泽南针对敌人纷乱的阵形，以求最有效率地消灭敌人，把部队分为四队，交替防守。这样一来，湘军的每次防御都好像是刚上战场的士兵，士气之猛，甚至有一批士兵已跳出防御圈和敌人野战。

秦日纲不具备在危难时刻的应变力，和湘军接触的太平军正在成批倒下，他在后面却无计可施。直到还活着的太平军调头逃跑，他才从混乱中反应过来，声音颤抖地喊着："撤，撤！"

倒霉透顶的太平军虽然后撤，却无生的可能。先是抢道而互相踩踏，接着是跑到半壁山后面，前有湘军，后有长江。湘军紧逼上来，所有太平军士兵像饺子下锅一样被挤下江水，活活淹死。

秦日纲不在饺子行列，他眼见半壁山已无望，提前跑回了田家镇。

据秦日纲说，他的跑不是逃跑，而是战略转移，目的是为了新一轮的战斗。半壁山失陷的第二天，秦日纲和前来支援的两支太平军反攻半壁山。

半壁山本来就是个一夫当关万夫莫开之地，秦日纲如果只守不攻，坚持一个月不成问题。所以他的进攻毫无效果，湘军轻而易举地打退了太平军的进攻。

接下来，双方都进入休息阶段。秦日纲发誓要和田家镇共存亡，曾国藩则制订计划，让士兵从半壁山的峭壁上缒下，砍断横江铁索，如果成功，那长江南岸就彻底被其控制，田家镇则成为孤垒。

但这件事并不容易，因为太平军的铁索不仅仅系于峭壁上，中段还系在几艘沉船上。也就是说，砍断半壁山上的铁索，并不能让湘军水师顺利通过，因为江面上还有铁索。

另外一点就是，你去砍人家铁索，人家也不会眼睁睁看着让你砍。所以当湘军去砍江面上的铁索时，半壁山对面的太平军就拿大炮对着湘军猛轰，砍铁索的湘军士兵毫无掩护，江面上血肉横飞。

曾国藩的毅力又来了：坚持不懈。

于是每天都有湘军士兵乘船来砍江面的铁索，太平军就拿他们当靶子。常常能听到“轰”的一声，接着“啊”的惨叫。

七日后，湘军士兵死伤无数，只好靠抓阄去给太平军当靶子。曾国藩心急如焚，死几个人不算什么，关键是这么拖下去，于战事很不利。

罗泽南出了个主意，这个主意的中心思想就是明确分工。把去砍铁索的士兵分为四队，一队不带武器，只带巨锅盛油脂灼烧铁索，另外两队携带大炮和太平军对轰，最后一队则开凿拴挂铁索的沉船。

曾国藩觉得这是个好主意，于是在砍太平军江面铁索的八日后，江面上出现了一支诡异的队伍，这支队伍由三艘船只组成，最前面的船上放了一门大炮，第二艘船上有一只巨锅，最后一艘船上，每人都拎了巨大的凿子和锤子。

太平军还未反应过来，这支部队想上演什么节目，猛地看到一发炮弹飞来，“砰”的一声，砸开了他们的防御墙。他们大呼小叫起来：“哇呀呀，原来那门大炮竟然能发炮弹，给我还击！“

装载大炮的船只立即吸引了太平军的注意力，双方开始对轰。于是，另外两艘船上的人就开始干活了。

有人报告曾国藩：“太慢了。”

曾国藩微闭着眼说：“慢，不要紧。慢工出细活，只要坚持到底。”

两天后，曾国藩的预言成真，太平军当初千辛万苦在江面上编制的铁索阵就这样消失了，湘军水师开向了田家镇。

田家镇，绝不是可小觑的对象。太平军九江方面军的一部主力都在这里，这支部队是出了名的骁勇。另外，田家镇是九江的西大门，太平军在这里花费了巨大的精力和物力。

总之，曾国藩认定，要拿下田家镇，必须付出一定的代价。

他在军事会议上确定对付田家镇的基调，仍是老腔调：围而不攻。

彭玉麟反对，因为后续粮草不多，根本打不起持久战。罗泽南和塔齐布也认为应一鼓作气，拿下田家镇。

月亮还未圆满，在江面上像是被人咬了一口的烧饼，荡漾着。曾国藩就在这样的江面上沉思，他想得很多，前思后想、反复推敲，其实想的只是一条：在没有完全胜算的情况下，主动进攻不如严防死守。

如果要说曾国藩有什么座右铭的话，那就是三个字：慢——慢——来。

他对罗泽南说，天下无论什么难事，一碰到这三个字，顿时瓦解。

罗泽南一针见血地指出，田家镇必须要快点打下来，因为围而不攻，受伤的只能是咱们而不是对手。对手可以源源不断地从九江那里得到支援，我们后方一片荒芜，只能坐吃山空。

曾国藩又开始琢磨，直到太阳轰隆隆地从江底升起，他才做出了决定：硬攻吧。

做出这个决定，并非是他放弃了“慢慢来”三个字，而是实事求是的结果。

全线进攻在一个下午开始，湘军水陆军同时出击，曾国藩喊出最凌厉的口号：“杀贼立功、夺船致富，升官发财的机会就在眼前，健儿们赶紧去取！”

曾国藩底气十足，但音色很差，音调一高就会失声，所以传到别人耳中时就有点敲破锣的味道。当时正好东南风大作，曾国藩站在风口，喊这些口号，西北方面的田家镇太平军还以为湘军敲锣发起了进攻。

曾国藩了解人性的弱点，湘军士兵最喜闻乐见升官发财，而且他们见到东南风大起，也认定天老爷正站在他们这边，所以战斗一开，湘军水陆士兵人人争先，个个奋勇，冲向太平军水师。他们冲向的不是人，而是荣华富贵；他们冲向的不是战舰，而是一座座金山。

太平军水师自组建以来，很少遇到这种不要命的进攻，湘军水师的进攻开始还有阵形，冲入太平军水师战阵中时，阵型就已打乱。如同屎壳郎看到化粪池，只要是粪，他们就扑上去，如野兽，如魔鬼。江面上的哭爹喊娘声和火炮轰炸声，夹杂在一起，变成了地狱。

胜负已判，曾国藩站在船头，看到眼前的场景，不禁激动得把手指握的嘎吱嘎吱响。幕僚提醒他："大帅，先别激动啊，顺风放火，把长毛烧个精光。"

曾国藩叫起来："你疯了，放火的话，咱们的船也完蛋了。"

罗泽南跑来说："咱们那些破船，烧就烧吧。杀人一万还自损三千呢。"

曾国藩又摇头："不行，把长毛的船烧了，咱们的士兵们没有船夺，发家致富的梦就破灭了。"

罗泽南哭笑不得："您怎么还把宣传语当真了，那只是鼓舞士气的话，打了胜仗，还怕没有钱给士兵吗？"

曾国藩怔了一会，还是摇头："不行，我以诚待人……"

罗泽南不说话，盯着他看，小声说道："战场形势瞬息万变，机会稍纵即逝。"

"那赶紧放火！"曾国藩大声叫起来。

火起了，顺着风向，如条条火龙，扑向太平军水师，吞噬了所有的船和人。整个江面火光冲天，映着曾国藩的脸。

这就是湘军史上最辉煌的一笔：田家镇大捷。

田家镇大捷是曾国藩带领湘军出山以来获取的最大胜利，太平军的"恐湘症"自此而生。田家镇大捷的那天晚上，曾国藩在摇曳的战舰烛光中，露出消失多时的微笑。他的耳边仍能听到喊杀声，但这些声音正催生他微笑的持续绽放，因为那是湘军正在屠杀太平军俘虏的喊杀声！

当头一棒：湖口惨败

田家镇庆功宴上，月亮又大又荒唐，清辉在宴席上无孔不入。气氛异常欢畅，但所有人在同一时间都听到一声犹如地狱传来的叹息。众人不约而同去寻找这声音之源时，就找到了曾国藩脸上。

曾国藩把所有注意力都吸引来后，指了指月亮说："月满则亏。"又指了指桌上的酒杯说，“酒满则溢。”

如你所知，这是传统文化的思维方式。中国人认为事物盛到极点就会衰落，所以真正深谙此道的中国人始终相信事不可做尽，言不可道尽。因为一旦抵达终点，人就有了骄傲之心，得意忘形之时正是失败之日。曾国藩用月亮和酒杯来提醒众人，其实也在提醒自己。但明眼人很容易看到曾国藩浑身上下洋溢着的得意之态，这足以说明，曾国藩虽没有忘形，内心却已很自鸣得意。

曾国藩出山前曾对人说：“东南大局，真堪痛哭。”但田家镇大捷后，他乐不可支地对咸丰说：“东南大局，似有转机。”这当然不是曾国藩吹牛，因为田家镇大捷对清政府的意义实在太重大了！田家镇在谁手里，就意味着谁控制了长江中上游，控制了长江中上游，就能控制物资运输，这无疑等于掌控了生命线。

那场宴席上，曾国藩提醒他的将军们不可骄，根本毫无效果，包括他自己也在不知不觉地骄傲，并且做出了错误的判断。他给咸丰皇帝上书说：“如今掌控了田家镇，下一站就是九江，九江失去田家镇等于老虎失去利爪，指日可下。我希望皇上能通知各地官员，做好充足的防范措施，堵截南京长毛匪的逃亡路线。因为我要继续东进，抵达南京，对长毛贼围而歼之。”

这口气大得可以吞天，如同说相声一样，咸丰对曾国藩的逗哏心花怒放，急忙捧哏道：“实在朕意中。”

两个人你唱我和的神韵激起了左宗棠的不满。左宗棠去信曾国藩说：“你取得如此重大胜利，我本来是要写信祝贺你的。可听说你大言不惭，居然要直捣长毛贼南京，真让我吃了一大惊。皇上说正合他意，是他不了解真实情况，你还不了解吗？你明知道太平军的主力根本没受到大损失，尤其是陆军几乎纹丝未动。如果你直捣南京，残存的太平军水军就会四处旁蹿，你必会陷入四处作战的被动局面。我大清正规军能作战的军队实在太少，只有你湘军可以打，但好虎如何抵挡得了群狼？将士骄傲就会轻敌，主帅骄傲则谋略必乱，我希望你能谨慎从事，千万不可轻进！”

曾国藩捏着这封信，给他的官员们看。官员们意见截然不同。罗泽南倾向于左宗棠，但有人马上捧曾国藩的臭脚，认定左宗棠是眼红、愤怒曾国藩的战绩。原因是，一年前，太平天国夺取了田家镇，而当时田家镇的防御方略正是出自左宗棠。

知道了这件事儿，曾国藩当即断定左宗棠是眼红他。这也不能全怪曾国藩，左宗棠向来在曾国藩面前讲话刻薄，不可一世。

想到这里，曾国藩把左宗棠来信轻轻地放进了纸篓，继续幻想他的宏图大略。左宗棠三番五次的来信，归宿都是纸篓，曾国藩只字未回。左宗棠暴跳如雷，不是因曾国藩不听他的，而是他感觉曾国藩不回信是对他的最大不敬。

其实，左宗棠想多了。曾国藩不给他回信，原因无他，只是不想被左宗棠扰乱他的思路。曾国藩的智慧全从儒家经典中取得，《大学》中说，“知止而后有定，定而后能静，静而后能安，安而后才能得。他知道自己的目标（知止），意志才能坚定，意志坚定后才可静下来考虑”，才有所得。如果目标改变，意志就不会坚定，剩下的就是空谈。左宗棠正是要他改变目标，他怎会和左宗棠你来我往地辩论？他的智慧本来有限，倘若把智慧都放在说服左宗棠上，如何还有智慧直捣南京？

左宗棠见热脸总贴曾国藩的冷屁股，索性不贴了，而去贴罗泽南。罗泽南对左宗棠感叹道：“你说的湘军有骄傲之气，我岂不知？但气候已成，我能如何？”见左宗棠言辞恳切，罗泽南又安慰左宗棠道：“曾大人自办理团练就历无数艰难险阻，所以非是一胜就昏头的人。据我观察，他看问题往往从终极目标向前倒推，并不十分计较具体的‘多算少算’，请您放心。”

左宗棠气鼓鼓地回信道：“关我屁事，我当然放心！”

太平天国方面是大大地不放心。田家镇失守后，杨秀清迅速调整部署：太平天国最有亮点的翼王石达开由安庆进驻湖口，和骁将罗大纲协防。九江方面由天国中有勇有谋的林启容防守；文武全才的黄文金从湖口攻都昌，以策应九江的防御。

整个太平天国精兵名将云集九江、湖口，摆出一副要和湘军一决雌雄，甚至是同归于尽的架势。

1854年十一月中旬，湘军水陆近三万人陆续抵达湖口、九江城下。曾国藩本以为湖口、九江二城能顷刻而下，但一看到两城的防御，当场傻眼。

湖口被罗大纲的人化成了天然屏障，数十丈的木排横亘江心，排侧有炮船，排外有铁锁，层层固护，两岸营墙，几百门炮对准木排周围，纵然一只鸟要接近木排，也是南柯一梦。九江城本来就是铜墙铁壁，又被林启容锦上添花，已是货真价实的坚不可摧。

千年以前，魏帝国皇帝曹丕站在长江边，哀叹道："天老爷制造长江，就是为了分割南北啊。"千年以后，曾国藩站在湖口城下，也不禁哀叹道："长毛贼制造了木排，就是为了不让我功成名就啊。"

曾国藩虽这样说，但他不是被困难吓倒的人。猛烈的进攻在两座城下同时开始，湘军在九江城下百路攻城，九江城岿然不动，湘军死伤无数，但士气仍在。湖口木排阵前，湘军用各种计谋攻之，却无一人能冲入排内，木排周围漂起了湘军士兵的尸体。令太平军惊异的是，对手伤亡越大，士气却越高，更让太平军惊骇的是，从前的敌人向来见死不救，可湘军士兵们在战场上却亲如兄弟，从不丢下一个活人。

这是曾国藩的教化之功，自湘军创建以来，曾国藩言传身教给湘军士兵的就是一个字：和。

"和"是中华传统文化的精髓，简单而言，就是与人和谐，与人为善，互相帮助，互相激励，和衷共济，由此在一个团队中形成正能量，良性循环，使每个人在关爱别人的同时也在被关爱。"和"的终极目的就是人心齐，俗话说，人心齐泰山移。

曾国藩曾不无得意地对人说："湘军是最善和衷共济的一支军队，文与武和，水与陆和，兵与勇和，将与卒和，连厨子和马夫都和，全军上下几万人，如家人骨肉之联为一体，而无纤芥嫌隙生于其间。"

曾国藩高度重视"和"文化，"和"文化的四平八稳注定了曾国藩的用兵方略。自他出山以来，曾国藩没有让人眼前一亮的兵法，更没有出其不意的计谋。他靠的就是稳扎稳打，如同一块铁板，同进同退，笨拙却有效。

稳扎稳打成功的前提是，对手也稳扎稳打但实力弱于自己，或者是对手轻敌冒进。遗憾的是，曾国藩面临的对手虽稳扎稳打，却不冒进，相反，对手非常有智慧。

曾国藩的对手石达开是太平天国中的翘楚，无论为人还是用兵，都可圈可点。

曾国藩在九江、湖口二城下困顿不前时，石达开和他的伙伴们却虎虎生风，越战越勇。曾国藩进攻，他们就坚壁不出，顽强抵抗。曾国藩扎营休整，他们就偷偷溜出城外，对湘军发动骚扰性袭击，搞得湘军将士吃不好睡不实，整日耳鸣、头痛、烦躁不安，现代医生会告诉你，这是典型的神经衰弱症状。

纵然如此，无论曾国藩还是石达开，都不能一口吃掉对方。大家在僵持，都黔驴技穷。穷则变，变则通。谁先变，谁变得巧妙，谁就能拔得头筹。

曾国藩很难在这种关键时刻做出变化，儒家教导人要稳重，前后如一，不可轻言改变。所以，只能是石达开先变。石达开和他的伙伴们认为，曾国藩的军队能取胜，关键在于水上优势，湘军水军分为大战舰和小战船两部分，大战舰笨重，但装备大口径火炮，能摧枯拉朽；小战船虽没有巨炮，却运转灵活，能出其不意地让敌人受到打击。二者互相配合，用曾国藩的话说，这就叫阴阳互补，取长补短。它也是中华传统文化的一部分。

石达开决定，只要把曾国藩的“阴阳”分开，那就孤阴不生、孤阳不长，曾国藩必然失败。计策因此而出，石达开调遣湖口全部水军在湖口至姑塘四十里江面上一字排开，引诱曾国藩来攻。

这是兵法上最简单的招术：以能示之不能。

曾国藩老成持重，若在平时肯定不会上当。但在1854年年末的湖口江面上，他肯定要上当。因为多日来，他对敌人的城池久攻不下，欲决战而不能。如今终于有机会和敌人决战，曾国藩和他的将士们绝不可能放过。

石达开正是找准了曾国藩军队急于求战的心理，所以生出这一计策。曾国藩果然中计，闻听对方要一战定胜负，大喜过望，下令全线出击。湘军水军将士个个奋勇，人人争先，恨不得把所乘坐的战船插上翅膀，冲向敌人。

曾国藩在指挥舰中看到个个小战舰如离弦的箭一样从身边飞过，又看到大战舰如史前巨兽轰隆而行，不禁有了吟诗的冲动。但他没有七步之才，而且当他的舰队和对手交锋后，兴奋也冲淡了这种心思。他看到敌人如丧家之狗，掉头急急而逃。

他听到自己如云的小战舰飞速追击敌人搅动江水而发出的巨响。他兴奋地在甲板上直跳，脸色因激动而红润得发紫。他大吼一声：“弟兄们，冲啊，把他们赶进鄱阳湖，杀他们个片甲不留！”

当时正是逆风，所以没有人听到他破锣似的吼叫。根本不用曾国藩的吼叫，湘军水军的小战舰们早已冲过长江和鄱阳湖的分界。

曾国藩看到小战舰们在长江和鄱阳湖分界点如鲤鱼跳龙门一样弹跳而过，先是惊喜，这惊喜还未达到高潮，猛地一道闪电划过脑海：糟糕！

糟糕的理由是：长江进入鄱阳湖的水位太低，他那些巨大战舰根本过不去。更糟糕的还在后头，他那些小战舰“嗖嗖”地“飞”进鄱阳湖后，突然在鄱阳湖口处出现一支伏兵，这似乎是一支工程兵部队，因为他们正紧锣密鼓地塞断湖口水卡，修筑工事，不知从什么地方拉来了无数门大炮。

现在，曾国藩的水军被分割为两部分，小战舰在鄱阳湖中，大战舰在江里。

曾国藩大喊大叫：“天亡我也，天亡我也。”

身边的人安慰他：“大人莫慌，大战舰都在您身边，天不会亡您。”

曾国藩气急败坏：“你们这群蠢才，我说的是鄱阳湖里的将士们，那可是两千精锐啊。”

曾国藩的担忧并未成真，因为当天夜间，石达开的一支机动舰队突然冲入他的大战舰群，灵活性和有备而来，把曾国藩行动不便的大战舰打得七零八落，到处都是火光，到处都是惨叫。

在江面上有机动舰队，沿岸则是太平军的陆军精锐，这些人用大口径巨炮朝着曾国藩舰队持续不断猛轰。火光冲天，蔚为奇观。

曾国藩费尽九牛二虎之力，才把太平军那些如跳蚤一样的小船驱赶出战舰群。第二天晚上，曾国藩在弥漫的月雾中长吁短叹。有人安慰他：“青山还在，何愁没柴烧。你看咱们的舰队群虽被长毛打得残缺不全，但仍浮在江面，找时间修理下就好了。”

说这话的人是曾国藩指挥舰的舰长刘盛槐，自湘军成立后，刘盛槐就坚定无畏地跟在曾国藩屁股后面，每当曾国藩有愁闷之事时，他的身份就变成了心灵导师。

曾国藩摇头对刘导师说：“我忧虑的不是咱们，圣人说，立己达人。先为别人着想才能得到自己想得到的。我焦虑的是鄱阳湖里的弟兄们啊，当然我焦虑他们也是为自己着想，他们若真全军覆没，我们也躲不了灭顶之灾。唇齿相依，阴阳互补，圣人说……”

话未完，“轰”的一声，曾国藩和刘导师只觉得船剧烈一晃，二人重心不稳，滚落在地。曾国藩紧紧抓住可以抓到的东西，脸色铁青，嘴唇颤抖地问：

“什么事？”

刘导师的心灵鸡汤此时已不起作用，船外火光冲天，每条船都发出“吱嘎”的声音，如同在曾国藩的脑子里碾过。正在二人惶遽时，有人冲进来报告：“敌人突然出现在战舰群中，我们已成了没头的苍蝇。”

曾国藩一手扶船体，一手去拾地上的帽子，同时发出嘶哑的命令：“各舰原地勿动，还击。”

原地勿动在当时情况下是个神话，石达开把小战舰全部投入战场，目的是彻底消灭曾国藩的大舰队群。所以在江面，每个湘军的战舰周围都围拢着数不清的太平军战舰。这些战舰射出火箭，抛出火球，湘军战舰唯一的出路就是找准机会逃跑。

曾国藩在战舰上大呼小叫，他的跟班也大呼小叫，旗手拼命地挥舞原地勿动的号旗，险些把手腕子折断，但无济于事。湘军水军各自为阵，战舰冒着浓烟纷纷向长江上游拼命溃逃。

“诚！”曾国藩一摇三晃地跑道甲板上，对着江面落荒而逃的战舰声嘶力竭地喊：“真诚无欺，平时的教导哪里去了？”

他的嗓门对湘军水军没有任何效果，却吸引了太平军的注意力。刘盛槐从舱门跑出，去拉曾国藩：“大人，君子不立危墙之下，快回舱躲避之。”

曾国藩一把推开他，怒目圆睁：“平时讲此心不动有何用，此刻正是修行时！”

“砰”的一声，在刘盛槐听来，这声响特别刺耳，因为响声就在他耳边响起，他看到一道红雨从胸前射出，映着漫天火光发出璀璨的美丽。他中弹了，倒在自己的血泊中。

曾国藩正在全神贯注地慷慨陈词，根本未注意到刘导师的阵亡。直到脚下流来殷红的血，有人跑过来把他硬拉进船舱，他才知道不但刘导师已死，船上大多数人都已死。活着的士兵看到一群敌人的战舰如饿虎扑食般向这里猛冲，都奋不顾身地向江里跳。

“这到底是怎么回事啊，”曾国藩质问着苍天，质问着长江，“天要亡我，奈何奈何！”

“大人快进来躲之。”护卫惊慌地叫起来，因为他看到神情严肃的曾大人居然魂不守舍地走出船舱，走向甲板。从其神态上可知，他肯定不是去指挥战斗。这些人猜中了，曾国藩冒着震天动地的炮火走到甲板最前端，双手撑住护栏，如体操运动员一样，双肩一震，整个人越过护栏，栽进了江里。

他的护卫们大惊失色，不顾刚才的性命，纷纷跑出船舱，跑到甲板上，跳进江里。曾国藩已喝够了一斤江水，却还未沉底，众护卫七手八脚将他抬出江面，想要上指挥舰已不可能，因为战舰太高。指挥舰适时地甩下一艘小船来。众护卫把直打嗝的曾国藩扔到小船上，趁着黑夜的慌乱，这艘小船飞一般的驶向岸边。一到岸上，曾国藩清醒了，拿出吃奶的力气喊道："你们不要管我，我死都不做长毛的俘虏。"

护卫们说："已到岸上，危险解除，咱们赶紧去罗泽南大人营帐。"曾国藩神经松弛了，长出一口气道，"今日真是好险，是我平生第一大耻辱。"

护卫们没有刘盛槐的口才，也不知在此时此地该给主帅大人灌什么样的心灵鸡汤，所以只能用行动代替言语。他们抬起曾国藩，飞一般冲向了罗泽南的陆军大营。

罗泽南闻听曾国藩又自杀未遂，捶胸顿足地跑出来迎接曾国藩。曾国藩满脸是水，还不停的有水从口中射出，这是因为长途奔跑，把他的胃颠簸坏了。

曾国藩身体和情绪恢复后，握住罗泽南的手号啕大哭。众将士们都眼含热泪，极度同情主帅的凄惨遭遇。罗泽南让曾国藩放宽心，他想了想说，虽然咱们陆军和水军都受到打击，但魂魄还在。也就是说，咱们还有机会反败为胜。罗泽南说的是事实，太平军根本吃不掉困在鄱阳湖中的那支湘军舰队，江面那支水军只是仓皇而逃，实力仍在，只要派人重新集结，又是一支虎虎生威的舰队。陆军虽时刻受到太平军的袭扰，但进攻多于防守。一切的成败还只是未知。

罗泽南不说这些话也就罢了，一说这话，曾国藩更是悲从中来，眼泪扑簌簌掉下，脸扭曲得吓人。他摇头哽咽道："指挥舰失去倒没有什么，关键是失去了非常重要的东西……"

罗泽南早已知道："文案资料可以再补，这没有什么。"

曾国藩痛苦地呻吟："不是这些。"

罗泽南想了一想，想不出还有什么比指挥舰和文案资料更重要的东西。

曾国藩泣不成声："我辛苦写的家书和家训也失去了。"

罗泽南“哎”了一声，不知该怎么安慰。

曾国藩突然紧张地抽搐起来，声音已变：“昨天上午，皇上送来的黄马褂一件、福字一幅、荷包三对，也丢了！”

“哎，”罗泽南说，“事已至此，何必想这些？能保住性命足矣。”

这句话是一针强心剂，曾国藩一骨碌从床上爬起，再度抓起罗泽南的手说道：“杀身成仁才是圣贤所为。你可听过春秋时晋国大将先轸（zhěn）？”

罗泽南当然听过，先轸是春秋时期的战神，最后战死沙场。他一面讲述先轸的事迹，一面被曾国藩领着走出营帐。

曾国藩说，“我要效法先轸，战死沙场！”

话音未落，他猛地跳上一匹马，连缰绳都没有解，就做快马加鞭状，要去追寻先轸的足迹。罗泽南和跟过来的将士们慌忙把他拉下马，曾国藩要死要活，非学先轸不可。

大吵大闹了半天，罗泽南猛地提高嗓门，喊道：“曾大人别闹了，还有很多事等待您处理呢！”

曾国藩这才慢慢消停下来，然而湖口惨败、被人打得跳江自杀的事迹将永存其心。

怎么抉择都不对

1855年的春节，曾国藩在罗泽南营中忧心如焚。他给家人写信说，我终日惶惶，如坐针毡。他还说，不知这次是否能挺过来。他更说，丢了很多东西，特别是家书，只为此故，愁眉到今。

让他愁大眉的事才刚刚开始。当他惶惶不可终日时，太平军在石达开的谋划下，开始在长江北岸发动凌厉的反攻。那位笔杆子特别快的湖广总督杨霈被打得一路后撤，太平军轻而易举地占领了汉口、汉阳，武汉三镇只剩下孤零零的武昌，在刺骨的春风中摇摇晃晃。

曾国藩面临有生以来最严峻的选择。

1. 湘军全部回援武汉；

2. 湘军一部回援武汉；

3. 湘军继续逗留江西。

如果选择1，那就预示着整个湘军要回到武汉和太平军一决生死；如果选择2，那胜的可能性微乎其微；如果选择3呢？

曾国藩静坐下来，半个时辰后，心绪平静，他开始使用理学方法论——格物致知。

回湖北有个好处，他可以推掉打不下九江和湖口的责任。以后北京城伟大的咸丰问起来，他的回答会很有底气，我是救援武昌啊。但也有坏处，因为杨霈这老小子还在湖北，整个湖北仍是他说了算。曾国藩想起当初杨霈抢他功劳的事，不禁鼓起了鼻子。

不能回武昌！只要把九江和湖口拿下来，他就有了自己的地盘，不必再看杨霈那老小子的脸色，更不必和他生气。但武昌危急，如果见死不救，以后咸丰问起责来，他肯定脱不了干系。他站起来踱步，一个时辰后，腿有点麻木。但头脑越发清晰了：绝不回武昌。

铺开纸，他给咸丰皇帝写道：目前的形势异常复杂，湘军的进止机宜搞得我头昏脑涨。然而就在这头昏脑涨的刹那清醒时，我看到上苍指点的那道光芒。

上苍说了什么呢？曾国藩代天言道："长毛如今进攻武汉，湖北军队肯定无法抵挡。长毛的小盘算是攻占武汉，将湘军夹在中段，断我后路，活活饿死我们。如果长毛攻占武汉，西窥探荆州，南窥探湖南，防不胜防，这是我最忧虑的第一点。第二点，如果湘军撤出江西回援武汉，则几个月来辛苦创建的战果将付之东流，实在可惜。湘军军饷全仰仗江西，湘军如果撤围九江，九江长毛势必内犯江西，湘军军饷必断绝，而且陷入鄱阳湖的轻快水军战船百余艘，士兵二千余人，也就交代了。还有第三点，湘军陆军在九江和湖口城下奋勇作战，奈何贼人拼死抵抗，我湘军士兵士气已不如从前高涨，突然撤军，更会让士气跌入低谷，到那时候回武昌就等于回地狱。"

我的意见是，湘军继续围攻九江、湖口，我调出一支精锐水军驶回武汉江面，堵截长毛水军。

聪明人一眼就可看出，曾国藩说了大半天，左旋右转的，无非是不想从江西撤兵。天老爷果然长了眼，这道奏折发出的当天夜间，突然江风大作，波涛汹涌，湘军停泊在湖口的一半水军被风浪击得粉碎。

风平浪静后，曾国藩抱头痛哭。当时的形势对曾国藩而言，已是泥泞世界。他和罗泽南掏心窝子道："就是不发出那道围攻九江、湖口的奏章，我也无脸从江西撤兵回湖北啊。"

罗泽南说："那就只有一个办法，去南昌，找您的老同学陈启迈。"

江西巡抚陈启迈的确是曾国藩的老同学，在曾国藩围攻九江、湖口时，陈启迈不遗余力地给曾国藩送粮送钱。曾国藩仰天长叹，格物致知了好几日，终于决定去南昌。

临行前，他把罗泽南和塔齐布叫到身边，深情地说："九江和湖口，还是要打。水军现在心有余而力不足，只能仰仗你们陆军。拜托两位了。"

塔齐布捶了胸口一拳道："我一定不辜负曾大人的厚望。"

曾国藩无力地摆摆手："这也不是什么厚望，实在是逼不得已。你们不打九江、湖口，我到南昌连站直的资本都没有。你们就是我的脊柱啊！"

这番话发自肺腑，深刻体现了曾国藩常提倡的"诚"字。三人洒泪而别，曾国藩只带了三个随从徒步而行，这是儒家修行法，目的是通过跋涉艰苦的道路来修炼内心。

从九江到南昌，路途并不遥远，所以曾国藩一行四人很快就抵达南昌。

南昌城门可以罗雀，没有人来迎接他，因为没有人知道鼎鼎大名的曾国藩会来南昌。

曾国藩径直走进南昌巡抚衙门，见到陈启迈，挂上一张苦瓜脸："兄弟，我来投奔你了。"

这句话一出口，曾国藩已把持不住，仿佛刹那就苍老了几十岁，他颤颤巍巍，弱不禁风，要向陈启迈怀中倒去。陈启迈慌忙躲闪，一面让人来搀扶。

曾国藩被扶进椅子，如一摊泥。陈启迈大大咧咧地坐到椅子上，想了一想说："胜败乃兵家常事，你也不必太在意。大家都没有想到九江和湖口这弹丸之地竟如此难以攻克。孟子说过，天将降大任……"

陈启迈没有再说下去，因为他看到曾国藩摆手示意他停下。曾国藩喘了口长气说道："我这次来，不是听圣人教诲的。请你替我办几件事。"

陈启迈"嗯"了一声，语调冷淡。

曾国藩不管这些，恢复了往日的底气：“陷入鄱阳湖的水师需要食物支援，请您速速办理。”

“哦。”

“我知道你们南昌新制造了特级战舰十三艘，我要用。”

“哦。”

“发出告示，湘军要招兵。”

“咳咳，”陈启迈用拳头顶住嘴，“曾大人，饱汉子不知饿汉子饥。我这个巡抚看上去威风，南昌城看上去壮丽威武，其实都是空壳子，十三艘战舰是现成的，可以给。鄱阳湖水师的食物也可以给，但你做好心理准备，食物只能供他们吃个半饱。至于招兵，费用问题很麻烦。”

曾国藩站起来，整个人光芒万丈，正要开口。陈启迈打断了他：“曾大人，您来得突然，但还是准备了接风宴，吃了饭再说。”

饭非常简单，曾国藩感觉是下人吃剩下端上来的。一面吃饭，曾国藩一面感慨，这真是个成败论英雄的时代，胜了什么都好说，败了怎么都不好说。这顿饭吃得非常憋气，但正是这种残酷的现实，刺激了曾国藩血液里的顽强斗志。他吃完饭一抹嘴就跑到湘军在南昌的办事处，召开总结会议。

会议上，曾国藩听取了湘军文员们激情四射的发言，他一面听一面点头，这是出于礼貌。实际上，曾国藩发现这群未上过战场的笨蛋文员四六不懂。最后一位文员演讲完毕，曾国藩忍了多日的邪火终于发了出来。他破口大骂自己的那群文员，把自湖口惨败以来所有的憋屈都狠狠地发泄出来。会议散后，他又跑进厨房重新吃了一顿。

那天夜里，曾国藩在迷迷糊糊、噩梦连连中被叫醒。勤务兵不无悲痛地告诉他，大批文员都卷铺盖走人了。

曾国藩直挺挺地躺在床上，脸色在月光下如同死人。他想了半天，才半死不活地说：“一个人连承受被责骂的能力都没有，还能成什么事。随他们去吧！”

勤务兵认为曾国藩有理解误区，他整理了思路，侃侃而谈：“非是如此。他们所以离开您，因为您自出山以来霉运当头，胜少败多，人家已经对你已失去信心。人人都想跟着个顺风顺水的人，攀龙附凤，得点好处。可跟着您能得到什么好处？”

曾国藩大吃一惊：“想不到别人还有这种心思？我曾国藩辛苦出山，只为天下太平，他们竟然把我当成聚宝盆。这种人走了也罢，只要李元度不走就好。”

李元度没有走，他对曾国藩倒是忠心耿耿，而且敢做曾国藩的直友。第二天早晨，他主动来找曾国藩。曾国藩去拉他的手，发出风箱似的声音：“老友，我们要好好谈谈了。”

李元度伸出胳膊去摸曾国藩，如同瞎子走路。这不是在出洋相，他高度近视，前几天又不知把眼镜丢哪儿了，所以现在走路全靠双臂和感觉。

“是，咱们该好好谈谈。”二人互相搀扶坐定，李元度说。

曾国藩情绪很激动，所以没有做长时间考虑，就脱口而出：“我一向以诚待人，想不到别人却不以诚待我，在危难时刻，离我而去。”

李元度想了一下，慢悠悠地问道：“您所谓的诚，到底做何讲？”

“不欺、无私、至虚。”

李元度找到自己的两只手掌，拍了两下，这掌声里有讽刺，曾国藩听出来了：“这是何意？”

“您说得好哇，我鼓掌叫好。可您只是说得好，做得却很差。趋利避害是人之常情，你不能指望别人都和你一样，以至诚之心对待别人。他们离开，必有离开的理由，这理由就是他们的‘诚’，我想，您所谓的‘不欺’就是不要欺骗别人和自己的良知吧。”

曾国藩只好点头承认李元度说得对，他撇开这个话题，谈另外的，也是他头脑中最恍惚的：“自出山以来，我连遭岳州、靖港、湖口三大败，我格物致知了许久，也搞不清楚。我是不是个不知兵的人呢？”

李元度想了想，说道：“非也，您的失败恰好是因为你知兵。”

曾国藩大惊，李元度缓缓说道：“如果岳州之败是天意，那靖港之败就是人为，用兵之术，贵在确定目标而不更改，您则是朝令夕改，所以才有靖港惨败。至于湖口之败，气太盛，以为大局在控，其实是被人所控啊。”

说完这段话，李元度慌忙去看曾国藩的脸色，但很遗憾，他什么都看不到，只是隐约感觉到曾国藩深吸了一口气。过了许久，才听到曾国藩又长出一口气："你说得很有道理，我向来善听人言，博采众长，以为己用。我的心胸虽不如古圣先贤那样宽广，但至少能容人正确之言。我刚才说'诚'有'至虚'的意思，就是要虚怀若谷，心胸广阔，能容纳万事万物、万人之言。"

李元度很欣慰，曾国藩继续说道："我看这用兵啊，就如同下棋。棋术高低要先看棋谱，但临局走子，对方未必按棋谱来下，那我从棋谱上得来的阵就成了摆设。又如射箭，射箭教科书上讲的是身正，但身正也未必都能命中。因为成败都在变化万端之中。我看啊，胜败之情，就如下棋发箭，运用之妙存乎一心。"

这段深沉的总结让李元度大为感动，他原以为曾国藩这次不可能挺过来了。曾国藩最后如释重负地说道："人凡发一谋，举一事，必有风波磨折，只要坚忍不懈，总可有志竟成。人不怕失败，只怕在失败中沉溺而难以自拔。"

李元度激动起来，去找曾国藩的手，握紧了，声音哽咽："大人，好样的！"

中国儒家最得意的一点就是，万物皆备于我，艰难困苦非但不能摧毁我，反而会成为磨练我的动力。我把艰难困苦和一时的窘迫当成是磨刀石，千磨万砺虽辛苦，但非得经风雨才可见彩虹！

曾国藩振奋起来，忙忙碌碌：十三艘大战舰傲然驶向鄱阳湖，源源不断的物资船只航行在江上。保住鄱阳湖的舰队后，他又招兵买马，重新构建湘军力量。同时命令罗泽南和塔齐布，只要还有一丝力量，就绝不能停止对九江和湖口的进攻。

他把全副精力都用在战场上，却想不到战场之外还有更大的敌人，这个敌人就是老同学陈启迈。

搞掉陈启迈

1855年的曾国藩只缺一样东西——钱，他干任何事都需要钱，而这些钱，中央政府给的很少，甚至是不给。所以自组建湘军以来，曾国藩始终靠两个字——乞讨——度日。

一年前攻克武汉时，他认为可以好好在湖北捞一大笔，想不到咸丰让他立即东下。虽然时间紧迫，曾国藩还是在湖北捞了一笔，但这笔钱在抵达九江和湖口时就所剩无几，随着攻坚越来越难，钱也日渐稀少。他曾向咸丰皇帝请求过发饷，可咸丰皇帝身边有些混球认为湘军是他曾国藩的武装，不是国家军队，所以不能拿国家的钱养活私人的部队。咸丰冥思苦想许久，才承诺曾国藩22万两白银，其中江西巡抚陈启迈应落实8万两。可直到曾国藩狼狈来南昌，其他14万两白银连个影儿都没有，陈启迈的8万两任务也只完成了一半。

曾国藩来南昌后，要陈启迈拿钱出来，陈启迈装聋作哑。曾国藩只好找咸丰皇帝，他情感深沉地谈了当前的局势和军饷的必要，无论如何都希望咸丰能提供他一笔钱，否则九江、湖口将功亏一篑。咸丰皇帝急了，下令给陈启迈：曾国藩要鹰毛，你不能给鸡毛，倾江西全省之力，务必保证曾国藩的军队有吃有用。

陈启迈对圣旨相当敏感，急匆匆地跑来找曾国藩，开门见山："同学啊，搞这么大动静干嘛啊。"

曾国藩秉承儒家忠恕之道（站在别人角度考虑问题），不无歉疚地说："同学，我真是迫不得已。"

陈启迈一笑："我非是不支持你，咱们是同学，能不帮忙？可你来南昌多日也看到了，江西实在没有钱啊。"

曾国藩微笑着："无论如何都请陈大人再帮忙。"

陈启迈转动眼珠："南昌城墙上有一百五十尊大炮，你拿去吧。"

"我拿？怎么拿？"

"要你的人来搬啊。"陈启迈故作惊讶，"我给你东西，难道还要我搬？"

曾国藩有点生气："巡抚大人你太开玩笑了，我的人都在前线卖命，哪里有时间来搬这东西？"

陈启迈又好气又好笑："曾大人你才太会开玩笑，你的人恐怕有一部分正在南昌城收税呢吧？"

陈启迈这句话应做补充。曾国藩一到南昌，就设立了一个税务局，陈启迈收的如果是地税，他收的就是国税。最让陈启迈看不惯的是，曾国藩似乎有种先天而来的与乡绅打交道的魅力。他才来南昌几天，就和乡镇土豪们打得火热朝天。而这些土豪为曾国藩捐款捐物，眼睛都不眨一下。可他陈启迈去乡镇要点东西，实比登天还难。

曾国藩并未被陈启迈的冷嘲激怒，而是心平气和地说："打仗需要钱，而您拨款的速度太慢，我插手税务，是为了大清江山社稷，实属权宜之计。"

陈启迈夸张地大笑："同学，我有几句话不知当讲不当讲。"

当有人说这话的时候，说明他已打定主意讲了，而且这话对听者来说肯定不当讲，所以曾国藩没有任何反应。

"我个人认为，你的湘军在江西就是个累赘。你说你的军功是保障了江西，可现在九江、湖口都在长毛手里，何来保障江西？你们攻下来的城池，今日得明日失，于大局无补。比如汉口、汉阳，哦，对了，前些日子，武昌也失了。尤其让皇上忌讳的是，你的湘军不是国家军队，是你的私人武装。天下但凡聪明人怎么能相信你是为了大清江山社稷？"

陈启迈说得唾沫横飞，他可没有注意到曾国藩已竖起三角眼，脸上笼起乌云。

曾国藩始终坚信这样的人生哲理：在我未完成大业（消灭长毛贼）前，我不可能交出兵权，谁来抢我的兵权，谁就是我的敌人。这条人生哲理和当时的形势紧密相连，因为政府正规军不能打仗，政府正规军不能打仗的原因是腐败，所以纵然是十万天兵天将，一旦被政府领导，就会变成一群虾兵蟹将。

这是曾国藩的底线，陈启迈勇猛地跨过了这条线：他想直接指挥湘军罗泽南部。罗泽南部湘军在一个月前从九江前线撤入江西东部，防御从安徽南部向江西推进的太平军。当时曾国藩正在手忙脚乱地收税，无暇和罗泽南做亲密联系。陈启迈趁机插脚进来，向罗泽南发布命令。

曾国藩动了大肝火，儒家的自我克制荡然无存，他暴跳如雷，当着湘军高级将领们的面咒骂陈启迈越权，毁坏了同学情谊。曾国藩痛斥道："陈启迈简直比洪秀全还可恶。"有位高级顾问腼腆地站起来，用手在脖子上一比划："很简单，就这样。"

曾国藩倒抽一口凉气，他从未想过要对陈启迈动刀子，这是流氓做派。他毕竟和陈启迈有同学之谊，别人不仁，他不能不义，儒家思想告诉他，要想搞别人之前，必须先仁义一下。

他火冒三丈地来找陈启迈，陈启迈预料到他会来，早已准备好一切。曾国藩一闯进来，还未开口，陈启迈拿出十二分的热情，冲到曾国藩身前，手里托着一幅人物肖像："同学，来得正好，我新得一人才，早就听说你相面功夫一流，今日帮我把把关如何？"

曾国藩斜眼一看，不禁怒火中烧，那张人物肖像肥头大耳，正是罗泽南！

换做别人，早已对陈启迈挥舞老拳，但曾国藩从中国传统文化中学习到了自我克制的本领，他用尽大力气使自己忍耐下来，不愠不火地回了一句："我不会看相！"

陈启迈故作惊讶地向后一退，"不可能啊，我听说多年前您在京城见过江忠源后，就对人说，我看他这面相将来必立功名于天下，但当以节义死。当时可是太平盛世，长毛未起，您就从面相上看出江忠源的命运来，真是非同凡响。如今怎么谦虚起来？"

曾国藩不想和陈启迈扯皮，想了一想，问道："罗泽南是我的人，你直接指挥他，恐怕多有不妥。"

陈启迈一笑，没有搭话。

曾国藩一拳出去，似乎打到棉花上，很不通透，只好换个角度："我平生做人做事，最讲究一个字……"

"诚嘛……"陈启迈拉长了声音，露出轻蔑的哂笑。

"错！"曾国藩睁着三角眼，"是'和'，和衷共济，才能移山填海。但你却总搞小动作，闹得大家很不和，如此下去，不必长毛来，我们自己就完蛋了。"

陈启迈激动起来，把罗泽南的肖像拍到桌子上，怒气冲天："同学，注意你的措辞！先不说你那'和'字是否真有奇效，我们只说到底谁在搞小动作，闹不和。我是江西巡抚，掌握江西军政大权，你只是中央的一个侍郎，凭什么你要在江西行使你不该有的权力？这是越权，我不参奏你一本，已是给足你面子！"

"参奏"两个字如闪电一样射入曾国藩的脑海，他立在那里，愣了半天，突然向陈启迈一笑，"多谢，多谢！"

说完转身就走，陈启迈被搞得莫名其妙，也愣在那里，琢磨了半天，也没有想明白曾国藩那四个字的意思。半月后，他才明白了曾国藩多谢他的原因。

曾国藩跑回办公室，找来高级参谋刘蓉，要他写一道参劾陈启迈的罪状。刘蓉是恶人先告状和无理也能夺三分的主，很快就写好了参劾状，参劾状指出了陈启迈有十大罪状，这十大罪状非常朦胧，比如“纵兵扰民”“用兵无章”。咸丰皇帝看了半天，凭借圣明，终于明白了，不拿掉陈启迈，曾国藩就难以施展拳脚。曾国藩难以施展拳脚，长毛贼就会继续猖狂，那他的江山就不稳固。这递进思维要他迅速做出决断：撤了陈启迈的职。

陈启迈被拿下，代替他的是满人官员文俊。文俊有种族自豪感，瞧不起汉人曾国藩，比陈启迈还不是东西。

曾国藩向“本我”发出了抱怨：真是流年不利，小人太多。他的“本我”回应道：抱怨是人生大敌，是恶，赶紧祛除他。

曾国藩就跑到床上静坐，克制“抱怨”这一大敌，几个时辰后，他睁开眼，眼前已经是个不抱怨的世界了。

文俊的无赖做派和曾国藩的“克己”气质形成鲜明对照，由于文俊是满人，所以曾国藩不能像对付汉族官员陈启迈那样对付文俊。他所能使用的招数只有一个：隐忍不发，任凭文俊在他身上要把式。

一方面他要憋出内伤般的应付文俊，一方面还要为他在前线的湘军弟兄们苦心积虑寻找军饷，曾国藩身心俱疲，癣病发作。夜晚不能入睡，每当匆忙走在街上，身后皮癣飞舞，形成一幅诡异的画面。

纵然如此操心操肺，曾国藩感觉还是不见效果。在给家人的书信中，他自我批评说，“所做的一切对国事都毫无益处，很不如人意。”但曾国藩写家书，很多时候都不是发自“诚”。比如他说，我食俸禄已很久，不得不把国家的忧患当作自己的忧患。他把国家的忧患当作自己的忧患不假，但食俸禄已很久却是假的，因为自创办湘军以来，他一直在自力更生。

显然，曾国藩写家书的读者有两位，一是家人，二是外人。

家书要写，路也要继续向下走。曾国藩继续霉运当头，道路坎坷。

失去左膀右臂

1855年烈日炎炎的夏天，曾国藩在南昌城不动如山地领受文俊的冷嘲热讽。他毕竟不是山，坚持不了多久，所以在钱粮稍微充足后，就带着一支水军进驻南康。一来躲避文俊那张臭嘴，二来，他要重新对九江和湖口布局。

对于九江和湖口二城，曾国藩仍坚持己见，那就是持久地围攻。塔齐布高度支持曾国藩，所以曾国藩抵达南康后，塔齐布在九江跃跃欲试，要去和曾国藩畅谈一番。南康和九江虽然只隔了个庐山，但由于太平军游击队的袭击，曾国藩和塔齐布要见面很不容易。两人多次约定骑马相见，都未能如愿。直到六月份里最热的那天，曾国藩和塔齐布终于得到机会相见了。

这是自曾国藩离开九江前线到南昌后二人首次见面，塔齐布抓住曾国藩的胳膊，眼眶里全是泪水，曾国藩也落泪。塔齐布说曾国藩白发多了，曾国藩就说塔齐布瘦了。塔齐布说曾国藩精神差了，曾国藩就说塔齐布脸色难看，应是营养不良了。

二人互相关爱后，就谈到正事。那天的天气酷热难耐，曾国藩慷慨激昂，塔齐布被曾国藩的言辞挑拨得热血上涌，所以两人拼命地摇着扇子，汗水还是不停地往下流。

曾国藩和塔齐布最后达成共识：在七月的雨季发动一次大规模攻势，这是最后一搏，能攻陷九江最好，如果无法攻陷，那就从九江城撤兵。

塔齐布跑回九江大营后，磨刀霍霍。从前的攻城器械已不能用，塔齐布命人昼夜加班制作工具，仅云梯就制作了数百架，又征收了布袋四千，结了几千条竹筏。挡牌、竹盔堆积如山，太平军在九江城下看到塔齐布干得热火朝天，不禁心胆俱裂。

塔齐布万事俱备，只差一个月黑阴雨之夜。这样的夜晚数不胜数，但塔齐布按曾国藩的训导，要在这些黑夜中挑选一个最好的日子。这个日子就是七月十五，南方民间所说的鬼节。

非常遗憾的是，七月十五那天，突然天空放晴，月亮又大又圆，连九江城墙上的茅草都能看清。这真是绝佳的讽刺。塔齐布气得吐出一斗血来。

他为了湘军，为了曾国藩，为了大清江山，洒了太多热血，几次都想抛掉头颅，但老天眷顾他，始终保佑着他在战场上的幸运。然而这一次，福运离开他。七月十八，塔齐布吐完胃里最后一口血，一命呜呼。

这是个天大的噩耗，曾国藩得到消息后，不管通往九江路上有多危险，只带几十个随从，策马加鞭，飞奔而来。一见塔齐布尸体，他无法控制地扑到尸体上，放声大哭，如丧考妣。

这既是哭塔齐布，又是哭他自己。塔齐布在他形单影只时离他而去，对于他和塔齐布，都是最悲痛的事。

塔齐布这只曾国藩的左膀离他而去，他还未从悲痛中复苏，又一个更重大的打击来了。这就是罗泽南的出走。

事实上，从曾国藩创建湘军到1855年的酷夏，曾国藩所依仗能打的人只有塔齐布和罗泽南。

塔齐布尸骨未寒，罗泽南就颠颠地跑来，和曾国藩谈论一个极有前景的大计划。罗泽南这段时间忙得四脚朝天，四个月前，他在南康和九江察看多次后，像发现外星生物一样的跑去对曾国藩说："太平军上控制武汉，下占据南京，湖口乃中游要塞，其志在必得。纵然咱们攻克湖口，也难以据守，更不能摆脱与之相持长江中断的被动局面。要想打破僵局，改变目前半死不活的被动地位，必须回师上游，攻克武汉。而要攻克武汉，又必先据其上游的崇阳、通城、咸宁一带，以锤击武汉的后背。"

曾国藩思考了许久，确信罗泽南的计划没错，但他就是不肯痛快地答应。原因有二。第一，其时，他正和陈启迈的矛盾激化，其中一个激化点就是他罗泽南；第二，罗泽南去武汉，除了战略目的外还有私人目的，那就是增援上任不久的湖北巡抚胡林翼。

本来，胡林翼是湘系，他成为湖北巡抚，是湘军福星高照。胡林翼一直想拿下武昌，无奈兵寡将少，始终不能如愿。曾国藩不是不想支援胡林翼，奈何他是泥菩萨过江。正如儒学理念告诉他的那样：人，先要为己才能成己，能成己才可成人。一个人自身还难保，就要去拯救、解放别人，这是神经错乱。

胡林翼曾给曾国藩写过求救信，他的见解和罗泽南一样，认为曾国藩不该对九江和湖口较劲，咱们是在打仗，不是在斗气。曾国藩向胡林翼诉说衷肠：非是我较劲，如果我从九江、湖口撤军，那我在江西就没法活了。

胡林翼叫起来：“兄弟，湖北就是你的家。”

曾国藩轻轻摇头，他需要的不仅是个歇脚地，还有颜面。

最终，理智战胜颜面，他同意罗泽南分兵离开九江，先试试看。1855年三月，罗泽南带领他的精锐兵团从九江拔营，逼向广信、义宁，几个月来，罗泽南马不解鞍，人不卸甲，和太平军展开野战、攻坚战、麻雀战、奔袭战、突袭战，但成绩让人实在提不起兴趣，罗泽南攻陷一城，前脚刚走，太平军就再度夺回。

曾国藩得知罗泽南陷入这种泥泞后，写信鼓励他：我平生坚信八个大字——志之所向，金石为开。若能坚持到底，坚忍不拔，一百次失败后就是成功。

这封信如同鸡血，罗泽南浑身充满了野兽般的力量，1855年七月十五，也就是塔齐布准备全线进攻九江的那天夜里，罗泽南奇迹般的攻陷义宁。塔齐布死后的第三天，罗泽南从前线发来两封信，一封是很遗憾塔齐布的阵亡，另一封则是决定大踏步去勾勒他的宏图。就是说，他要彻底离开曾国藩，单枪匹马去湖北冲锋陷阵，为湘军铸造荣耀。

曾国藩看了罗泽南的信后，陷入死一样的沉思。直到肚子咕咕叫时，才被迫醒转。他无精打采地又翻阅了罗泽南的信，就在他心如乱麻时，刘蓉拉着李元度来了。

曾国藩向二人诉说罗泽南问题，刘蓉想了一想说道：“应该走也不应走。”

这是辩证法，辩证法的好处就是，永不会错，曾国藩则认为这是中庸，不偏不倚，其实体现了一个“和”字，和稀泥的“和”。

罗泽南应该走，刘蓉认为有如下理由：增援武昌就是增援咱们的人胡林翼，胡林翼如果在武昌覆灭，那咱们湘系就要失去湖北这块地盘了。

在这点上，曾国藩比刘蓉理解得更深刻。胡林翼刚被任命为湖北巡抚，正是展现亮点的时候，如果能收复武昌，那对胡林翼和湘军实在是其乐无穷的大好事。

李元度不同意刘蓉的观点：“胡林翼在武昌外围已将湘军水师发展到十个营的兵力，他自己就能搞定武昌，罗泽南去干甚？”

刘蓉叹气道：“他的部队都是水师，没有得力的陆军配合，水师在武汉难以立足啊。”

李元度没有反应，曾国藩也保持沉默。刘蓉很自豪地继续开口：“第二点，罗泽南也非去不可。胡林翼的密友左宗棠是骆秉章的心腹，操控湖南军政大权。如果您不允许胡林翼之请派罗泽南援助湖北，必然开罪左宗棠，后果不堪设想啊。”

李元度恼了，他不是讨厌左宗棠，而是觉得刘蓉把左宗棠神化了。可他还没来得及开口，刘蓉已急转直下：“罗泽南也有不能去的理由，而且非常充分。塔齐布刚死，罗泽南又要远走高飞，如有不测，更赖何人？所以我坚决反对罗泽南离开。但不离开，这盘棋又不好下，真是两难！”

这就是辩证法的神奇之处，采用这种方法的人滔滔不绝，有理有据，但最终要他拿主意时，他就开始和稀泥，等于说，他说了一大堆，实际上跟没说一样。

曾国藩闭眼沉思，他要权衡得滴水不漏，才能做出最终的正确决定。李元度和刘蓉知道曾大人的习惯，思考起事情来没有时间概念，所以悄无声息地离开。

当夜，曾国藩出了军营，护卫要跟随，曾国藩制止了。他缓步走上一块土丘，站在那里。温度并未因太阳缺席而降低，热风吹到他脸上，如同火炭。

夜是那样静，曾国藩能听到自己的心跳。猛然，土丘下面的草丛里窸窸窣窣地响，像是小猪抢食。一条毫无精气神的蛇爬出来，直起上身，仰望曾国藩。

曾国藩立即浑身发痒，一抖，苍白色粉末飘曳而下，这是新癣。他痒得龇牙咧嘴，急忙跑回军营，如释重负地挥毫泼墨。

他已打定主意，允许罗泽南支援湖北。凌晨时分，这封洋洋洒洒的信件终于完成，他派人送出去，同时请来刘蓉。

刘蓉一进军帐，从曾国藩耷拉着的双眼就知道了曾国藩已做出决定，并且执行了。他不由得叹口气，曾国藩也跟着叹息道：“很多人都舍我而独立门户，使我一人独任其难，抑何不仁之甚也！我虽知罗泽南的方略眼界高超，但就是解不开这心结。在这种时刻，他竟然抢先离我而去！”

刘蓉不语，这种时候，他不知该说什么。因为曾国藩用了他最拿手的辩证法。

曾国藩难过，罗泽南更难过。在送行宴上，有人问罗泽南：“曾公（曾国藩）兵败怎么办？”

罗泽南含泪道：“天若不亡本朝，曾公必不死。”

这句话动人心弦，在场众人都流下眼泪。罗泽南给曾国藩写信，深情款款道：“我走非是离公而去，实是为公开辟。公沉溺九江、湖口，本该走，却不能走。其中苦楚和深意，我心中有数，所以才去开辟第二战场。我一走，公更孤独凄凉，所以请公万不可再主动出击，耗损元气。待我第二战场传来佳音，再做下一步打算。”

曾国藩对罗泽南言听计从，自罗泽南走后，无论水军还是陆军都没有主动进攻过太平军，所以当时九江和湖口风平浪静，双方军队好似木雕泥塑。

但好日子在1855年十月底抵达终点。罗泽南把湘军一支精锐从江西带到湖北后，正镇守武昌的拥有超人智慧的太平军翼王石达开立即发现湘军在江西的薄弱，于是在1855年十月底亲自率军从湖北跃进江西，一路披荆斩棘，连下湘军数座城池。曾国藩惊慌失措，慌忙将围攻九江的周凤山部调到樟树镇。

樟树镇在南昌南90公里处，有着举足轻重的战略地位。南则可进攻赣州、南安，北则可攻武宁、新昌和南昌，以通九江之路。曾国藩把湘军主力转移到樟树镇，就是为了保卫南昌和自己所在的南康。

石达开解了九江之围后继续发力，以雷霆之势在江西横冲直撞。曾国藩在南康大营魂不守舍，一日数惊。但在众人眼中，他仍表现了作为领袖的魄力，镇定自若，尤其在抚恤伤兵上，发挥了仁者顶级风范。他清醒地认识到，越是身处危局，越要镇定，越要倾尽全力维系人心。由于人心被他维系得滴水不漏，所以湘军虽屡遭败仗，士气毫不见衰。

但士气这种东西只能是锦上添花，不能雪中送炭。战场不是内功表演场，凭的是兵强马壮，而不是气。

1856年年初，石达开四路纵队进攻曾国藩眼中的樟树镇，周凤山不听曾国藩的嘱咐出兵迎战石达开，结果是惨败逃往南昌。太平军得到樟树镇，南昌城人心惶惶，鸡飞狗跳。南康城里的曾国藩更是心胆俱裂，慌忙奔回南昌，收拾残兵败将，抵御即将到来的太平军。

太平军并未如猛虎下山直奔南昌，而是在南昌外围慢慢蚕食。太平军推进得越慢，曾国藩的恐慌度就越高。他再也没了从前的沉静之气，惊慌失措地写信给胡林翼，要他派罗泽南回援。胡林翼不同意，他以战略伟人的口吻对曾国藩说：“攻陷武昌就可解南昌之围，曾公您要挺住！”

曾国藩哀怜地回信道：“我如何能挺住？湘军陆军不足三千，水军只有二千三百人，兵力单薄到如此程度，别说守南昌，就是从南昌逃出也觉形单影只。自出山以来，从未遇过如此艰难之境，让人想抱枕痛哭。”

然后，他不再诉苦，而是冷静地分析起来：“湘军和长毛在武昌、九江一线已陷入战略相持阶段，既然武汉久攻不下，不如抽调罗泽南援救江西南昌。如此则无损于攻武汉，而有助于救南昌。”

胡林翼看着信，信上就浮现出曾国藩可怜巴巴的样子，不由得心痛，请问罗泽南。罗泽南泪眼婆娑道：“万万不可，如果此时我去江西，那这么长时间攻击武汉的战果就尽弃。不如加快进度攻陷武汉，然后沿江东下，与曾国藩会师，再反攻江西的太平军。”

曾国藩收到胡林翼和罗泽南的联名信后，心窝如同被掏了一拳，脸色发紫，浑身抽搐。在最后的夕阳里，曾国藩周围飘起了白色碎屑，那是因愤懑和焦急复发的癣病。

曾国藩急火攻心的原因不仅是胡林翼、罗泽南的不肯施之援手，还有南昌政府官员明目张胆的嘲讽。曾国藩在南昌城的日子非常不好过，到处受人压抑，时刻遭人白眼。本来，他的湘军就不在体制内，之前打过几次胜仗，得到北京方面的嘉奖，引起体制内某些羡慕嫉妒恨可想而知。大部分政府官员都昼夜不休地等着看他的笑话，如今笑话终于来了，岂能放过，不但围着看，而且私下都在热烈地鼓掌。

曾国藩被南昌官员们冷嘲热讽地神经脆弱，彻夜难眠，不思饮食。后来他干脆把自己变成“大门不出二门不迈”的大家闺秀，躲在军营里默默流泪。

部下们都来安慰他，事情还没到山穷水尽的地步，长毛要从樟树镇打到这里，需要时日。也许他们来到这里时，罗泽南大人已攻陷武昌，来接应咱们了。

曾国藩双手直颤，指着桌子上的地图说：“整个江西只剩南昌和南康这么点小地域，这还不是山穷水尽？你们可知，这几天咱们的士兵死了一百多个？”

众人茫然。

“送信死的，”曾国藩气急败坏，“乔装打扮送信出去，全被长毛贼捉到处决了，你们竟然还说未山穷水尽？”

众人继续茫然，看到曾国藩双目尽赤，急忙也装出怒发冲冠的样子来。部下们都走后，李元度小心翼翼地试探问道：“曾公在此之前一向有自我克制的伟大力量，为何现在荡然无存？”

曾国藩苦着脸，“都这时候了，克己之功有屁用！它能让长毛撤兵？能让罗泽南从天而降？”说完这些，他猛然醒悟，这可不是儒家门徒应该说的话，于是改口，“是我功夫不到家，惭愧！”

李元度发现曾国藩平静了许多，就打开话匣子：“胡林翼和罗泽南不来，有他们的原因。据我对罗泽南的了解，他现在一定在使用吃奶的力气猛攻武汉，为的是赶紧来救曾公。”

不必猜测，曾国藩就知道罗泽南肯定在用吃奶力气攻打武昌，因为罗泽南对他曾国藩是忠心耿耿、牵肠挂肚。

罗泽南岂止是用上吃奶的力气，简直用上了一辈子的力气。他亲临武昌城下，不分昼夜地攻城。他两眼冒火，咬牙切齿，恨不得把武昌城生吞活剥。太平军严防死守，湘军伤亡惨重。胡林翼婉转相劝，硬来吃大亏，磨刀不误砍柴工，请调节攻城的速度。

罗泽南目眦尽裂：“曾公在南昌城生死难料，我岂有休息的工夫？！”

武昌太平军守将自参军以来从未遇过这种不要命的玩意，也怒发冲冠：“守城太不爽快，开城门，老子要和这个丧心病狂的家伙一决生死！”

双方摆开阵势，大打野战。几轮过后，太平军守将喊了一嗓子：“扯乎！”太平军掉头就跑。罗泽南双目瞪出眼眶，狂呼乱叫：“长毛败了，给我追进城门，曾公，等我！”

湘军士兵奋勇争先，喊杀声响彻云霄。一直追到武昌城侧门，正中规中矩逃跑的太平军突然向两边闪躲，侧门突然大开，一支数目众多的太平军从里面杀出，直冲罗泽南已无阵形的军队。湘军已没有后退的时间，被冲得七零八落。

罗泽南被火枪打中左面颊，血流满面，沾湿衣衫。好不容易逃出太平军的包围圈，他已奄奄一息。在他生命中最宝贵的时间里，他第一个想到的就是曾国藩。胡林翼慌张跑来查看，发现罗泽南已无药可救，不禁悲从中来。罗泽南握紧胡林翼的手，说出儒家大师风味的临终遗言：“危急时站得定，才算有用之血。现在武汉又未克，江西危难重重，不能两顾。死何足惜？事未了耳，我很惭愧，要先走一步，你好自为之。”

胡林翼不受控制地哭出声来，像是狼嚎。哭得精疲力竭后，才想到应该把这件事告诉曾国藩。几天后，曾国藩在南昌军营里接到了胡林翼的信。

信使千辛万苦，绕了好大一个圈，才把信从武昌送到南昌。当时，曾国藩正在军营中发呆，有人来报告，南昌来了信使。军营里突然起了阵邪风，吹起桌子上的文件，在空中飞舞。

曾国藩大叫一声：“不好！”

这是人的第六感，也是曾国藩从神学那里得到的坚信不疑的预兆。信使跑进来，仿佛是尘土做的，浑身上下都在抖落尘土。未等信使叩首请安，曾国藩一个箭步冲了上去，像是未卜先知一样：“罗泽南大人走了？”

信使万分惊愕，忘了从怀中取出信，白日见鬼般看着曾国藩。曾国藩等不及了，去他怀里猛地一阵乱掏。堂堂湘军瓢把子在一个信使身上动手动脚的场景让在场所有人都看得目瞪口呆。

护卫们慌忙去拉曾国藩，曾国藩丝毫未觉察到自己的失态，急躁道：“信呢？拿出来！”

信使在忙乱中躲开曾国藩的双手，把信从鞋里拿出，曾国藩一把夺过，如饥似渴地展开，信还透着温暖的脚气。曾国藩才看了几行，脸色已铁青，他的预料成为现实。他嘴唇哆嗦着，双手颤抖，眼眶湿润。看到一半，他“呃”的一声，向后一仰脖，喷上空中一大口血，然后就倒。

护卫们慌作一团，急忙把曾国藩抬到床上。曾国藩已昏死过去，众人又是掐人中，又是捶后背。忙了好大一会，曾国藩才“呃”的一声，还魂人间。这一醒来，他好像老了十岁，气也弱了，手也颤了。李元度慌慌张张地跑来，曾国藩让众人都出去，喘了好久，才能正常说话。

一开口就很不吉利：“罗泽南走了，我也要紧随其后。”

李元度睁大眼睛：“曾公万不可这样说！”这话才一出口，就哽咽起来。

二人制造了这压抑的氛围，这氛围又反过来影响二人，如同两个老头子看到眼前摆了两具棺材。

时光停滞了许久，曾国藩才气息恹恹地说道：“要给罗泽南置办隆重的葬礼。”

李元度从牙缝里蹦出两个字：“不可。”

曾国藩狐疑地望向李元度。

“罗泽南是湘军的灵魂人物，如果把他的消息传开，那军心不稳啊！”

“啊！”曾国藩猛醒过来，“哎！”

他叹息之后就是对罗泽南波涛汹涌的回想，在曾国藩的印象中，罗泽南是个不知疲倦、永不抱怨的人，白天在战场上冲锋陷阵，晚上回来就和别人谈论理学。这是儒生带兵典型人物，除了明朝的王阳明，曾国藩想不出还有第二人。

这样一位本应光芒万丈的人物，就这样悄然离开了这个世界，更要命的是离开了他曾国藩和湘军。一月前，曾国藩对罗泽南是望眼欲穿，而现在则是肝肠寸断。曾国藩感觉，再也没有任何力量能让他从罗泽南的离开人世中复苏。他可能永远都这样沉溺下去，直到末日。

但这毕竟只是一种感觉，罗泽南去世的半月后，曾国藩奇迹般的活了过来，一天早上，鸡才叫一遍，他就坐到办公桌前，写了一封信，内容如下：

温六老弟左右：

三月二十八日，有小伙计自鄂来江，乃初九日起程者。接润之老板信三条，知雄九老板噩耗。吾邑伟人，吾店首功，何堪闻此！迪安老板新开上湘宝行，不知各伙计肯听话否？若其东来，一则恐无盘缠，二则恐润老板太单薄。小店生意萧条。次青伙计在抚州卖买较旺，梧冈伙计亦在彼帮助，邓老八、林秀三亦在被合伙也。雪琴河里生意尚好，浙闽均有些伙计要来，尚未入境。黄虎臣老板昨往瑞州去做生意，欲与印渠老行通气，不知可得手否。

余身体平安，癣疾痊愈。在省城与秋山宝店相得，特本钱太少，伙计又不得力，恐将来火食为难耳。余不一一。澄四老板三月十九发一信来，已收到矣。

润公老板、迪安老板、义渠宝号、吴竹宝店均此。

来伙计二人，照给白货。初七日到小店，初九日行。

如你所猜测的那样，这封信暗藏玄机，是一封隐藏真实内容的隐语之信。我们不必闲言碎语说当时曾国藩的处境多么艰难，只就这封信就可了解大概。他是用隐语写成，就如同当年的地下党写给他的组织、同志的信件一样，太平军当时控制江西省大部，用隐语写成，是为了防止信使被太平军捉住，透露了信息。

信中的“温六老板”是曾国藩的六弟曾国华，之前在家乡优哉游哉，自曾国藩在江西坐困愁城后，开始四处活动，招兵买马，准备去为曾国藩释厄。“润之”是胡林翼，“雄九”是罗泽南，“迪安”则是湘军卓越的将领李续宾，“次清”是李元度，“雪琴”是彭玉麟，“秋山宝店”指江西巡抚文俊。

信的大意是：得知罗泽南病逝，李续宾接管其军，不知部署是否服从稳定？如果李续宾带兵援我，恐怕胡林翼处兵力又减少。我的小店生意萧条，处于困境，大家都忙得四脚朝天，这应该是好事。最后谈到他和文俊关系融洽，只是没能给江西打开局面，粮饷很成问题。

这封信并无实际内容，它只是反映了曾国藩当时的窘境、困境，甚至绝境。

在绝境中迸发出奇迹般的力量，向来是出色人物的杀手锏。1856年五月，他把一封“乞讨书”成功送达北京。这是他自困顿江西以来第六次写信给咸丰，请求派出援兵。他不无痛苦地说道：“援军不到，东南大局会加速糜烂。若能有一支援军，湘军全体将士将对皇上感恩戴德，以死相报。”

咸丰多次接到曾国藩的信，也接到文俊的信。文俊身为江西巡抚，自有守土和隐瞒危机的责任。所以当曾国藩说江西南昌岌岌可危时，文俊却说，南昌稳如泰山。咸丰犯起了嘀咕，经过长时期的思考后终于做出圣明的判断：曾国藩想骗军饷。于是他回信质问曾国藩：“你说南昌危急、整个江西危急，长毛已包围南昌，怎么就不见长毛进攻南昌？难道长毛知道你威风凛凛曾大人在，吓破胆，不敢进攻？”

这的确是个问题，而这个问题的答案正是曾国藩死里逃生的原因！

打虎亲兄弟

咸丰对曾国藩的质疑，曾国藩委屈万状。可委屈之余，他也在想这样的问题：太平军自攻陷樟树镇后，并未全面进攻南昌，只是在南昌外围做些零星、毫无意义的扫荡。

罗泽南死后，有人对曾国藩说：“长毛的行为很吊诡，我们可以偷偷出城，袭击他们的巡逻队，打击他们的士气。”

曾国藩眉头一竖：“天下任何事都不是侥幸成之。要脚踏实地，不可投机取巧。长毛狡诈多端，这是故意示弱，咱们不可上当。”

军事参谋们连连点头，曾国藩颤着手，指点起来：“咱们自出山东征以来，有个很大问题，就是浪战浪追。罗泽南就犯了这样的错误才阵亡的。今后要立下规矩，无论战役规模多大，指挥官必须谋定而后战，切不可蛮攻蛮打，徒伤士卒。”

这是曾国藩的福至心灵，从此后，湘军打仗，从不主动，纵然是胜券在握时，也不主动进攻。每次和太平军对垒列阵之后，按兵不动，诱惑太平军来攻，使其三番五次进攻，消耗气力后，抓住机会，发动全线反攻，往往一战而定。

1856年七月初，一支湘军在江西瑞州和太平军多次交战，每次都能将太平军全歼，但指挥官死活都遵守曾国藩的教诲，所以每次只是打赢而已，从不追击。曾国藩对这几次交战印象深刻，从送来的情报中，他冥思苦想，终于发现一条重要情报：太平军队形不整，旗色不一。

他惊喜地叫出声来：“长毛物力已屈，军械不整。他们的贼巢肯定有变动！”

大部分人认为曾国藩被围困得神经错乱，但很快就有好消息传来，验证了曾国藩的猜测：太平天国首都南京发生了惨烈的变乱，史称“天京（南京）之乱”。

“天京之乱”过程如下：洪秀全自在南京称帝后，把灵魂和身体都奉献给美色，真正掌控太平天国大权的是东王杨秀清。

1856年夏，杨秀清假托天父附体，要洪秀全封他为万岁。洪秀全怒不可遏，秘密联合北王韦昌辉、翼王石达开和燕王秦日纲，决心铲除杨秀清。韦昌辉、石达开和秦日纲当时掌握着太平天国三支野战主力，都对杨秀清“犯上行径”大为愤慨。韦昌辉先发作，突然从江西前线率领精锐兵团杀回南京，以雷霆之势杀掉杨秀清，并将杨秀清亲戚、余党万余人屠杀。

韦昌辉不只是干掉杨秀清，而是要取代杨秀清。

他开始如杨秀清一样控制洪秀全，石达开闻讯匆忙赶回南京，劝阻韦昌辉悬崖勒马。韦昌辉的智慧无法接受这种忠告，并阴谋要宰掉石达开。石达开提前得到消息，逃出南京城。但他的家人全被韦昌辉屠杀。

石达开怒发冲冠，在安徽宣布韦昌辉为天国罪人，带领他的野战军十万人进逼南京。洪秀全在南京城也号召天国子民对付韦昌辉，洪、韦二人就在南京城中厮杀，血把秦淮河染红，流入长江，流进大海。最终，韦昌辉功亏一篑，被洪秀全擒杀，秦日纲也死于乱战。石达开以天国再生父母的身份进入南京城。

这就是“天京之乱”，它告诉我们，农民武装虽能短时间内创建辉煌，可逃不过的宿命却是，终有一天会窝里乱咬！

曾国藩能在南昌城有惊无险地度过几个月，就因为太平天国在窝里斗。但这并不能壮大自己的实力，太平军精锐虽然撤出江西，可几支小股部队也够曾国藩受的。比如在瑞州的太平军，虽衣衫不整，武器落后，却仍能把湘军多次拒之城外。在多股太平军游击队的干扰下，曾国藩仍然不能放肆地伸腿伸脚。他饥渴般的需要援兵。

1856年七月十五，曾国藩在瑞州城外等来了援军。这支援军来自湖北胡林翼处，统帅就是曾国藩的弟弟曾国华。曾国华在得知老哥被困在江西后，彻夜难眠，左等右等也等不来老哥被解救的好消息。

经过反复思量，他以半吊子军事家的身份从湖南老家直奔湖北，途中经历无数风险才惊魂不定地抵达胡林翼大营。

胡林翼被曾国华这份兄弟情谊深深感动，拨给他四千士兵。

曾国华流完眼泪，不禁毫无城府地问了句：“当初我老哥鬼哭狼嚎地向你请救兵，你都不理，为何我一借，你就给了？”

胡林翼感叹道：“形势逼人，当初湖北都难保，如今长毛内乱，湖北方面撤走了许多兵，否则就是天王老子来，我也借不出兵去。”

曾国华恍然，原来他想多了，以为和胡林翼有深沉的交情，想不到只是形势改变而已。好一个曾国华，带领四千士兵，大显神威从湖北直杀到江西。一是救兄心切，二是运气极佳，所向披靡，打得各个城池的太平军哭爹喊娘。

当他抵达瑞州城下时，攻城的湘军将士热泪盈眶，曾国藩一听亲弟弟带领援军来了，从南昌城一路跑到瑞州，兄弟见面，抱头痛哭。两人趁着士气振奋，向瑞州发起了猛烈进攻，一战而成。

曾国华的到来，打通了江西湖北之间的道路，曾国藩喜不自胜地说："全局转机，就系于此啊！"

这句话虽有对老弟曾国华的溢美之词，不过在那种困境下，能有一支援军到来，哪怕是几个伙夫，曾国藩都会感动得涕泪横流。

所谓打虎亲兄弟，说的不仅是团结合作，另外的意思是，一个兄弟能打老虎，其他兄弟就差不到哪儿去。曾国华不是曾国藩兄弟中出类拔萃的一个，曾国藩的九弟曾国荃最耀眼。

曾国荃在曾氏家族中排行第九，少年时到京城和曾国藩一起学习，他和曾国藩大为不同，首先天分极高，个性最倔，灵性最足，和曾国藩的中规中矩不同，曾国荃敢于打破常规。

早些年，曾国藩在湖南办团练，他就参与积极，并且献上很多含金量十足的意见。1854年，曾国藩领湘军出山，曾国荃也要跟随。曾国藩劝阻他，你要想建功立业，非有个功名不可。就这样，曾国荃极不情愿地留在家乡复习功课，准备着1856年的会试。

他是身在老家心在老哥。曾国藩每打一次胜仗的消息传来，曾国荃就如自己打了胜仗一样，上蹿下跳，眉飞色舞。老哥在九江、湖口城下困顿时，他就是吃不好睡不香，总想找人打架。如果不是他老爹严加管教，他早就跑去找曾国藩了。

1856年春，曾国荃去北京考试，走到长沙时，因湖南北部和湖北路途都被太平军所阻，无法继续北上。换作别人，早就一哭二闹了，可曾国荃竟然手舞足蹈。

他给老哥写信说明情况，希望老哥能通过关系给他弄个代理知县做。曾国藩当时正专心打仗，无时间理他。曾国荃就积极地打起老哥的旗号，凭借出色的口才和能力，他竟然攫取了赋闲在家的长沙人黄冕的心。

曾国藩被困江西，频繁向中央请求援兵，咸丰特诏起用黄冕为江西吉安知府，曾国荃也“仙及鸡犬”地成了黄冕的得力助手。

其实这是中央政府给的空头支票，因为当时吉安还在太平军手里。

但这毕竟是一种权力。

曾国荃一得到权力，瞬间就爆发了兄弟情谊，他要带一支军队去拯救老哥曾国藩。黄冕很为难，他是有点积蓄，却没有兵。曾国荃拍着胸脯说：“你只要出钱，我就能搞到兵。”

一个月后，曾国荃这就招到了3000人，黄冕心花怒放，曾国荃带着这3000人，兵锋直指吉安，进军途中，遇到太平军营垒，曾国荃绝不放过，统统击破。直到这时，曾国荃才惊讶地发现，他的军事才能是如此了得。

他给哥哥曾国藩写了无数封信，先是吹嘘自己的军事才华，然后是让哥哥把心放到肚子里，因为不久之后，他会踏着五彩祥云，威风八面地降临南昌，把长毛贼打得丢盔卸甲，迎老哥出城，去南昌郊区走一走看一看。

让他气馁的是，老哥曾国藩只给他回了一封信，而且还是用隐语写成。其实，曾国藩给老九写了很多信，但信和信使都被太平军捉住销毁了。他本心不希望弟弟们带兵，在一封信中，他深情地说道：“带兵之事，千难万难，任劳任怨，受苦受惊，一经出头，则一二三年不能离此苦恼。我就是前车之鉴，希望你们不要带兵，无益于世，徒损于家。”

曾老九看了老哥的信，百感交集，说：“老哥这是说多了都是泪啊，全是亲身经历，有感而发啊。”但他又说，“老哥这是口是心非，困在南昌，到处求救兵都不得，他一定希望有一支随叫随到的曾家军，我要为老哥实现这一宏愿。”

曾国荃说得没错，曾国藩当时想法正是如此。所以当曾国华带兵来后，他啼泣之余，不禁急不可耐地写信给老九说：“既然你愿意带兵，现在又有军服在身，那就好好干。多向伟大的前辈学习，把自己锻造成一个出色的军人！”

曾国荃对信立下誓言，一定要让自己成为当时世上最优秀的军人，不为别的，只为给老哥排忧解难。

但当时，曾国荃没有这个能力，因为曾国藩的忧难很大，他自己都没有一点信心。

可望不可即的兵权

让曾国藩又惊又喜的特大消息在1856年年底传来：胡林翼的湘军终于攻克武汉，并乘胜东下，水陆两军同时抵达九江。湖北和江西的长江水上通道被彻底打通，曙光重现，天佑曾国藩！

抵达九江城的水军司令是杨载福，陆军司令是李续宾，二人都是曾国藩的手下，也是曾国藩当初派到湖北去支援胡林翼的。两人也是攻克武汉的主力，功勋卓著。

曾国藩心潮起伏，他想到很多，全是私利。首先，两人所率的湘军应该立即归还他曾国藩；其次，九江战场已成，而胡林翼远在湖北，那么战场最高司令就应该是他曾国藩；最后，他应该以兔子般的速度到九江检阅部队。

想到就付诸行动，绝不拖延。

1856年十二月中旬，曾国藩风尘仆仆、心急火燎地赶到九江，在九江城外湘军大营和李续宾、杨载福见了面。

来的路上，曾国藩忐忑不安，因为他没有底气。

李续宾接管的军队是罗泽南的残兵，杨载福去湖北时，他曾国藩好像只给了三十几条只能捕鱼的小破船。他似乎仍能记起当时杨载福失望的样子。

现在，二人兵强马壮，声势浩大。也就是说，李续宾和杨载福都不是靠他曾国藩起家的，这年头，人翻脸比翻书还快，谁刀快谁就是老大，哪有什么上下级情分？！

但他一到现场，看到李续宾和杨载福在很远的地方屁颠屁颠跑来，他的忐忑就烟消云散。他很愧疚地在心里责骂自己：亏你还是孔家门徒，竟然以小人之心度君子的肚子！

李续宾和杨载福跑到曾国藩面前，先是激情四射地给曾国藩叩头，然后又以下级对上级的礼节行礼，最后三人抓紧彼此的肩膀，任凭泪水肆虐。

这三个动作一气呵成，如同提前演练过。其中自然有讲究，先叩头是弟子对老师的感恩，然后行下级之礼，是继续承认曾国藩的领导地位，最后抓住对方的肩膀流泪体现了三人炽热的友情。

曾国藩不胜欣慰，既对李、杨二人的从一而终感动，又感激胡林翼的正大光明。这“正大光明”就是，胡林翼明明可以自己来九江，却没有来。胡林翼完全可以在他曾国藩黔驴技穷时另起炉灶，打出自家军队的旗号，但他却仍保持了湘军的建制，而且所重用的人都是他曾国藩的部下。

这份明智、这份友情给曾国藩的震撼是强大的。九江阅兵的当夜，曾国藩就给胡林翼写信说：“君子贵于诚，能忠贞无二于主子，打着主子的大旗为主子谋福利，这才是人臣之诚。在这点上，我虽然有严密的‘诚’的体系，却无事上练的成绩，只有你胡林翼公，将‘诚’字昭告天下，发扬四海。借此机会我发挥下‘诚’字诀：我真诚无欺地佩服你的‘诚’。”

写完这封信，曾国藩猛然想起还有更重要的事要做，这就是给中央政府写信，要咸丰承认许可他的另外两个私利。

在曾国藩看来，这种事根本不用他本人交待咸丰。

咸丰如果深明大体，就会自动自发地传圣旨，要他接管李续宾和杨载福的部队，再命令他攻打九江。不过，曾国藩是儒家门徒，讲究的是要积极主动地尊敬君王，不能让君王时刻替自己着想，那就是不忠。

他写了一道奏折，觉得不过瘾，又写了一道，还是不过瘾，一口气再写了三道，一夜之间，五道奏折在他的挥毫泼墨下大功告成。

看着眼前的五道奏折，曾国藩露出了蒙娜丽莎般的微笑。

五道奏折的前三道乏善可陈，只是他所指挥的湘军在江西地面创造的几个小战绩而已。但这几个小战绩绝对要说，因为它是后面两道奏折的铺垫和基石。后面两道奏折才是正题：

第一，杨载福统帅的长江水师在去年（1855年）经我派遣到湖北援剿，李续宾部陆军是罗泽南的残兵，罗泽南也是我派遣到湖北的；第二，李、杨二人统帅的湘军水陆师，已攻克武昌，并且已来到九江战场，准备进攻九江城；第三，李、杨的军队目前缺少军饷，希望皇上能大慈大悲，拨些款出来。早一日攻克九江，早一日得到大实惠。

这奏折写得非常有水平，必是深思熟虑许久的。

他旁敲侧击、拐弯抹角地告诉咸丰：“李、杨二人是他的部下，而他的部队不属于政府正规军，所以李、杨生是他的人，死是他的鬼。同时，他又说李、杨湘军强大无比，由此抬高了自己的地位，最后，他用了“瞒天过海”一招，为李、杨二人讨饷，悄无声息地当了李、杨的主。”

咸丰接到信后，即刻看出了曾国藩的言外之意，马上召集谋臣们商议对策。谋臣们纷纷发言，有人一针见血地指出，曾国藩这是挟湘军以令圣上，良知大大地坏掉了，应将他的兵部侍郎职务就地免去。

话音未落，就有谋臣出来指责对方太鲁莽，曾国藩今非昔比，你想想，他从创建湘军到现在始终低调保守，但为何突然如此铺张扬厉地抬高自己？

事实明摆着，咱们政府军不如人家湘军，咱们的人若是稍有点骨气和力量，也不至于让曾国藩如此大出风头。你削曾国藩兵部侍郎的圣旨明天到，南方后天就会大乱。

又有谋臣跳出来，气咻咻地喷第二位谋臣：“难道他曾国藩还敢造反不成，我请求皇上现在就下圣旨，削了他的兵权，看他能蹦跶到哪儿去！”

众人吵起来，朝堂成了菜市场。咸丰拼命地咳嗽，压制这些噪音。好不容易压了下去，他却不知道该说什么，憋了半天，才缓缓说道：“咱们不能卸磨杀驴，但也不能眼睁睁看着曾国藩坐大，这计策嘛，就在这辩证法中，诸位超绝人士，请出手吧。”

谋臣们又是猪群抢食的一阵乱，有人尖声高叫，“这事不能用政治手段解决，应该用咱们中华文化中的精髓——官场手段——解决。”

咸丰来了兴趣，他知道中华官场文化博大精深，心里已有了数。那位谋臣接着尖声说道：“一个字：拖。大事拖成小事，小事拖成无事。”

咸丰击掌叫好：“妙，我明白你的意思了，曾国藩肯定中招，如猫爪挠心般难受。”

曾国藩不能不中招，等了一个月，也等不来咸丰的圣旨。

传圣旨的人就是骑驴也应该到了啊。

他脑子里如犯了牛皮癣，摸不着抓不着，奇痒难忍。

咸丰有谋臣，曾国藩也有。

他一着急，就把他的谋士团找来了。曾国藩的谋士团质量比咸丰的要高，这缘于曾国藩对待他们发自真诚。谋士们争先恐后地发言，分析了各种不利情况后，得出结论：皇上是用了中国传统官场文化的精髓“拖”字心法！

这“拖”字心法威力巨大，如同把一个人装进井里，盖上井盖。当事人明知外面有个世界，却不知道发生了什么。活人会被活活憋死，死人会被憋复生。

曾国藩并不吃惊，他在官场也待过，知道这“拖”字心法的奥妙。但他不是轻易死心的人，因为他始终信奉“精诚所至，金石为开”的道理，1857年春节，曾国藩又连上三道奏折，做最后的进攻。

前两道奏折仍是报功，太平军在九江城外围的两个据点被他的湘军轻易拔除，第三道奏折拥有超高的含金量。他说：“现在九江南北两岸，水陆湘军已达到二万余人，当进行军事演习时，陆上万马奔腾，惊天动地，江面旌旗招展，锣鼓喧天，吓煞鬼神。我准备把指挥部搬迁到九江前线，料理一切。可突然，就在昨天子时，我在黑暗中摸索着准备工作，发现眼神不济了。有护卫点上灯，我眼前仍是一抹黑。我大叫‘不好’，难道眼睛瞎了？但天明后，我能微弱地看到点东西，所以心安了许多，不过这毕竟是病，希望皇上能赐我一月假，我需要好好静养我的双眼。”

曾国藩的确犯了眼病，但生理病小于政治病。咸丰一眼就看穿了他的把戏，继续使用“拖”字诀，曾国藩在江西焦躁得只想跳江，眼疾真的就严重了。

人往往是这样，工作、感情上遭遇苦楚时，就会想家。

在不温不火的天气下，曾国藩眯着双眼去看天看地看长江，咸丰的嘴脸在江面呈现，不过不是那个相貌温和的皇上，而是一条青面獠牙的水怪。

他急忙把眼光收回，从心中把这“忤逆”之欲祛除，心里彻底澄清后就想起了父亲。

他三年前离开家乡和老爹，就再也未见过父亲。双方虽有书信往来，毕竟代替不了在一起的天伦之乐。他老爹也非常想念他，在他困顿南昌时，整日以泪洗面。

曾国藩摸索着给老九曾国荃写信，希望能把老爹带来江西和他相见。曾国荃接到信后，大叫一声：“难道老哥又被困住了？”

众人来看，只见曾国藩的信中字压着字，横冲直撞，像是世间不可多见的隐语。有人提醒曾国荃，你老哥犯了眼疾，写起字来当然没轻没重的。

曾国荃于是给曾国藩回信说：“老哥听我说，老爹已六十多岁，而且身体不好，您现在正好有病，不如请假回老家看望父亲，岂不是两全其美？”

曾国藩挣扎着双眼看完信，长叹一声：“老九真是政治白痴啊。”

这句话的意思是，他此时不能走，一走就前功尽弃，那些奏折白写了。但感叹完曾国荃是政治白痴后，他突然醒悟：请假回家何尝不是政治智慧？我走了，湘军还叫湘军吗？

这是“自我”过于膨胀，孔子教导他的门徒：毋意毋必毋固毋我。曾国藩马上想到这句训导，即刻收了自负的心。

这是理学的方法论——存天理去人欲，内心一旦有不好的欲望，要马上克掉，否则这种欲望会如野草般蔓延，最后侵占你的内心，把你变成一个丧尽天良的人。这不是理学的专利，心学宗师王阳明也认可这种方式。曾国藩承受着极大的压力来修心，可见修身功夫非比寻常。

他正在请假回老家和继续在江西的矛盾中纠结时，老天为他开辟了一条道路。1857年二月中旬，一封信如离弦的箭飞进曾国藩的军营。信来自湖南，内容是：你老爹曾麟书去世了！

据在场的人后来回忆说，曾国藩看完这封信后，竟然出奇地平静，还把信重新折叠完整，放进信封，最后把信捧到胸口，闭上毫无必要的双眼。他的整张脸如同地质变化一样，慢慢地开始扭曲，扭曲了半个时辰后，只听到“嗯哼”的一声，曾国藩整个人像是被人抽走了脊柱，垂直瘫软在地。

众人在他脸部缓慢变化时，已预感到大事不妙，都在绷紧神经，一见曾国藩瘫倒，慌作一团，纷纷来扶。跟随曾国藩多年已经有经验的人，急忙掐人中、捶后背、灌凉水。折腾了大半天，曾国藩喉咙里“咯咯”地响了几声，猛地睁开眼。众人大惊骇，曾国藩的眼明亮犀利，和一个月来患病时青灰色的眼大大不同。

突然，“嗷”一声，世间根本就没有的声音从曾国藩的全身发出，他一个鲤鱼打挺滚下床，放声大哭，在地上翻滚，几乎要再昏死过去。

众人七手八脚重新把他抬到床上，安慰、劝解、开导，种种声音在他头顶交织成一张网，憋得他透不过气来。他似乎没有注意到这些人滚雷般的话语，睁着眼，像个婴儿看着篷顶，就这种姿势，他保持了一夜。

第二天凌晨，护卫们听到咳嗽，慌忙跑进帐篷，曾国藩端坐床边，一身白服，出奇的整齐。护卫们面面相觑，不知曾大人这又是闹哪一出。

“传下去，”曾国藩的嗓子虽沙哑却异常刺耳，“要各位将领来，开会，我要走了！”

第六章
东山再起

和咸丰摊牌

1857年阴历二月中旬，曾国藩得到老爹去世的消息，他和属下们开了个简短的会。会议结束后，他长出一口气说："我走了，你们好自为之。"

李续宾和杨载福正在九江前线，闻听曾国藩的老爹去世后，连忙派人来慰问。胡林翼也从湖北来信，要曾国藩节哀。

曾国藩给三人回信说："几年前，为我母亲守丧半途而废，如今轮到我爹，非有始有终不可。我现在就是军国的赘疣，家庭的罪人。恨不得有双隐形的翅膀，带我飞，飞回湖南老家，抚棺一痛、一哭。"

这是曾国藩真情实感的流露，而这真情实感却不精纯，还有另外的元素。胡林翼隐约猜测出，曾国藩对中央政府的举措心怀抱怨。他去信分寸极好地安慰曾国藩，天理自在人心，看将来勿计较现在。

曾国藩如果不是有涵养，非抽胡林翼几个嘴巴不可。胡林翼可谓要风得风要雨得雨，从贵州一个芝麻小官短短两年内升到湖北巡抚，好不快活。而他曾国藩实不符名，建立赫赫功勋后如今还是个兵部侍郎，他胡林翼没有如此经历，怎知当事人的苦闷？！

他没有时间和胡林翼计较，因为他正向咸丰皇帝请假。循例，政府官员的父母去世，该官员必须按儒家传统回老家守孝，是为丁忧。而军中大员的父母去世后，应先行奏请开缺守制，得到中央政府批准后才可回籍奔丧。因为军情干系很大，中央政府要找到得力人选才能让请假的人走。

曾国藩的请假条写得很有水准，先是用“父亲去世，我要回家守孝”一句话带过，马上就谈到正题：湘军水师统帅应由杨载福担任，陆军统帅应由李续宾担任，军饷方面应由胡林翼和江西巡抚文俊共同筹办。杨、李二人在军，我曾国藩就可有可无。

这就是拿别人的钱财收买人心，这封信倘若要湘军将士们看到，岂不要鼻涕和眼泪齐飞？我们慈悲的曾大人老爹都死了，竟然还想着我们军饷的事。这和圣人有什么区别？

收买人心之后，曾国藩开始关注国事：“我走后，可由西安将军福兴与江西巡抚文俊代替我。倘若皇上能同意这两条，臣感激涕零。”

文俊没少给他添乱，福兴也是八旗勋贵，打心眼里瞧不起曾国藩。曾国藩难道真的通过儒家修行达到了大公无私、以德报怨的境界？

这当然是扯淡，认真分析就会发现文俊和福兴有共同的特点，这个共同点才是曾国藩推荐他们的原因：二人都是酒囊饭袋。

曾国藩不可能把湘军拱手送人，但在此情况下又不得不交出兵权，于是他想到了这个绝妙主意。事实上，他多虑了。这几年来，他的政治教育和湘军将士共同出生入死，双方早已建下深厚友谊，没有人能从他手中夺走湘军。

令人惊异的是，曾国藩发出这封奏折后的第五天，根本未等中央政府的批准，就带着老弟曾国华华丽丽地离开江西，飞奔老家。

这是严重违纪。咸丰如果较真，能让曾国藩把牢底坐穿。所以当曾国藩的奏折才到北京，江西政府“曾国藩已走”的消息接踵而至，咸丰七窍生烟。他狂呼乱叫，说曾国藩根本没把他放在眼里，不知龙颜大怒为何物，他说要严惩曾国藩，以儆效尤。

咸丰虽然这样气急败坏，却没有立即付诸行动。道理很简单，曾国藩可不是任他宰割的一块肉，曾国藩现在是大清的顶梁柱，拆了这根柱子，就等于拆了大清这座破败不堪的房屋。

咸丰的“优柔寡断”传递出的信号，立即被胡林翼和骆秉章参透。二人联合上疏，为曾国藩求情。他们的求情书写得很潦草，根本就没用心。因为他们明白，咸丰只是想找个台阶，在这种时刻，你就是写给他一首艳词，他都不会介意。

接到胡林翼和骆秉章的信后，咸丰把它交给大臣们看，威严地说道："国家法度不容侵犯，念曾国藩是初犯，又有湖南、湖北两位巡抚替他声泪俱下地求情，我就赦免他，准他三个月假，期满后仍回江西工作。"

圣旨飞一般的抵达曾国藩的老家，曾国藩带领全家望阙叩头。他称自己数载从军，过多功少，皇上竟然还如此照顾我，我只有殚精竭虑，报效皇上，要我的子子孙孙永不忘记皇上的大恩。

这是番客套话，曾国藩所以不等咸丰批准就朝家跑，很大程度是对咸丰的不满。所以他说完这段话后，连忙跑进内室做反省的功夫，他要把这"不诚"祛除。

在家守丧两个多月后，眼看假期将满，曾国藩出其不意地向咸丰再请假，声称要在家守三年之丧。这是儒门家风，连皇帝老儿都不可更改。可问题是，当时有三年守丧的规定，也有夺情的先例。所谓夺情，就是不让你守三年之丧，赶紧出来工作，这就是移孝作忠。

咸丰下圣旨给曾国藩，咱们可是说好的，就给你三个月假期，你不能出尔反尔，眼下长毛贼还没有被剿灭，国家正是用你这种人才之际，你怎么可以退缩不前?

曾国藩接了这道圣旨，先是昏昏然，接着就是飘飘然。啊呀，看来皇上还是需要我的，你看他言辞中那种"离开我就活不下去"的架势，既然我是你的宝，那我就要跟你讨价还价了。

曾国藩纯粹是出于委屈和冲动，向咸丰皇帝摊了牌。当然，儒家很讲究含蓄保守，所以他不能一上来就谈条件。而且即使是谈条件也不能明码标价，他要循序渐进，旁敲侧击地开始。

1857年六月初，曾国藩向咸丰上了他人生中最重要的一道《沥陈办事艰难仍肯终制折》，在这道奏折中，他淋漓尽致地说了不愿回江西军营，要求在老家守孝的真正原因，共有三点：

一是手无军权。他说自己率领的湘军属于临时招募的官勇，不是国家正规军，所以虽能征善战，而有功人员却不能像国家正规军一样补授实缺。他本人简直丢脸丢到家了，即使是补授小缺这样的芝麻小事，他也必须向当地巡抚求情，久而久之，很难取信部下、鼓舞士气。

二是手无政权。他不无痛苦地说，他以兵部侍郎职务带兵，在地方上处于虚悬客位，既无政权、财权，又没有赏罚之权，所以处处掣肘，时时碰壁，碰得我常常鼻青脸肿，我的皮肤病和眼病就是被碰得心情压抑而得的。兵饷没有保障，常常受到断饷的要挟。

三是没有钦差大臣的头衔。曾国藩悲痛万分地说，我是以团练大臣招募士兵，只奉有出湖南省作战的圣谕，并没有钦差赴某省办理军务的正式命令，更没有正式印信。所以处处受到地方督抚的歧视、刁难与排挤，有人甚至故意借此奚落，让我窘迫难堪到极点。

不说了，什么都不说了。曾国藩在信的最后直接地阐述中心思想：领导湘军的人必须要有军权、政权和钦差大臣的头衔，否则很难击败长毛。而我是个三无人员，所以我回江西前线毫无意义，请皇上还是让我在老家守孝吧。

这意思已再明显不过，要想让我曾国藩出山，必须给我权力。

后来很多学者们都说，曾国藩这次上疏太不明智，险些葬送了自己的后半生。但换个角度想，曾国藩这次的上疏正是最明智之举，而为何明智，连当时的他自己都无法知道。他争的那些权力，表面看是为自己，实际上是在为湘军争。这就是后来湘军上下能死心塌地跟随他，将他奉为神明的原因。做领导的，什么领导力、执行力、吸引力都不重要，最关键的就是为属下们争利。做到这点，人心就尽在掌握。

咸丰和他的狗头谋臣们显然没有注意到这点，而是一眼看到曾国藩在为自己争名夺利。咸丰气冲斗牛，对谋臣们说：“曾国藩这是想让我违背祖训，授予一个汉人兵权啊。他是不想活了？！”

从未有人探到消息说曾国藩不想活了，不过从其奏折的内容来看，他似乎有这方面的要求。

有人马上跳出来自作聪明道：“曾国藩这种要求只能水中捞月，因为咱们已有无数个曾国藩！”

咸丰狐疑起来，马上有人站出来解释：“胡林翼占有武昌，居高屋建瓴之势，水陆师已直捣九江。长江下游方面，政府军已在进攻镇江，打得是有声有色。长江上下游都是我们的天下，又听说长毛内乱，势力大衰，攻克南京，指日可待，还用他曾国藩干什么？！”

咸丰大喜：“来呀，传旨，皇恩浩荡，曾国藩在家守他的三年之孝吧。”咸丰几乎乐不可支，说，“另外，再传圣旨，让曾国藩那两个手下李续宾和杨载福都去当提督，气死曾国藩。”

曾国藩闻听咸丰允准了他的请假，果然气得呆若木鸡。经过几天的调理，他才从极度愤懑中清醒过来。清醒过来的第一句话就是，我要脱胎换骨！

重塑金身

曾国藩在那心情水深火热的几天里，得出这样高明的结论：我到处碰壁，非是心外壁垒森严，而是我内心不够强大。也就是说，沦落到这步田地，根本原因就在自我修养方面有无限弱点，这些弱点才是让我被人抛弃的主因。

那么，都有哪些弱点呢？

曾国藩总结为两条。第一条，缺少“谦”的美德。早在京城时，曾国藩就用理学修心法抑制过自己的傲慢。然而徒劳无益，傲慢就在他骨子里，自他开始办团练开始，这种心态在轻视他的人的催化下，再度萌发。曾国藩虽然是中下之资，却非常自负，认为自己本领奇绝。奇绝在哪里呢？他自称能伸能屈，可行可藏，常常见到别人家不是，而见不到自己不是。

他说，我曾绝望过两次，自杀了两次，活过来后，立即就精神百倍，这就是能屈能伸。我初办团练，有人讥讽我，用各种方法对付我，我忍辱负重，终于办成天下第一军——湘军，这也是能屈能伸。他又说，我先是攻克武昌，皇上没有赏我，我也没有抱怨（扯淡）；我的军队后来收复武昌，皇上也没有赏我，我更无抱怨（更扯）；现在，我被皇上扔在家里，我平静如水（太扯了），这就是可行可藏。

可行可藏是儒家鼻祖“无可无不可”的延伸，孔子曾说过，用之则行，舍之则藏。天下有道则现，无道则隐。孔子可真够伶俐的，你用我我就出山，不用我我就藏起来。千万豪杰抛头颅洒热血创造了太平盛世（有道）这个平台后，我出来推行我的主张，天下一乱，大事不妙，赶紧躲起来。

曾国藩恐怕不是这样的人，他心怀天下，似乎还做不到“可行可藏”。但是，经过反思后，他意识到，人不可能永远走上坡路，有上坡必有下坡，这是朴素辩证法。所以上坡时不可傲慢自大，下坡时也不能低迷消沉。归根结底，人必须要有颗平常心，尤其是不能傲慢。曾国藩说，从今以后，我要大变身，常见得自己不是，常见得别人的优点。以责人之心责己，以恕己之心恕人！

第二条，必须要圆滑。曾国藩终于觉察到一点，自己所经之地的官员处处和他作对，是因为他不懂官场。他性子太直，又不肯和不喜欢的人应酬交际，不合群是官场大忌。中国官场是个奇特的所在，在这个场子里，所有人都必须把真正的我隐藏，绝不可以致良知，谁致谁死。所有人必须知行不一，人格分裂，否则只能是死无葬身之地。

北宋末期，有人找宰相蔡京要个好官职。蔡京知道这人人品不错，就没有给他。有人问蔡京，为何不给他官。蔡京说了令人咂舌的官场名言：既要做好人，又要做高官，世上没有这回事！

曾国藩始终在官场保持刚方之气，以为天地正气能胜万邪，最终，他失败了。无论是湖南的芝麻小官，还是湖南大佬骆秉章、江西巡抚陈启迈或是文俊，对他曾国藩都是有冷没热。原因就在于，曾国藩不能融入他们的官场圈子，不能融入的原因就是，他还有良知，依然傻乎乎地知行合一。所谓知行合一，非是单纯的知与行的统一。它对人最大的要求是人格不应该分裂，当面一套背后一套，人前一套人后一套。而中国官场恰恰要的就是这种人格的分裂。

曾国藩重出江湖的不多几年后，对人无限感慨地说：“我往年在外，与官场落落不合，几至到处荆棘。后来改弦易辙，稍觉相安。”也就是说，曾国藩比从前更会做官了。只要会做官，官官相护之下，仕途就不言而喻地一马平川，想要做的事就顺当多了。

当人们赞叹蝴蝶破茧而出、凤凰涅槃、雄鹰砸啄时，有谁能真正理解蝴蝶、凤凰和雄鹰的苦楚？

重生之后是光辉，但重生的过程却痛不欲生。

曾国藩的重生过程也是如此，当人们真正要脱胎换骨时，会对自己从前的愚蠢极度愧悔，这愧悔的心理过程就是折磨人的利器。

每当曾国藩要从往事的愧悔中拔身而出时又产生了新的烦恼，这烦恼如邪恶之火，的确燃烧了从前，但也点燃了现在。

这种自我反省的过程虽然痛苦，但却宁静，不受外界的干扰。我想如何反省就如何反省，不必看别人的脸色。但有件事就不这样容易了，这就是当时舆论对曾国藩的严厉苛责！

大众舆论一致认为，曾国藩常夸口自己深谙传统道德三昧，忠君言辞如长江之水滔滔不绝，可为什么在奔丧之后却向皇帝伸手要权，权未到手就在家哭得死去活来？这是典型的伪道学！

曾国藩的敌人不必说，当然要抓住这个机会攻击他，纵然是他的朋友也来信语言婉转，认为他这次很失态，没了仪态。敌人、朋友的责难，曾国藩能承受，让他如剜心之痛的是左宗棠对他毫无保留的攻击。

左宗棠在当时南方名动天下。他要推举谁，谁马上就飞黄腾达；他若贬损谁，谁立即就一落千丈。左宗棠的嘴不是嘴，而是道德审判机。现在，他把这台机器对准了曾国藩。

他先从曾国藩不等朝命就回老家奔丧说起："老兄你领兵打仗的本事哦，我想恭维却找不到案例。你原本就犯了很多错误，丧失了许多机会。只是中央政府念你忠心耿耿，不予计较。不过你这次不等中央政府同意就披星戴月往家赶，你的忠心可就没那么纯了。你是否听我的劝告重新出山，我不敢说；你重新出山，凭你那点能力，对国家大局是否有帮助，我也不敢说。但是你不等中央命令就回家奔丧，真是无礼无义，我必须敢于教训你几句。"

铺陈了这样一番宏大开场白后，左宗棠直奔曾国藩的人生观："你经常摆出一副道学家面孔，四处吹嘘自己'以诚为本'，可你这次却打着给老爹上坟的旗号，行向皇帝要权的实。我看你的良知彻底坏掉了，你平时自诩光明正大，我看这要么是你在说笑话，要么就是……不必说了吧，你用事实证明了这是个反语啊！"

曾国藩看信后，除了七窍生烟外别无他法。对付左宗棠这种嘴损到家的人，唯一的办法就是不搭理他。曾国藩只字未回。左宗棠等了许多天回信，发现没有回信。他竟然气冲斗牛，对人说："曾国藩这人才短气狭，绝不是平贼之人。”意思是，曾国藩狗屁不是，心眼还这么小，根本就不是带兵打仗的料。

这可真够有意思的，更有意思的是，他在湖南到处说，结果长江两岸都知道曾国藩狗屁不是、心眼特别小，更知道曾国藩“以诚为本”的人生观根本是个笑话。

幸好曾国藩心眼远没有左宗棠判断的那样小，不然早跳河一百次了。对昨日种种之非的愧悔和舆论的攻击，让曾国藩渐渐失去平常心，在老家的一年多时间里，他犹如魔鬼附体，稍不如意就和弟弟，甚至是弟媳大吵特吵。从其家经过的人常常听到一副破锣嗓子，震天响。

曾国藩有这样失心疯的表现，还有一个更重大的原因，那就是他对当时形势痴心妄想的判断。他离开江西时，太平军和湘军正在打破脑袋争夺江西九江、吉安、瑞州等军事重镇，双方相持不下。但1857年七月，石达开在南京城发现处处受到洪秀全的猜忌和抵制，一怒之下带领二十万精锐出走。江西太平军顿时兵力锐减，湘军在江西全线反攻。曾国藩被这一乱象所震惊，他认为不出一年，太平军就会被彻底镇压。战争一结束，他立功扬名、光宗耀祖的大好时机就灰飞烟灭。这比出师未捷身先死还要痛苦一万倍。

他不无痛苦地和弟弟曾国荃说：“人生都是命，半点不由人啊。”悲叹完他的世界观，就跑到庭院里大吵大闹，曾家短暂的宁静后，重温鸡飞狗跳。

曾国藩不明白，他不是预言大师，他的出山是命中注定，没有注定的只是时间问题。

出山进行曲

西安将军福兴在1857年春向中央政府递交了一份报告。报告中，他愤愤不平地说：“我敢确信，在这个世上，除了曾国藩外，没人能指挥得了湘军。这是一支无纪律、且目无尊长（除了曾国藩）的军队，完全不可用。”

福兴这人饭桶一个，平时判断芝麻蒜皮的小事都能走眼，但这份报告却一语中的。在当时的世上，除了曾国藩外，确实没有第二人可以指挥湘军。福兴这份报告是在去视察湘军瑞州军营后写就的，据他说，他本来是以主人翁的身份去瑞州军营。想不到那些湘军土鳖将领把他当成视察官，对他百般恭敬，繁文缛节样样没有落下。这意思已很明显：你不是我们的主人，从哪来回哪去吧。

湘军不能被曾国藩之外的人指挥，连胡林翼都印象深刻。咸丰把福兴的抱怨说给胡林翼听，要他想办法整顿湘军，胡林翼直言不讳地对咸丰说：“这些人只认曾国藩，没有曾国藩的许可，他们连我都不认。”

咸丰暴跳如雷，要下旨强行解散湘军，但想一想就打消了主意，因为现在，他们还有用。他唯一能做的事就是睁只眼闭只眼。但很快，他睁的那只眼也闭上了。

在江西的湘军并非铁板一块，而是派系林立。这里既有曾国藩纯湘系的湘军李元度、刘腾鹤等部，也有和曾国藩闹过矛盾的王鑫部，还有被曾国藩见死不救过的江忠源系统的楚军刘长佑等部。这些统兵将领，派系不同，互不统属，各自为战，缺乏统一的领导和指挥。他们不但和长毛打，有时候也和政府正规军打，甚至有时候自己也打。江西官员们屡屡向咸丰请求援助，咸丰唯一的援助就是，闭上另外一只眼。

咸丰双眼都闭上后，江西前线又发生不小的转折，1857年七月，曾国藩的一员爱将在攻打瑞州时阵亡，下月，王鑫死于军营，之前被胡林翼邀请出山的曾国荃也在全军后退。江西形势的变化引起了北京方面有识之士的高度重视。

一个叫李鹤年的兵部言官上奏咸丰，请命曾国藩出山。咸丰语重心长地对这位言官说：“曾国藩正在守孝，要他出山就必须夺情，夺情历来是不得已之举，江西方面现有杨载福统带，不必曾国藩前往。曾国藩非要移孝作忠，湖南土匪也很多，就在湖南建功立业吧。”

咸丰特意让人把这道奏折和他的批示抄给曾国藩看，曾国藩哑然失笑。如果按照咸丰的意思，他曾国藩真要出山必须从头开始。而咸丰要人把这道奏折给他看，大概是怀疑他主使李鹤年上奏的。

他蕴积着一股不满，向咸丰皇帝解释说：“皇上您这是听了哪个混账的话，竟然说湖南还有土匪。湖南全境连个匪毛都没有，无‘贼’可剿。我本是无才之人，所处又不是可以有所为之地。您英明神武，使臣以礼，因时制宜，我不禁感动痛哭。皇上要我在湖南剿匪，我本该提刀上马，奔向战场，但守孝在家，出去了恐怕会被世人骂死。现在只希望各路军事日有起色，我在老家也就稍安了。”

“使臣以礼，因时制宜”八个字一针见血，戳穿了咸丰的把戏。咸丰见被曾国藩揭了短，急忙遮掩，下圣旨给曾国藩：“大臣出处以国事为重，忠就是孝，你说的世人骂死你，太过于拘执。暂时就这样吧。”

“暂时就这样”的意思是，曾国藩仍要在家守丧。

胡林翼很焦急。

1857年十月，他上奏咸丰说：“目前的战局乐观也不乐观，长毛方面虽然内斗消耗了力量，但我们这边也好不到哪里去，各路统帅各自为政，号令不一，心力不齐，必有危险。李续宾、杨载福、彭玉麟等将领严厉刚烈，落落寡合，不是一般人所能调遣的。仅以这三人为例，就可知为何只有曾国藩能领导湘军，因为湘军是曾国藩一手所创，这三人也是曾国藩‘识拔于风尘之中’，自湘军东杀西讨以来，他们都是曾国藩的属下兼密友。如果曾国藩不回来，那湘军可能会分裂；如果曾国藩回来，统一政令，就能趁现在长毛的衰弱，直捣南京，消灭敌人，太平盛世必还魂归来。”

胡林翼非比寻常，他是湘军二号人物，又是重要战场湖北的一把手，咸丰对他不能像对待李鹤年那样随意。

他极“重视”地给胡林翼回复说：“我恨不得明天早上醒来就看到天下太平。但曾国藩离开战场已很久，对现在的战场情况和计划是否有把握，我不得而知。如果真让其出山，他从湖南走到江西，耗费时日太多，恐于军心非好事也。你胡林翼我是知道的，我看曾国藩能做的事，你能做；你能做到的事，曾国藩就未必。”

胡林翼接到圣旨后大发感慨：我举荐曾国藩，皇上却把这帽子扣给我，曾公知道了，该怎么想。

曾国藩的负面情绪只是针对家人，绝不针对外人。当胡林翼把他自己的奏折和咸丰的批示抄给曾国藩时，曾国藩只是对胡林翼说，以后千万别推荐我了。我不出山在家修心也是好事，我若出山，那说明战局已坏，咱们做臣子的当然希望刀枪入库，马放南山。

这是扯淡！

曾国藩一直密切关注前方战事的变化和北京方面的部署，从种种细微处观察自己重出江湖的机会。1858年四月，几乎是一个晴天霹雳传来：湘军攻克了九江城，江西全境除了吉安外全部光复。曾国藩捶胸顿足，在院子中绕柱狂走。他悲叹道：之前预测的事果然发生了，我此生休矣。

如果这句话让洪秀全听到，也会瞠目结舌。洪秀全可是语无伦次、装神弄鬼的高手，但在曾国藩这句大预言面前，他那些神魔附体的神迹简直如同儿戏。

曾国藩悲叹自己的人生后，又和院子里的家人吵了一架。累得半死回到书桌前，给正在前线打仗的曾国荃写了封信，信中有这样一句话：吾为其始，弟善其终。意思是，我种下了种子，希望你能捡到点胜利果实。

这似乎有点太矫情，连上天都看不过去了。所以1858年年初，石达开率领20万太平天国最精锐的兵团从江西东部进入浙江，旋即兵临衢州。浙江一直是满清帝国的财赋重地，也是长江下游清军筹饷的主要基地。而衢州则是浙江的大门，石达开虽未攻下衢州，却出奇兵百里奔袭，轻取浙江军事重镇处州。

处州在衢州东南，与衢州、金华互为掎角。石达开一克处州，旋即兵锋指向金华，并快速攻陷了金华的武义、永康。石达开的另一支机动兵团又攻克常山、开化，如此一来，安徽、江西、浙江三省交通的枢纽被石达开扼住，浙江首府杭州岌岌可危。

浙江震动，江南震动，整个中国震动，咸丰的嘴角开始抽动。

他慌忙下令胡林翼从湖北支援浙江，胡林翼拿出半死不活的模样说："安徽、湖北军情异常紧张，我是无兵可调啊。"他在胡说八道，这样说的目的就是逼咸丰让曾国藩出山。

咸丰不到万不得已，绝不走这一步。他又下命令给围困南京的江南大营总指挥和春，要他去对付石达开。和春和石达开打过多次交道，都被石达开搞得晕头转向，所以立即魂不附体，马上就生了病，无法领兵出战。

咸丰刚要向南方的诸位将领下命令，突然南方诸将领都生了病。咸丰的思路弹尽粮绝，忽然又想到刚被他提为浙江巡抚的李续宾，有人旁敲侧击地对他说："李续宾和曾国藩是穿一条裤子的！"

岂止是李续宾和曾国藩，连湖南巡抚骆秉章都抢着要和曾国藩穿一条裤子。当石达开兵团进入浙江并攻城略地时，骆秉章叫起来："曾公可以出山啦。"

他紧急召开了一次秘密会议，参加会议的人都是他的心腹和湖南省高官，其中就有左宗棠。左宗棠和曾国藩的弟弟曾国荃很谈得来，曾国荃婉言相劝左宗棠：“冤家宜解不宜结，你和我老哥都是国家栋梁之才，纵然不合作，也不能成为仇人。”左宗棠正为当初讥讽曾国藩而受良心谴责，于是顺水推舟，坚决支持曾国藩出山。

骆秉章一得到左宗棠的支持，立即美滋滋地派人去曾国藩老家，告诉曾国藩，我要举荐你，整个湖南官场，尤其是左宗棠都支持我的决定。

曾国藩把头摇得似拨浪鼓，说：“万万不可，皇上现在对我很大意见，你们这是引他的火上我的身。”来人要曾国藩把心放在腔子里，因为这回必能成功。

曾国藩勉为其难地同意，骆秉章于是上奏咸丰说，石达开狡猾、凶悍，既已入浙，必会引带东南不稳，为今之计，只有起用曾国藩统帅江西湘军，才有可能收到追击石达开取胜的结果。

咸丰悲愤不已，想不到他堂堂大清，文武百官数以万计，竟然找不出一个人可以顶替曾国藩！他真是被逼无奈，几乎是肝肠寸断地发布了起用曾国藩的圣旨。

但他心里仍有个结，就是对曾国藩当初不等他命令就奔跑回家的愤恨。所以这道圣旨的用词很耐人琢磨：

> 东南大局攸关，必须声威素著之大员，督率各军，方能措置裕如。曾国藩开缺回籍，计将服阕。现在江西抚、建均经克服，止剩吉安一府，有曾国荃等兵勇，足敷剿办。前段时间已命令几员猛将驰援浙江。这几人都是曾国藩旧部，所带士兵，得曾国藩调遣，可期得力。本日已明降谕旨，令曾国藩驰驿前往浙江，办理军务。着骆秉章即传旨令该侍郎迅赴江西，驰赴援浙境……该侍郎曾守孝半路出来过，所以这次也应该不辞辛苦出山。何日启程？

这道圣旨里，把曾国藩的巨大作用轻描淡写，而且还带着点讽刺：你守孝期间出来做官已不是第一次，所以就别惺惺作态，赶紧出山吧。

曾国藩一收到这道圣旨，热泪盈眶，跑到院子里大喊大叫，他的兄弟和弟媳早已枕戈待旦，从门里冲出来准备吵架。很遗憾，他们想错了，曾国藩没有吵架的意思，而是跪倒在地，面向北方，磕头如捣蒜，嘴里絮叨着：“皇上英明，伟大，万寿无疆。”

那天晚上，曾家大院出奇地消停，曾国藩如一潭宁静湖水端坐在床上，和他两个弟弟聊天。

他弟弟说：“当初老哥有‘统兵大员非任巡抚方可’的要求，怎么现在又不提了？”

曾国藩缓缓地说：“当初气盛，非中庸之道也。这一年来，我深刻反思得出这样的结论：气盛时是‘有我’，中庸时是‘无我’。‘无我’才是圣人境界。”

“有我”与“无我”的区别很简单：“有我”是为自己谋利益，“无我”是为众生谋福利，为众生谋福利后再为自己谋福利，其实“无我”才是真正的“有我”。

曾国藩接到圣旨后的当天，就挥毫泼墨写了封信。信不是写给咸丰的，而是写给左宗棠。他很清楚一点，此次被起用，左宗棠起的作用非同一般。即使不为感恩，单就日后来看，左宗棠也是他需要仰仗的人之一，所以必须要妥善维护和此人的关系。他在信中告诉左宗棠自己的启程时间、路线，然后说，我这次出山要带什么人、带哪支军队，还请您多多指教。具体细节，我想等到长沙后，咱们再谈，到时请您一定当我的指南针，知无不言。

左宗棠收到信后，积极回应：收到你这封信我真是太高兴了。一年没接到你的信，我以为你彻底和我绝交了，我是又思念，又伤心，但你也知道我性格，我只是负气等待，不愿先认错。但是反思这些年，事务太繁、困难太多，所以接人待物，常常出错。意一发动，就不假思索形之于文字，刚发出去就后悔，但后悔之后仍会犯同类错误。我总以为，真朋友就该知道我的性格，不会怪罪我。这就叫做责人严而责己宽，用你的话说，是我自我修养不够的表现啊。

左宗棠这封信，自我批评诚意十足，曾国藩接到信后至为感动。

写完给左宗棠的信，曾国藩又连写两封，一封给浙江巡抚晏端书，一封给浙江士绅们。他在这两封信中都谦卑地申明，“国藩之来，虽受皇命，实有叨扰之处，请诸位多行方便给国藩，请做国藩的指南针。”

第二天一早，曾国藩打着哈欠吃早餐，吃到半路，突然一拍脑门，大叫着跑进书房，又写了几封信。第一封信写给湖广总督官文，可谓极尽曲心：九江克复，全楚肃清，杨载福、李续宾仰赖您悉心保护栽培，才得此大功。国藩从军数载，毫无成效。此次复出，专辖陆军，精力亏若，深恐不能胜任。请您示我指南针，感激涕零。

第二封信写给江西新任巡抚耆龄，也要求这个能力低下的官员赏赐他指南针。第三封、第四封……无数封信都是写给当时在浙江、江西、湖南等地高级官员的，信中都有一句话：请不吝赐教，做我的指南针！

半个月后，众官员先后接到曾国藩的信，不禁奔走狂呼：从未见曾国藩如此谦虚过，他这葫芦里卖什么药？但满腹狐疑过后，这些官员就都笑起来说：“看来曾国藩懂事了。”

曾国藩的确懂事了，这是他在家中反思得出的深入灵魂的高级结论：自己全无是处，要多向别人请教，纵然得不到真材实料，绝不会吃亏。要让自己以温和的面貌走入官场，融入官场，以后才能吃得开。

在找了无数个指南针后，他满怀激情和自信地上奏中央，除了报告立即启程和沿途军事部署外，又虔敬地向咸丰表示：“我才智浅陋，这几年运气也不好，败多胜少。蒙您怜悯，给我机会。我必肝脑涂地，死而后已。”

咸丰高度赞赏曾国藩的诚意，批示道：“你此次奉命即行，足见你关心大局，忠勇可嘉。好好干吧。”

时值1858年的盛夏，烈日炎炎，路上少人行。而曾国藩却身穿官服、大摇大摆地走在从湖南去往江西的路上，稀少的路人都投来惊羡的目光。

曾国藩就这样意气风发地走了一天。太阳西垂时，他突然怪叫一声，直挺挺向后就倒。随从们慌忙跑过来扶起他，都不知道怎么回事。有个伶俐的看到曾国藩脸色潮红有汗，嘴唇发紫，一切都明白了。

他让人脱下曾国藩的官服，拿来凉水，一顿乱泼。曾国藩这才悠悠醒转。一醒来，看到自己上半身赤裸，不禁恼羞成怒，训斥随从们：“谁大胆剥了我，读书人的脸都让你们丢尽了。”

随从们只好说：“大人，您中暑了，如果不立刻施救，会有生命危险。”

曾国藩大人有大量，原谅了随从，突然眼睛上翻，哇呀一声：“苦也！”

是够苦的，随从们心里说，这么热的天，您还穿着去年秋天的官服，能不苦吗？

但曾国藩说的苦不是这个，他说：“我忘了一件重要的事！”

随从们见他一脸严肃，惊问何事。

“日记！”曾国藩扯开嗓子喊道：“今年四、五月份的日记，我没有写啊！”

曾国藩写日记，天下人皆知。他的随从们也知道，所以这件在别人那里是鸡毛蒜皮的小事，在曾国藩这里的确就是比天还大的事。

当晚在一客栈住下，随从们急忙把文房四宝准备好，曾国藩开始补写日记。大人物写日记是很讲究的，曾国藩不可能补写他和弟弟、弟媳们吵架的事，所以1858年四、五月份的日记就成了鸡汤似的心灵感悟。比如“端庄厚重是贵相，谦卑含容是贵相”，再比如“矫激近名，扬人之善；有始无终，怠慢简脱”，还比如“威仪有定，字态有定，文气有定”。

写完这些感悟，曾国藩觉得不妥，于是补充道：三月二十二日，作札记立誓；四月二十三日，戒棋立誓；二十六日，窒欲立誓……

1858年六月末，曾国藩来到长沙，遇到难以置信的欢迎，连左宗棠都亲自跑到城外，向曾国藩一个劲地点头微笑。曾国藩心里叹息说，人情这玩意就是镜子，你对它笑，它就还你微笑，你若愁眉不展，那它绝对还你苦瓜脸。

不但和长沙的最高长官们打成一片，他甚至跑到长沙县衙和县太爷们欢快畅谈。整个长沙，甚至整个湖南都知道了，从前的曾国藩已死，现在的曾国藩是个圆通和气的好官僚。也就是说，曾国藩会做官了。

会做官，并不一定就有好运气。曾国藩还有很长很难的路要走。

到处一场空

曾国藩出山的任务是追击石达开，但石达开不是那么好追到的。一年前，石达开离开南京，目标是浙江。遗憾的是，他在浙江门户衢州遭到清军很有能力的守将，于是放弃浙江，转向福建，并沿着福建江西交界线一路向西南行进。

曾国藩在长沙制定的计划是，由江西东部进入浙江。可当他从南昌乘船东下，抵达江西东部河口时，石达开带领主力已从浙江东部打进福建，清政府命曾国藩尾随追击进入福建，石达开主力又盘旋于福建、江西边境。石达开跑得不亦乐乎，曾国藩追得气喘吁吁。

他向咸丰发出哀叹："我不能再追下去了，否则我这辈子就会追来追去一场空。"咸丰倒很理解曾国藩，下旨说："你可在建昌府（府治江西南城县）暂时驻扎，等待最佳时机，给石达开致命一击。"

这是大话，也是官话，石达开没那么容易被一击致命。因为此时石达开的斗志明显下降，兵团只是在不停地做战略转移，根本不想打仗，所以曾国藩也就无仗可打。在建昌府的半年时间里，曾国藩只做了两件事，第一件事是和湘军的将领们紧密联系，谈天下大势，谈从前谈现在谈未来。每当谈到湘军历史的艰难时，曾国藩都会流下真诚的眼泪。这眼泪毫无悬念地滴到信纸上，被那些湘军将领看到，心中百感交集，暗暗发誓要跟随曾国藩，哪怕走到山穷水尽。

曾国藩在建昌府做的第二件事就是眼睁睁看着李续宾的灭亡，此事需大致铺垫介绍。当曾国藩意气风发地被迫和石达开玩捉迷藏时，洪秀全在南京开始了新的大布局。老同志全部不在，再也无人替他分忧解难，他只好从女人堆里爬出来，打着哈欠亲自管理他的天国。

不得不承认，洪秀全是个有能力的人。1858年，他力排众议提拔了年仅21岁的陈玉成和35岁的李秀成为天国的支柱。他把太平军主力毫无保留地交给这二人，绝不疑心。

陈玉成和李秀成虽然年纪不大，却都是老革命。他们用多年的战火洗礼自己，把自己锻造成了英雄人物。二人拿过兵权，出手不凡，仅用了一个月，就击破了围困南京多时的江北大营，南京之围顿解。

清军的江北大营一垮，南京的压力减轻，陈玉成便能腾出手来集中力量对付步步紧逼的湘军了。跑在最前面的湘军李续宾兵团自然成为陈玉成第一个要打击的目标。

按之前胡林翼的军事战略，李续宾兵团负责进攻安徽北部，但他不是独立作战，原则上他归清军钦差大臣满人胜保指挥。胜保是个酒囊饭袋，和太平军作战从来就没有赢过。正因为从来没有赢过，所以他特别嫉妒赢过太平军的湘军。

曾国藩敏锐地注意到这点，在给左宗棠的信中，他特意提出：“安徽战事由胜保指挥，李续宾可能会受牵制。我了解李续宾，他不是个受人摆布的人。如果他和胜保之间发生了什么不愉快，恐怕只有胡林翼能够扶助并让他安全。”

不好的事情发生了，胡林翼老母突然病逝，胡林翼要回老家守孝，这个消息对曾国藩而言无疑糟糕透顶。因为胡林翼是湖北巡抚，曾国藩此次出山的湘军军饷全靠胡林翼支撑，他不无痛苦地给胡林翼写信说：“湘军水陆数万人，皆仗胡公以生成，一旦失所依倚，关系甚重。”

胡林翼也大为痛苦地回信道：“我老娘去世，我不能不回啊，呜呜。”

曾国藩拼命地在军营里踱步，事已至此，绝无挽救的余地。没必要在这棵树上活生生吊死，倒不如为胡林翼锦上添花。这个锦上添花就是，为胡林翼老母写了副挽联：武昌居天下上游，看郎君新整乾坤，纵横扫荡三千里；陶母是女中人杰，痛仙驭永辞江汉，感激悲歌百万家。

写了这副对联，曾国藩心情居然大好，给曾国荃写信，附上这副对联，沾沾自喜道：“它能进入前五名吗？”

如果这句话被胡林翼看到，不知作何感想。我才死了老娘，你马上就炫耀你的文才，这他妈的是对待兄弟的态度吗？！

不过，曾国藩的心情大好只是一时，很快就重新为李续宾担忧起来。他不厌其烦地给李续宾写信，要他一定要和水军配合，万不可分兵。分兵则力弱，力弱必败，一败则整个形势将为之牵动。同时还给李续宾的弟弟李续宜写信，敦敦告诫道：“用兵之道，最忌势穷力竭四字。力，则指将士之精力；势，则指大局大计及粮饷之接续，人才之继否。”他又说，“悬军深入而无后继，是用兵之大忌。”他还说，“危急之际，尤以全军保全士气为主。孤军无助，粮饷不继，奔走疲惫，都是散乱必败之道。”

李续宜是读书人，但他是个喜欢简单明快的务实的读书人，对曾国藩这些不太落地的话，他虽不反感却也没有认同。曾国藩这段话实际上是告诉那些战场上的军官们：每进攻一个地方，攻城要有攻城的部队；另外一定要有负责打援的部队；要有隔断附近敌人各个据点的联络的部队；还要有一支机动部队。

归结到一点就是，力和势不能穷。

李续宾向来很听曾国藩的话，但此时已由不得他听了。

1858年八月，李秀成兵团突袭合肥，一举成功。咸丰非常担心太平军越过长江流域向北发展，和幽灵般的捻军会合，威胁北京。胜保又多次秘奏咸丰，说李续宾这小子赴援迟缓，贻误军机，良知很不光明。

咸丰闻听大怒，十天之内七次下诏，命李续宾去阻截太平军。李续宾不得不执行命令，由于急行军，所以他只带领8000人，火速赶往合肥方向。开局很美好，所过之处，太平军散兵望风而逃，李续宾如风一样抵达距合肥五十里的三河镇。

三河镇是太平天国的粮饷重地，合肥、南京的粮食都由三河镇供应。由此可知，三河镇若失守，合肥不必说，如同蝴蝶效应，南京也会危险。

洪秀全张皇失措，迅疾下令给陈玉成和李秀成，无论如何都要保住三河镇。陈、李二人调动太平天国精锐，火速赶往三河镇。

三河镇战役由此拉开大幕。

从战略角度而言，李续宾的孤军深入含金量很高，正如当年有人建议诸葛亮突袭洛阳一样。诸葛亮没有采纳的原因是，他胆小，怕一旦突袭不成，会立即陷入魏帝国层层包围的绝境中。李续宾孤军深入，表面上不是取合肥、也不是取南京，实际上，打三河镇是牵一发动全身。

遗憾的是，他的兵力太少。从他的驻扎地出发，一路过关斩将，损失了一些人。他又担心会被敌人断了后路，所以每打下一地就留一部分兵力，所以抵达三河镇时，他的兵力已不足五千。

曾国藩急忙去信李续宾，字里行间都是乱麻一样的担忧："老弟啊，你这不是打仗，是自残。你必须马上回军桐城，以静制动，速速，速速！"

李续宾也知道自己正身处危道，但他不可能速速回师，因为咸丰像个催命鬼一样，不停地让他前进，前进，向着三河镇的炮火前进！

他抵达三河镇时境况也并未完全绝望，在三河镇附近还有两支机动部队，一是驻扎在湖北黄冈的李续宜四千人，另外一支是驻湖北英山的唐训方。二人都是湘军将领，李续宾要找他们帮忙，他们没有不帮的道理。

问题是，胡林翼回家守孝后，湖广总督官文全权代理湖广事务，所以当李续宾的求援信抵达武昌时，一直嫉妒湘军军功的官文大发醋意说："李续宾用兵如神，”所以呢，“他根本不需援兵。”

一收到官文的信，李续宾拍案而起。众人以为他要大骂官文，然后撤兵。令人惊异的是，他说出的话却是：“官文不给援兵，正是我们大显身手的时候，下令，对三河镇发动进攻！”

三河镇是太平天国的粮库，所以防御坚固。李续宾兵团连攻下九座堡垒，仍未动三河镇分毫。就在李续宾发动第二波更震撼人心的攻势时，陈玉成率领太平军精锐抵达三河镇外围，连营数十里，对李续宾形成反包围并痛快地切断了他的后路。

一天后，李秀成也率领太平军精锐抵达，援军数量多达十万人，而李续宾只剩下不到四千！李续宾现在想全身而退已不可能，但又不得不退。

经过认真勘察，李续宾决定向陈玉成的前锋部队的薄弱环节发动进攻来突围。他认为，这个突围点最容易，有人提醒他，陈玉成用兵如神，不可能把弱点暴露得这样赤裸。李续宾说：“陈玉成只是时势推出的‘英雄’，把阵形摆布成这样，是他的能力问题，不必担忧。”

陈玉成能力很高，和李续宾旗鼓相当，所以他前锋部队的弱点是故意暴露出来的。李续宾集合全部兵力在当夜向他梦想的最佳突破点发起进攻。陈玉成前锋部队一触即溃，掉头就跑。

李续宾狂呼乱叫，命令追击。一直追到次日黎明，已经追过了陈玉成的主力大营。李续宾本该随便找个机会逃走的，可他仍然追击。此时突然大雾弥漫，李续宾的湘军冲进大雾，和太平军混战在一起。李续宾突然意识到大事不妙，因为在这种情况下，他已指挥无效。

正在双方混战得难分难解时，李秀成领兵赶到，三河镇的太平军也破门而出，四千多湘军被十万太平军紧紧围困，沙场上炮声震天、血肉横飞，李续宾和曾国藩的弟弟曾国华血战一天后，双双殉国，四千多湘军士兵只剩下几百人，狼狈逃出。

三河镇之役具有很重大的意义，太平天国方面，敲锣打鼓庆祝这场胜利，理由是他们歼灭了湘军最精锐的陆师；曾国藩痛哭失声，因为李续宾自加入湘军以来，就对他忠心耿耿。当他在湖南老家守孝时，李续宾不停地向他请教问题，这就代表着无论他有无官职在身，李续宾都把他当成唯一的主人。

李续宾的阵亡让曾国藩在建昌府心情沮丧到极点，但曙光是有的，而且很刺眼：经过多年征战，湖南与湖北都成了湘军的可靠后方和粮饷基地。

虽然李续宾没有了，可只要有钱有粮，成千上万的李续宾会破土而出！

李鸿章到来

1858年的最后一个月，曾国藩在建昌府大营接见了一位36岁的安徽人，此人就是后来大名鼎鼎的李鸿章。

李鸿章是安徽合肥人，其父李文安和曾国藩是同学。1844年，李鸿章到京城看望父亲，结识了曾国藩。据曾国藩后来说，他第一眼见到李鸿章就断定，此人将来必成大器。因为李鸿章天资聪颖，才华横溢，诗文卓越，有强烈的功名心。

李文安请曾国藩指点李鸿章，曾国藩欣然。于是，李鸿章就在曾国藩的指点下，学习理学高深莫测的道理，学习为人处世的技巧。

但如你所知，曾国藩当时的理学造诣不高，其为人处世的技巧简直是任性而为，还不如李鸿章。所以李鸿章从曾国藩那里没得到什么真材实料，虽然如此，他还是常常在外人面前称曾国藩为“曾夫子”，并说他与曾国藩“朝夕过从”。

曾国藩对李鸿章的溢美不胜欣慰，所以当几年前江忠源到安徽做巡抚时，曾国藩马上就把李鸿章推荐给江忠源。他的评语很有力道：“李有大用之才，阁下若有征伐之事，可带在身边。”

江忠源用过李鸿章，遗憾的是江忠源很快就殉国了，李鸿章又陆续跟了几位政府地方大员。他是否有大用之才，当时还无人发现，连他自己也持怀疑态度。因为他和地方大员的幕僚们相处极不融洽，所以无法施展才华，有机会施展才华时，又发现太平军实在太厉害，处处阻挡他的前进脚步。

李鸿章落落寡欢，愈发觉得“壮志难酬”。混得最惨时，竟住在陋巷中，仰天长叹，惶惶度日。由于曾国藩一直混得不怎样，所以没有太搭理李鸿章，直到1858年重新出山，根基总算站稳，得知李鸿章在困顿中，所以向他发出邀请。李鸿章兴奋得发狂，认为飞黄腾达的机会就在眼前，抱着几件换洗衣服欢天喜地跑来了建昌府。

于是就有两种说法，第一种说法属于权谋型，它展现了曾国藩的高超智慧。这种说法是这样的：李鸿章无比兴奋地跑到建昌府，曾国藩却借口军务繁忙，不见他。李鸿章就在建昌大营四处转悠，他认为几天之内曾国藩就会召见他，想不到半个月过去了，毫无音信。

李鸿章比热锅上的蚂蚁还焦躁，托各种关系终于找到一位叫陈鼐（nǎi）的同学。他要陈鼐去试探曾国藩这样做的意图，陈鼐就去找曾国藩。

曾国藩打起了太极，什么都说，就是不肯把不见李鸿章的意思说出来。陈鼐有些不高兴了，他说："李鸿章和您有师徒之谊，当年老师对他特别器重。现在，您把他叫来，却不见他，我想这里肯定有道理，请你明示吧。"

曾国藩想了一下，说道："李鸿章是个了不起的人，志大才高。我这里呢，局面还没打开，恐怕他这样的军舰，不是我这里的小溪所能容纳的。他为何不回京城谋个好差事呢？！"

陈鼐吃了一惊，这是什么思路，如果你真是小溪，李鸿章是军舰，叫他来之前为何不说？难道等李鸿章来了，你才知道你是小溪，李鸿章是军舰？

陈鼐吃惊过后，马上就领会了曾国藩的中国传统智慧。曾国藩这是在扯淡，他的目的是看到李鸿章心高气傲，想打一打他的锐气，磨圆他的棱角。这是中国人培养人才的一种方式和培养人的一番苦心，但它同时也是中国古代压制人才的一个美妙借口。陈鼐就替李鸿章解释说："李鸿章这些年经历了许多挫折和艰难，已不同于往年少年意气了。您不妨收留他，看他的表现。"

曾国藩又想了一下，这一下时间很长，终于点了头。李鸿章就这样走进了曾国藩的幕府，成为曾国藩最得力的智囊之一。

第二种说法就很合情合理。曾国藩主动邀请李鸿章，李鸿章到建昌府大营的下午，曾国藩就表现出十二分热情，和他热烈长谈。晚上又把得力谋士王闿（kǎi）运叫来和李鸿章热谈，第二天、第三天还是谈啊谈，谈得昏天黑地，谈得日月如梭。

不论是哪种说法，下面这件事却是真实的。

曾国藩特别讲究修身养性，给他的军官和幕僚们都规定了"日课"，其中有一项就是吃饭要定时，每顿饭必须等军官和幕僚们到齐了才开始，纵然在战争时期也不例外。除非有人饭前壮烈了，只要活着就必须到场，差一人，任何人包括他自己都不动筷子。

曾国藩吃早饭的时间很早，鸡叫三遍，肯定坐到桌前了。李鸿章截然相反，他不喜拘束，又出身土豪，什么时候起床都有饭吃。所以很快，每天的早餐就成了李鸿章沉重的负担。有人来叫他吃早餐，等于是用刀宰他。

被宰了十几天后，李鸿章终于忍受不了。一个阴雨天，和往常一样，有人来叫他吃饭，李鸿章赖床不起。又有人来叫，李鸿章干脆不答应。第三人来叫，几乎要把门敲碎。李鸿章撒谎说："头痛，身体不爽，不能吃饭。"

可他的"病痛"并未让曾国藩死心，接二连三有人来敲门。李鸿章只好起床吃早饭。那顿早饭吃得很死寂，无人说话。曾国藩吃完，把筷子向桌上一扔，站起来对李鸿章冷冷地说："你既然到了我的幕下，我有一句话告诉你，我这里所崇尚的就是一个'诚'字。"话音才落，即拂袖而去。

在场众人不约而同地看向李鸿章。李鸿章极度尴尬，当时他胳膊伸得很长，筷子停在一块肉上。那块肉不怀好意地盯着李鸿章，李鸿章心上不禁微微一颤。从此，在曾国藩面前收了"撒谎"的心，全身心地向"诚"上发展。

两人的关系也日益融洽，某日，二人谈毕公事，曾国藩问李鸿章："最近洗澡否？"李鸿章冒了汗，他已三天没洗澡，浑身散发着孜然味。要撒谎，忽然就想起那顿饭和"诚"来，只好满脸通红地实话实说。

他以为等来的是曾国藩的苦瓜脸，想不到曾国藩哈哈一笑，说："洗澡这东西啊，尽量少，否则都把阳气洗丢了，我就很少洗澡。非但很少洗澡，就是洗脚，也是几个月才洗一回。"

李鸿章险些没把鼻子惊掉，"曾老师果然非比寻常，把个人卫生当作粪土，这岂是俗人能理会得了的？"

曾国藩得到李鸿章的由衷赞赏后，也投桃报李道："你天资聪明，文才出众，这段时间我发现你办理公文出类拔萃，所拟文稿都远远超过了别人，将来一定有大作为。青出于蓝而胜于蓝，也许要超越我的，好自为之吧。"

李鸿章慌忙拿出"诚"来："从前，我跟过几位大佬，糊糊涂涂，不得要领；现在跟着曾帅，如同有了航向。"

二人一唱一和，煞是快活，但这只是短暂的蜜月，二人性格不同，分道扬镳的那天指日可待。

绝不去四川

1859年年初，曾国藩在建昌府和李鸿章畅谈无间时，一个晴天霹雳在曾国藩头顶炸起：石达开兵团冲进了湖南。

这个消息迟早会来，石达开喜欢流动作战，核心思想是以战养战。在江西、福建交界盘旋多日后，他发现生存越来越难，于是连续六昼夜强行军，接连攻陷湖南多个城镇，1859年三月末，石达开兵团十万人抵达邵阳城下，湖南、湖北同时震荡。

曾国藩提心吊胆，各处的湘军兵团也是愁肠百结，军心不稳。他们只有一个心愿，就是回湖南保卫老家。石达开兵团高奏凯歌时，曾国藩焦急地给在老家的弟弟曾国湟去信商讨搬家避祸的问题，可见形势的严峻。湖南巡抚骆秉章当然也希望湘军能回来，湘军的将领们更是跃跃欲试，准备武装还乡。

李续宜在曾国藩的暗示下，软磨硬泡胡林翼，终于带了五千湘军回援湖南。不过真正严峻的形势并未到来，问题就出在石达开身上。

石达开清醒地意识到，即使他把湖南全境都拿下，也不可能稳坐湖南。因为湖南是湘军的老家，在这支战斗力高超的军队老家，他绝不可能站稳脚跟。

他的目标是四川。倘若能占据四川，那长江上游就尽归其所有，四川山高水险，他完全可以当个四川王，同时能切断清政府的经济来源，形势会幡然一变。

清政府中的有识之士也意识到这点。所以当石达开从湖南撤兵，向四川移动时，胡林翼向咸丰皇帝发出警告：必须要有位得力之人去保卫四川。这个得力之人不是当时的四川总督王庆云，只能是曾国藩。

曾国藩大喜过望，倘若能到四川当个总督，那名垂青史的机会就来了。他向胡林翼表达了这一心意，胡林翼对他说："我和你关系甚密，不便出面。纵然出面也得不到皇帝的允许，我想到一个人，由他出面，这件事才大有可为。"

此人就是草包官文。曾国藩无法抑制内心的狂喜，急忙就给官文写信。写到一半，他发现不对，哪有这样毛遂自荐的。于是他又给胡林翼写信说：“这事要能成，非你出马不可。你向官文说明，我置身事外，才是王道。”

胡林翼由衷赞叹曾国藩的智慧，他去找官文，那时的官文对胡林翼是言听计从，听胡林翼天南海北的一顿神侃，发现如果他举荐曾国藩，不但能成为世界的救世主，关键是能成为咸丰皇帝的超级红人，不禁跑进办公室就给咸丰写信。他说：“援四川这事意义重大，凡夫俗子根本看不到重大意义，我慧眼识珠，看到只有曾国藩才能担此重任。”

咸丰对官文的慧眼毫无感觉，只对曾国藩去四川大为敏感。在经过多次会议讨论后，他下圣旨给曾国藩：带兵援四川。

曾国藩大失所望：只让我带兵去四川，却不给我总督的职务，我去干吗？！

他给曾老九写信说：“如果我去四川，必须要带走你在江西的部队，那江西就空了。如果不去四川，石达开进了四川，可能会北上图陕西，本来较为平静的四川和陕西会刀兵汹汹。他感叹说，这真是两难！”

曾国荃回信说：“老哥，这只是你不想去四川的原因之一，还有一个最重要的原因，皇帝老儿不给你总督的职务，你到四川还是客人，无法施展。”

曾国藩对老九的判断大为叹服，不过他认为这只是小聪明，他曾国藩还真的在为大局着想。

曾国藩被咸丰命令去四川时，湘军正在攻打江西景德镇，景德镇是湖口、九江的屏障，也是太平军在江西唯一的重大据点，只要拿下景德镇，湖口和九江将高枕无忧，江西全境就天下太平。清政府明白的道理，太平军自然也明白，所以在景德镇布置了重兵。湘军进攻多日，始终无果，曾国藩趁势给咸丰回信推诿说，目前江西景德镇战事停滞不前，我若去四川，必要带走一批湘军，景德镇战事必受干扰，所以我不能去四川。

好消息很快传来：曾国荃兵团加入了围攻景德镇的战役，并快速攻下。消息传到曾国藩耳中时，他先是兴奋不已，接着就是惆怅。因为他已没有借口不去四川了。

他只好去四川，让人惊讶的是，他的速度比蜗牛还慢。从离开建昌府到南昌，他走了一个多月，一边走一边抱怨自己的命运。他对人说：“皇上让我去四川，又不给我实权，这等于是既想让驴子拉磨，又不给胡萝卜。没有地方实权的处境等于是做客，客人能有什么权力？处处都要听主人的安排。”

幕僚们只好安慰他：“咱们在安徽也没有实权，到哪里都一样。”

曾国藩正色道：“一点都不一样。在安徽，有湖北胡林翼的照顾，还有湖南做幕僚的左宗棠和巡抚骆秉章帮忙，虽没有实权，实际上左右逢源。可去了四川，那咱们真就是孤军奋战了。搞不好，仍会重演当年在江西兵败的一幕。”

胡林翼、左宗棠等人不这样认为，按胡林翼的看法，四川乃天府之国，曾国藩去四川后，纵然是客兵，军饷问题也会坐地不愁。左宗棠甚至认为，曾国藩若想光芒万丈，四川之行势在必行，四川完全可以成为曾国藩飞跃的平台。

曾国藩哭笑不得，对幕僚们说：“人啊，都是站着说话不腰疼。他们也并非恶意，可见孔夫子说的，设身处地为他人着想多难做到！”

他愁眉苦脸地向四川挪动，一百个不愿意。老天满足了他的心灵需要，石达开兵团久攻宝庆无法取得成功，只好撤围退向了太平天国的崛起之地广西。石达开一从湖南撤兵，入川就成了幻梦，那曾国藩不去四川就有了好借口。

老天再助曾国藩：太平军在安徽北部打了个大胜仗，大有向北发展的趋势。

咸丰特别担心太平军再搞个北伐，所以未等曾国藩请求不去四川的奏折上来，就立即下命令说，“四川确实没有危险，你现在的重大任务还是放在安徽吧。”

曾国藩乐不可支，命令他的舰队起航，奔向曙光初现之地，那里正有新的战场、新的使命、新的荣光！

也许还有新的羞辱。

第七章
目标：安庆

终极战略

1859年最后一个月，曾国藩踌躇满志。此次未能去四川，正合他意。关键是，咸丰下令要他平定安徽时，同时命令湖南、湖北、安徽的长官们，要全力支持曾国藩。自此，曾国藩的境况为之一变，兵饷有了保证，又由于他参透了官场玄机，所以处处有人相帮，处处得手。这是曾国藩带兵生涯中一个关键转折点，也是他日后功成名就的基石。

1859年年末时，如果站在云端俯瞰太平天国，就会发现它和曾国藩的境况截然相反，太平天国的四面八方都有清军与之作战。尤其是当石达开带领天国主力出走后，太平天国危难重重，不过太平天国还有希望。后起之秀李秀成负责保卫南京，陈玉成负责保卫安庆，抵挡清军侵犯安徽。这是两根天国巨柱，有他们在，短时间内看不出双方的输赢。

咸丰要曾国藩去平定安徽时，曾国藩在头脑里已过了一百遍考虑多时的计划，这个计划的关键点就在安庆。

他以战略家的眼光来看待这件事，首先向咸丰分析道："自古以来办理窃号之贼与办理流贼有很大不同。什么是窃号之贼呢？就如洪秀全那样的，建立了伪政权，有根据地和明确的政治纲领。什么是流贼呢？没有明确的政治纲领和目的，缺少稳固的根据地，常常避实就虚、流动作战，也就是说，打一枪换个地方，有生之年一直在换地方，比如石达开。”

对付石达开这样的流贼，曾国藩的方案是，坚守阵地，以待其至，挫其锋锐。对付洪秀全这样的窃号之贼的方案是，剪除其枝叶，然后直捣老巢。

现在的重点不是石达开，石达开虽未穷途末路，但已是秋后的蚂蚱，蹦跶不出什么名堂。关键是洪秀全，只要把洪秀全灭掉，其他流贼不足为虑。而灭掉南京的洪秀全，自然要先攻陷南京，攻陷南京的前提是剪其枝叶屏障，这枝叶包括两个，一个是安徽滁州，一个是安徽和州。若想剪除这两个南京的屏障，就必先得安庆。

曾国藩的战略要点出来了：先打安庆。

他说，南京伪政权所以长期不能被攻陷，太平天国之所以能在大内讧之后力量复起，就是因为有滁州、和州与安庆以枝叶屏障，有陈玉成和那些幽灵般的捻军往来游击，屡次打败我们的军队。如果集中全部力量进攻安庆，陈玉成必然全力以赴，这样就能逼迫陈玉成做战略决战，如能攻陷安庆，消灭陈玉成兵团，南京的灭亡只是时间问题。他最后说，攻陷安庆是头等大事，是中心目标，更是我大清王朝生死存亡的关键。当然，也是湘军气运兴衰的关键。

曾国藩分析得没错。安庆是太平天国西方重镇，倘若安庆一失，从安庆到南京就无险可守。这也是为什么洪秀全让智勇兼备的陈玉成防守安庆的原因。曾国藩整个战略计划是完美的，咸丰非常认可，胡林翼的心里却七上八下。

自从李续宾命丧三河镇后，胡林翼用兵谨小慎微。他叮咛他的将军们，从此以后，兵事以逼城为下策，力戒攻坚。这是曾国藩的思想，却被胡林翼落到实处。对于进攻安徽，胡林翼更是眼皮乱跳，安徽是太平天国长期占领的地区，已有稳固的群众基础，打安徽和打南京，危险程度差不多。

曾国藩也这样看，却没有胡林翼那种胆怯。

在进入安徽边界的阴冷夜风中，士兵们都打着冷颤，只有他浑身燥热，仿佛前方有一座希望的火焰山，熊熊炙烤着他。能有这样的感觉，是他和胡林翼共同谋划的方略，提升了他的热血沸腾指数。

在进入安徽之前，他和胡林翼不分昼夜、废寝忘食地谋划具体军事行动，最终确定了兵分四路平定安徽的高深计划。

第一路由曾国藩担任指挥官，主力是曾老九曾国荃兵团，由宿松、石牌长驱直入攻安庆；第二路由太湖、潜山取桐城，多隆阿、湘军猛将鲍超担任指挥官；第三路由湖北英山、安徽霍山攻桐城，指挥任务落到胡林翼头上；最后一路迂回向北绕河南商城、固始奔庐州，由李续宾的老弟李续宜担任指挥官。

李续宜得到命令后，莫名其妙，向北迂回到河南是南辕北辙，所以大为质疑曾国藩的高明计划。曾国藩急忙解释说："这是皇上的意思，其实也不是皇上的意思，而是淮北漕运总督袁甲三的意思，其实呢，也不是袁甲三的意思，而是正在淮北驻军的胜保的意思。胜保是个胆小鬼，担心咱们对陈玉成大军全面进攻时，陈玉成会从淮北突围，他无法抵御，所以才让你绕路，你的主要任务还是保护胜保那笨蛋。"

按曾国藩的分析，第二路最吃紧，由太湖、潜山取桐城，陈玉成必然冒死相救，这还只是外因，内因则是两位指挥官多隆阿和鲍超极不和谐。

这个组合其实不是曾国藩的本意，而是胡林翼的安排。

曾国藩向来反对把湘军划归非湘系将领指挥，所以当胡林翼把鲍超划给多隆阿时，曾国藩不禁气得胡子直抖。若是从前，曾国藩早就和胡林翼大吵大闹一通了，不过自从在老家脱胎换骨后，他没了这种斗气，和气成了他为人处世的主旋律。所以他只是默默地看着胡林翼调兵遣将，四路进攻安徽的大规划成型并付诸实施后，曾国藩也没有说一句话，他赞同这种方略，只是在具体实施上，他心中一直忐忑。

这种忐忑很快变成现实。曾国藩的进军路线虽是走石牌攻安庆，但他前面就是太湖（地在安徽长江之北），也就是说，他必须要攻占太湖，才能继续进兵。太湖有着举足轻重的战略地位，它是由湖北进军安庆的通道，是敌我双方必争之地。与此同时，多隆阿兵团也抵达太湖，并将太湖城围了个水泄不通。

虽是隆冬，风里却裹挟着令人作呕的腥气。

曾国藩站在太湖城战场外，捏着鼻子，眉头紧皱。这大概是个不吉利的预兆，两天前，他和胡林翼、多隆阿开了个战前会议。

他怀疑胡林翼是被三河镇之战吓傻了，整个会议上对多隆阿俯首帖耳，毫无主见。

按多隆阿这个半瓶醋的意见，他自己驻军于战场很远的新仓，湘军将领蒋凝学驻军新仓、小池之间，以阻截由潜山而来救援太湖城的陈玉成兵团，另一位湘军将领唐训方把军队一分为二，一部守石碑，夹击陈玉成，另外一半则在他的驻营周围担任警戒。至于鲍超，多隆阿向来和他有世界观的分歧，于是命令他驻军距潜山四十里的小池驿。

多隆阿分配完三人的任务后，洋洋得意地看向曾国藩，他对曾国藩半命令半商量地说："您的人马最多，有七千人，我看就去围攻太湖城吧。"

曾国藩一肚子不忿，但他有高度儒学涵养，并不发作。当然，这也不是涵养的问题，还有见识。

他知道那三位一定会对多隆阿的计划表示不满。首先是蒋凝学，他不无抑郁地指出，我这哪里是打长毛，简直是在保护多隆阿这蠢货。然后是唐训方，他哭笑不得，老子本来人就少，你还分出一部去给你当保镖，这仗怎么打。最后是大发雷霆的鲍超，鲍超对着胡林翼睁圆了牛眼："老子驻守小池驿，那地方看着是平地，其实是陷阱，前有子潜山而来的陈玉成，后有太湖城的长毛贼，他们联合发作，我岂不成了肉包子？！"

多隆阿自认为这次调度是他高度智慧的结晶，让他大失所望的是，百分之七十五的人都有异议。这让他想起圣贤的一句话：中人以下不可以语上也。他看向曾国藩。曾国藩自出山后已成了老好人，这种情况下，曾好人没理由不支持他这个最高统帅。

他想错了。这是大是大非，甚至是人命关天的问题，曾国藩还有良知，绝不可能和稀泥。

他未做过多的深思熟虑，因为他早就考虑得万分透彻，脱口而出道："大人您的调度很欠考虑。鲍超置于危地不说，连我也会被您害死，我只有七千人，您让我七千人全去攻城，万一有个闪失，我连机动部队都没有。"

多隆阿气冲斗牛，却找不到智慧反驳，而是向胡林翼使眼色，要他帮衬。胡林翼先咳嗽了一下，艰难地开口："三河镇一役，咱们见识了长毛的厉害，我认为……"

曾国藩插了他一嘴："胡大人，三河镇战役就是因分兵才导致惨败，如今又要重蹈覆辙？"

"曾大人，你这胆子，啧啧……"多隆阿也插了曾国藩一嘴，而且觉得这一嘴完美无缺地凌辱了曾国藩，因此内心洋洋得意。

曾国藩看向他，目光里如同有锥子：“大人，兵者，生死存亡之大事也，怎可不慎？我向来主张集中兵力，您却分散兵力，仗打起来，有个三长两短，这个责任谁负？”

这显然已不是官场老好人的态度，多隆阿正欲暴跳如雷，一个浑身尘土的探子冲了进来，气喘如牛地说道：“长毛陈玉成兵团来了！”

会场一阵骚乱，仿佛陈玉成率领千军万马就在帐外。多隆阿擦拭着额头的汗，忘记了暴跳如雷，浑身战栗起来：“想不到陈玉成如此之快，诸位赶紧各就各位啊。”

陈玉成来得并不快，曾国藩等人各就各位后，他才抵达桐城。

虽然来得不快，但行动起来却快如闪电。

他一抵达桐城，主力就急行军奔向鲍超的小池驿。没人告诉他这里是敌人防守最薄弱之地，他凭着多年战场经验，把赌注毫不犹豫地押了小池驿。

他暂时押中了。当他的主力五万人围住鲍超，并发起进攻时，鲍超的三千五百人发出了惊天动地的叫喊，这叫喊中有“壮士一去不复还”的悲壮，也有深深的恐惧。

他们凭借有利的地形，一次次击败陈玉成兵团的猛攻，但连被大炮轰得稀巴烂的石头都看出来，鲍超不可能守太久。

多隆阿发现，如果不解救鲍超，他的命运也不可知。所以他不停地派出一千人组成的援军，奔向小池驿。这些援军像是肉包子打狗——一去不回。

鲍超被围攻得头昏脑涨，在战斗的间隙，他想睡一会，噩梦总是闯进来。在梦中，他看到李续宾满脸血污地伸出苍白的大手，对他乱抓；张开血盆大口，对他乱咬。这显然不是好兆头，鲍超不停地派出信使，到多隆阿处求救。

多隆阿急如热锅上的蚂蚁，去救，有去无回；不去，下一个就是他。在他慌张失措、头疼万分时，曾国藩已迅速做出了反应。

本来，他在围攻太湖城，太湖城中有一万太平军士兵，他的七千人根本就不够。不过这一万太平军有思维定势：守比攻重要，所以虽然数量上有优势，却不肯出城半步。曾国藩抓住这个对手的判断，分出一部去救援鲍超。

这支部队和多隆阿派出的多支救援部队一样，在陈玉成兵团外围就被打得抱头鼠窜。鲍超在小池驿发出阵阵绝望的叹息，他认为，李续宾在地府里很孤独，借了陈玉成的手把他送去和其作伴。

在绝望的空气中，鲍超接到了曾国藩千辛万苦才送来的信。

曾国藩在信上沉着地说：“虽然你处于劣势，但陈玉成也没有绝对的优势，你们是胶着状态。我坚信，过不了多久，陈玉成久战无功，南京城里那个神经病洪秀全就会命陈玉成撤围。你咬牙坚持，坚持就一定能胜利。”

鲍超向来崇拜曾国藩，把他看做正在成为圣人的人物，奉他的话为上天之言，但这次却犯起了嘀咕。湘军打仗，向来以保全自己为第一要务，鲍超此时最好的选择就是放弃抵抗，全线突围，凭鲍超兵团的作战能力，保存实力应该不难。可曾国藩却让他死守，他也知道必须要死守，否则小池驿一失，整个大局将彻底崩溃。

鲍超的内心苦苦斗争纠缠了两天，最终决定听曾国藩的话，死守小池驿。他安慰自己说，曾大人向来都很靠谱，也许是得到可靠消息或者是得了上苍的暗示，所以才让自己死守的。

鲍超大错特错。

曾国藩是在一厢情愿地用谎言稳住鲍超，他和鲍超一样，急切地等待奇迹发生。

人类历史就是这么怪诞，奇迹果然发生。1860年春节那天，陈玉成向小池驿鲍超的驻军发射多枚炮弹，以顶替炮仗庆祝春节。鲍超兵团在炮弹轰鸣声中从土里伸出脖子和手，互相作揖，也庆祝春节。战场气氛除了窒息的硝烟味外，很是融洽。因为炮弹之后，鲍超惊异地发现，陈玉成里三层外三层的包围开始有秩序地后撤，就如水中的涟漪，渐渐向外扩散。

鲍超以为陈玉成在搞新花样，让他更惊异的是在后面，半个时辰后，陈玉成兵团在小池驿外围消失不见！

鲍超猛然惊醒：“曾公说过，坚持一定就能胜利，看来曾公比诸葛亮还神奇。”

曾国藩得到陈玉成撤军的消息后，忘记了身边有如云的谋士，忘记了曾大人本应保持的庄重，一跳三丈高，狂呼乱叫：“天不亡我们，天不亡我们。奇迹啊，奇迹！”

世上没有绝对的奇迹，陈玉成匆忙从小池驿撤军，是因为洪秀全要他撤军。洪秀全要他撤军的原因是，他想在长江下游发动一次决定性的攻势，击破围困南京多时的清军“江南大营”，以此消除南京的心腹大患。于是，陈玉成被迅速召回。

这就是奇迹发生的原因，站在太湖方面看，它拯救了鲍超，拯救了曾国藩，拯救了湘军，乃至大清帝国。但如果换到南京角度看，这次奇迹，注定了下面大清的厄运和曾国藩的好运。

解救左宗棠

陈玉成的撤军是彻底的，太湖城和潜山的太平军守军都冲出城外，嗅着陈玉成兵团的气息撤回了南京。清军和湘军就这样轻而易举地占领了安庆的这两座前沿阵地。

曾国藩和多隆阿、胡林翼想不到胜利来得如此容易，立即改变原来四路进兵的计划，重新部署。多隆阿率清军进攻桐城，曾国藩则攻安庆，李续宜兵团则变成总预备队，随时对进展缓慢的人进行支援。

多隆阿把最硬的骨头——安庆——扔给曾国藩，曾国藩竟欣然接受。连他本人都对自己的行为莫名其妙，胡林翼提醒他，进攻安庆就等于在进攻长毛的老巢南京，你一人能应付得来吗？

曾国藩不知哪里来的干云豪气，说道：“凡事何须瞻前顾后，只要奋勇向前。”

虽是这样说，但曾国藩却谨小慎微，像个大姑娘走夜路一样。他对前线指挥官们提出四点意见。

一、抵达安庆城下，先围困两面，绝不可合围。必须先占据连通湘军其他部队的集贤关、桐城、青草塥之路，通往枞阳、庐江的长毛的后路，可不必扼死，令其可出可入。等兵力强大，再图合围。我们现在不能通水师，将来应该设法通之。

二、集贤关必须扎营以通粮道，百人不成就千人，总之要保证集贤关的通道。

三、青草塥是我军援应之地，要多派探子来往，越熟悉情况越好，桐城处也是如此。

四、粮饷弹药应如何接济，要步步看清。至于攻打安庆的日期，不可轻率而定，没有十足的把握，不得妄动。

以上四点，体现了曾国藩的军事风格：稳定压倒一切，不先求胜，先求立于不败之地。

由此也可看出，曾国藩是个毫无灵性的人，至少在战场上，他的表现没有亮点，毫无激动人心的表演。然而正如世人所说，平平淡淡才是真。曾国藩正是靠了这种平淡无奇的军事风格，后来创建了光芒万丈的功业。

遗憾的是，在一些天赋异禀的人眼中，曾国藩的军事风格简直比缩头乌龟还不如。这些天赋异禀的人中就有左宗棠，当时他正在曾国藩的大营中。

左宗棠能在曾国藩大营，是曾国藩拯救的结果。此事要从左宗棠的性情说起。左宗棠在骆秉章幕府多年，深得骆秉章的信赖，骆秉章让他放手去干，于是本有的狂傲性情，加上外因的推波助澜，把他塑造成了“舍我其谁”“一意孤行”的狂人。

湖南全省官员都发现，骆秉章只是个图章，左宗棠才是真正的湖南巡抚。

左宗棠也真把自己当成了湖南巡抚，对湖南官员吆五喝六，指手画脚。假的若想成为真的，肯定会出事。

某次，永州镇总兵樊燮因有事找骆秉章，骆秉章和从前一样要他去找左宗棠。樊燮就去找左宗棠，但没有和从前的官员一样向左宗棠请安。

左宗棠咆哮如雷：“武官见我，无论大小，都要请安，你是怎么回事？！”

樊燮也是个暴脾气，他指着左宗棠的鼻子，喷道：“老子是二品大员，你不过一个小师爷，我向你请安？你疯了吧。”

左宗棠最忌讳别人提他的师爷身份，这是典型的对自己身份的不自信，他果然疯了，根本不管樊燮是练家子，上去就抽了对方一个大嘴巴。

还未等暴怒的樊燮从椅子上站起来还击，左宗棠又一脚踢翻了椅子，樊燮闹了个四仰八叉。就地一滚，要扑上来和左宗棠玩命，旁边的卫士们急忙拉开他，左宗棠才算没有丢丑。

本来，站在左宗棠角度来说，他得了便宜，此事就该到此为止。他却心气难平，怂恿骆秉章弹劾樊燮。当时地方上的军官，毛病多如驴毛，骆秉章随便找了些樊燮的罪过进行弹劾，樊燮的军服就被剥了。

樊燮为官多年，纵然再无头脑，也会结交一两个好朋友。

樊燮一脱下军服，他的一个好朋友拍案而起，此人非比寻常，正是湖广总督官文。官文对樊燮说，“左宗棠算个鸟，你去告他，我给你撑腰。”樊燮二话不说，一道状子送到了北京。他说左宗棠是“劣幕”——不是劣质幕僚，而是恶劣幕僚，还说左宗棠一官两印，嚣张跋扈，湖南官场尽人皆知。

咸丰闻听大怒，发出谕旨，命湖北官员钱宝青去湖南彻查，如果情况属实，就把这个“劣幕”就地正法！

骆秉章慌得直转圈，左宗棠还强作镇定，对骆秉章的惊慌嗤之以鼻。骆秉章自遇到左宗棠以来第一次训斥起左宗棠：“你呀，圣旨已下，钱宝青正在来长沙的路上。人家指责你那些事有几件是假的？你被砍头，还会连累我！”

左宗棠惊愕地张大嘴巴，骆秉章不管他嘴巴张多大，跑进书房去写求救信了。这些求救信中，曾国藩就非常荣幸地收到了一封。

在骆秉章的求救人中，本没有曾国藩。曾国藩虽然和左宗棠和好，但当年他守孝期间，左宗棠痛打落水狗的一幕，肯定还在曾国藩内心深处刻有印记。骆秉章不相信人性本善，纵然曾国藩不会在此时对左宗棠落井下石，也会袖手旁观。

让他大感意外的是，曾国藩竟然快速地回了信，并且要他转告左宗棠，必死力相救。

这是一种什么胸怀？骆秉章以为左宗棠知道这件事后会感动、羞愧地落泪。想不到，左宗棠只是一笑，说：“你们太小题大做啦，我本无事。”

有事还是无事，恐怕他心里最清楚。曾国藩更是心知肚明，庆幸的是，钱宝青是他的弟子，曾国藩以老师的身份向钱宝青求情，钱宝青当然要卖曾老师这个面子。左宗棠这才毫发无损地离开了湖南长沙。

站在湖南边界，举目四望，内心凄凉。他不知该去哪里，突然想到被樊燮举报的事，不禁仰天长叫：“我要去北京，到皇帝面前说个清楚。”

这意思是，他要去北京做一回自我剖白和辩护！

曾国藩听到这个消息，慌张失态，急忙向胡林翼明示：留住左宗棠，去了北京，就等于掉进了官文的陷阱。

曾国藩考虑得非常周到，他自己不劝左宗棠，是怕左宗棠那怪异的自尊。左宗棠一向瞧不起他，这个时候他出来劝阻，只能是给左宗棠去北京火上浇油。

胡林翼按曾国藩的指示写信给左宗棠说："你万不可北上，因为陷害你的人并不会因为你离开骆秉章的幕府而善罢甘休，他或许正在四处布置，你去北京，等于是自投罗网。"

这封信对左宗棠的人生起了关键作用。其实他去北京只是气愤难平的吆喝，根本毫无底气。如今有这样一封信到来，他迫不及待地停止了北上的脚步，一扭头，南下了。

在南下的途中，他四顾茫然。其实在当时的环境下，除了曾国藩外，他再无可投奔之人。但他毕竟是左宗棠，去投奔一个从来就没瞧进眼里的曾国藩，心里还是解不开这个结。

胡林翼的信又适时地到来，信中左旋右转地谈来谈去，最终归结到一点，曾国藩需要人才，您恰好是最出色的人才，您若不去，曾国藩恐难施展；您若去了，曾国藩必心花怒放，如虎添翼。您可以离开他，但他绝对少不了您。

显然，信的内容是曾国藩的意思。他就怕左宗棠放不下面子来投奔他，于是才费尽心机让胡林翼出马。

左宗棠来了，大摇大摆地走进了曾国藩的军营。他不是真被那封信说动了，而是一心想做出点露脸的事的他在当时实在无处可去。

左宗棠昂首阔步地一进辕门，曾国藩的心情就如同当年曹操闻听袁绍的心腹许攸来投奔，忘记了穿鞋飞奔而出一样，但他还是挤出点时间穿上了鞋，因为他几个月才洗一次脚，味道很浓。

他跑向左宗棠，几乎是扑了过去，给左宗棠来了个炽热的熊抱。左宗棠有点受不了，这欢迎的礼节太隆重，显然超出了他的想象。

二人就那样熊抱着，走进帐篷，互相让座，几个回合后，左宗棠发现如果他不先坐，那二人会一直让到明天天亮，于是索性坐下去。

曾国藩也一屁股坐下，开始交谈。

这种交谈据说持续了二十多天，左宗棠被曾国藩的热情感动得眼圈发红，双手直颤。

然而，二人的蜜月相当短暂，当曾国藩在设定围攻安庆的军事计划时，左宗棠马上露出不屑来。不过，他只是嘀咕了几句，并未奔放地发作，因为他还惦念着曾国藩的救命之恩。

他实在看不出曾国藩有什么伟大前途，按他智慧结晶的总结，曾国藩最高也就混个巡抚。无论是他，还是其他人，即使是曾国藩本人，也从未想过，他竟然能混到傲视江南的两江总督高位。

洪秀全助力曾国藩

只有相信运气在人生中的巨大威力，才算是真正懂得何谓人生。

与生俱来的灵性和后天的努力固然重要，但运气比这些还要重要。曾国藩的运气就是太平天国高层在1860年年初的脑洞大开。

八个月前，洪秀全的族弟洪仁玕（gān）从香港辗转来到南京，洪仁玕和洪秀全不同，二人都信奉上帝，但洪仁玕是标准的基督徒，曾在多名西方传教士那里学习基督教教义。他是个很有灵性的人，不仅领悟了上帝的本意，而且还将其发扬到社会现实中去。

他一见到洪秀全，看到南京当时岌岌可危的模样，就大发感慨说，“这个上帝的国度竟然衰弱如此，上帝知道会垂泪的。”感慨之后就精神抖擞地拿出了他的计划：要想破南京之围，不可力攻，只可智取。

这个智取并非来源于上帝，而是中国传统文化——围魏救赵：先攻杭州，杭州是清政府财源之泉，清军必救，而解救的军队只有正在围困南京的江南大营；江南大营的军队必分兵去解救杭州，我们再回军猛攻江南大营，清军可破，南京之围可解。

洪秀全听了这神出鬼没的计划，心花怒放。计划迅速被实施，这就是陈玉成兵团被慌张从小池驿召回的原因。

这个计划的诱人之处在于，清政府、包括曾国藩都不曾预见到，已经江河日下、守势多于攻势的太平天国竟会大举进攻，而且是最被清政府重视、防御最强的杭州。

1860年3月中旬，李秀成兵团悄无声息地突然出现在杭州城外围，浙江巡抚罗遵殿吓得屁滚尿流，慌忙向江南大营求救。江南大营总指挥和春果然中计，派出骁勇无比的悍将张玉良援杭。张玉良带走了江南大营最精锐的一支队伍，李秀成大喜过望，急速从杭州回兵南京，并会合陈玉成等太平天国将领，轻而易举地击破毫无抵抗能力的江南大营，和春仓皇出逃，太平军乘胜追击。

两江总督何桂清焦急如焚，何桂清才能有限，若在太平盛世，还能胜任总督之职，但乱世下，他只能靠运气。

命运之神并未眷顾他，江南大营的溃败，和春的逃跑，让他心里冰凉似水。太平军攻占丹阳时，何桂清一日向北京写数封求救信。他写的求救信越多，失守的城市就越多，苏州、无锡、常州等名城的败报一封接一封而来。

后来，何桂清已没有心情写求救信了，他开始不停地逃跑，最后逃到了海上。海上虽风波汹涌，但毕竟没有血肉横飞，何桂清终于过起了消停日子。

曾国藩却不消停起来。其实早在李秀成攻杭州外围时，曾国藩虽未对安庆发动攻势，却丝毫没闲着。咸丰得知太平军攻杭州城后，马上命令曾国藩和杨载福水陆东下，借此分散太平军对杭州的注意力。

曾国藩接到圣旨时，江南大营已被攻破，局势正在加速恶化。当咸丰又要他去救援苏州、常州等地时，这两座城池的城墙已插上了太平军的旗帜。咸丰的圣旨不停地到来，前一封要他去救无锡，后一封几乎追上了前一封，又要他去保卫杭州。雪片一样的圣旨，在曾国藩眼中除了浪费上乘纸张外，毫无他用。

他在当时刀兵四起、狼烟冲天的情况下，死死抱定自己的信念不放，那就是绝不放弃安庆，只要拿下安庆，一切困境皆可迎刃而解。

当然，对东南各大名城的陷落，他不是没有反应。何桂清一逃再逃时，他痛心疾首，臭骂何桂清“下贱无耻”。依他之见，清军精锐就在何桂清指挥下，可这支精锐之师在何桂清手里竟如此不堪一击，一败再败。他认定一点：何桂清是个胆小鬼，只知逃跑，所以才引起军队的溃败。

当李秀成夺取了苏州、常州等地，并稍稍稳定秩序后，曾国藩不禁悲呼：“苏州、常州失守，杭州亦岌岌可危，东南大局决裂如此，不知尚有何术可以挽回……”

不要以为曾国藩在当时总是愁眉苦脸，背地里，他几乎乐翻天。

当江南大营崩溃的消息传来时，曾国藩在他的心腹们面前情不自禁地眉飞色舞。在咸丰和他的幕僚们眼中，国家正规军虽不具备多少战力，但永远比曾国藩的湘军可靠，所以才将他们布置在离南京很近之地，让湘军在外围苦战，由正规军收最后之功。

想不到啊想不到，清政府这最后的正规军力量竟如此不堪一击，被太平天国轻而易举剿杀，从此后，清政府再无别的选择，只能倚靠曾国藩的湘军。

曾国藩很久以前就意识到，江南大营的正规军是他攀登功业高峰的绊脚石，如今这块绊脚石竟然被他最大的敌人洪秀全轻而易举地搬走，他怎能不乐？

曾国藩即将到来的人生如恒星，亮得刺眼，而咸丰即将到来的人生晦暗如乌云。他畏缩在龙椅里，看着雪片般飞来的败报，连唉声叹气的力气都没有了。

长久的沉默后，他终于问出了人问的问题："曾国藩还没有动？"

有人谨小慎微地回答："也许动了，但消息还未到来。"

"动个屁！"咸丰苦笑一声："曾国藩是想要东西吧？！"

没有人回答他，这已不言而喻。

"我偏不给他！传旨，由胡林翼接替何桂清担任两江总督！"

"不可！"一个苍老但异常劲道的声音在殿堂里响起，众人不必看，就知道这声音来自御前大臣、协办大学士、户部尚书，很得咸丰信任的满人肃顺。

肃顺眼界高明，思想开阔，自太平军造反、正规军一溃千里时，他就极力主张让才智双全的汉人领兵。胡林翼、骆秉章能大权在握，独当一面，就是得肃顺的举荐之力。

咸丰被这声震了一下，正欲问，肃顺已侃侃而谈："胡林翼在湖北，自他担任巡抚以来，湖北诸事都向好的方向发展，这全是胡林翼之功，未可擅动。不如就用曾国藩总督两江，如此，长江上下游都得人也。"

咸丰想摇头，可他想上一想，觉得肃顺的话有点道理，如果他摇头，那摇头之后该怎么办？

"就依你之见吧。"咸丰无可奈何地小声说道，突然像打了鸡血，吼起来："让曾国藩赶紧动啊！"

曾国藩被任命为两江总督的消息很快就传遍大江南北，曾国藩兴奋地真想向南京方向的洪秀全磕头。胡林翼要他招募兵勇，扩充湘军，放手大干。

曾国藩眉飞色舞地对人说，苦熬了这么多年，今日终于“事权归一”“操持在我”了。当他心花怒放时，一道闪电射入脑海，这道闪电自然是中国传统智慧——月满则亏，越是站得高，越要万分小心。

想到这里，他急忙跑进内室静坐，总算祛除了这过度兴奋的恶念。当他走出内室，心腹们齐刷刷地看向他，每个人眼中都充盈着希望的光芒。

曾国藩坐下来，挺直了腰身，平静地说道：

“开始吧！”

这场在曾国藩人生中最重要的会议只开了半个时辰，就散了。因为胡林翼有点兴奋过头，并且让曾国藩执行他的宏大计划。这个计划近乎骇人听闻：除曾国藩围攻安庆的部队外，再招募两支部队，一支出扬州，一支出杭州，曾国藩居中指挥，三路汇合后，直奔太平天国巢穴南京，打洪秀全一个措手不及。

胡林翼的计划得到大多数人的赞同，曾国藩看到心腹们吐沫横飞，在桌子上指手画脚、指点江山的神韵惊倒众生，不禁皱眉不语。

众人发现曾总督只字未语，都闭了嘴。曾国藩和开会前一样，吐出三个字：散了吧。

左宗棠留了下来，挺着胸脯，嘴角上扬地盯着曾国藩。

曾国藩知道左宗棠有话说，而且是不太受用的话。

左宗棠向来快人快语，今天同样如此，他等曾国藩彻底坐定，语速飞快地说道：“你这个两江总督不好当。表面看你掌握大权，总算熬出了头，得到中央政府的重用和新任，其实你现在是火中取栗，艰难得很。长毛已占有苏南，南京和苏州、常州联成一片，声势重振，力量倍增，杭州、皖南岌岌可危，东南大局正如你当年所说，糜烂不堪。”

曾国藩对左宗棠的分析频频点头，名义上他管辖江苏、安徽、江西三大省，实际上他能掌握的仅为江西一省，要命的是，太平军常常攻入江西，纵横驰骋，搞得江西某些地方清晨是清军的领地，中午就变成了太平军的。江苏北部虽说牢牢控制在清军手中，但曾国藩鞭长莫及。至于富可敌国的上海，却在江苏巡抚薛焕手中，而薛焕是何桂清的人，曾国藩不可能得到上海一毛钱。

也就是说，曾国藩现在虽是两江总督，在军饷上仍要靠胡林翼的支持。

所以他根本不会在这种时候直捣南京，他早就有了不可更改的成见：欲置太平天国于死命，必须以攻取安庆为第一要务，然后才是直捣南京，用兵江苏！

进祁门

1860年阴历六月，曾国藩把指挥部迁到了安徽南部的祁门。他来的时候是满怀希望的，这是他多日思考的结果。

从地图上看，祁门县位于安徽徽州西面，属徽州管辖。它是个闭塞的小县城，但因为在安徽、江西和浙江三省交界处，所以地理位置异常重要。

在此驻军，可阻止太平军南进江西，又能北顾安庆，一旦围攻安庆的部队受到威胁，可快速北上驰援。

另外他跑到这里，可以给清政府一个假象：我曾国藩正为收复苏州、常州做准备。

这就叫“一箭三雕”，然而，曾国藩中了“纸上得来终觉浅”的魔咒。

当他抵达祁门时，一跳三丈高：我操，怎么是这样的地方——祁门四面皆山，祁门镇则形如釜底，用兵家的说法，这是绝地。

李鸿章当即就跳起来：“老师，这地方和坟墓有何区别，咱还是另选地方吧。”

曾国藩脸上抽搐着，随即恼羞成怒：“我们还没有扎营，你就说要走，你想扰乱军心吗？”

李鸿章可挺不起这么一大顶帽子，但他有高度的责任心，仍然相劝。他指出，只要敌人知道咱们在这里，先不说攻不攻，只要把两条通往外界的道路封锁，咱们就只能等死。选这样一个地方，上对不起先人，下对不起后代，可谓是自寻死路。

曾国藩翻起三角眼，狠狠地瞪了李鸿章一眼，然后假装去欣赏风景。祁门的风景是极好的，它四面环山，山上树木郁郁葱葱，俨然人间仙境。当时正是早晨，鸟儿未飞，风儿未吹，四周一片寂静，人如在画中。但这是人的感觉，如果站在老天爷的视角，这幅画完美诠释了一句成语：瓮中捉鳖。

其实，曾国藩选择祁门，并非是四六不懂，他在地图上看祁门，发现那是坚不可摧之地，谁知道那时的地图并没有3D，所以无法看出地势的高低，于是才找到这样一个地方。

曾国藩也很后悔，然而他不能走，至少不能马上就走。

这其中的苦衷只有他自己明白。

当初，清政府任命他为两江总督，要他立即去解放苏州、常州，他找各种借口，迟迟不动。清政府屡屡催促，他才选了祁门，并且对清政府说，在这里驻扎即可策应安庆，又可东顾江浙，实是万全之策。清政府虽不爽快，却还是对他抱有信心地同意了。

如果刚入驻就走，该怎么和咸丰交待？

对咸丰明说此地不宜驻扎？咸丰会说："你有眼疾吗？当初选定时为何如此草率？"

对咸丰说不解放苏州和常州了？咸丰会咆哮如雷！

总之，很明显，曾国藩不能马上就走。

李鸿章看不到曾国藩的心理活动，他只看到驻扎此地的危险，于是联合了所有能看清危险的人，和曾国藩发起了群聊。

曾国藩被群聊得烦躁不堪，只好用无赖战术。

"你们谁要怕，明说，谁愿走就走，反正我是不走。"

李鸿章和众人大为惊骇，祁门乃死地是明摆的，为何曾国藩看不到？

李鸿章的脾性大抵还未做到宠辱不惊，他又开始郁郁寡欢，并且故意对曾国藩冷淡起来。

曾国藩好像对李鸿章的反应毫无感觉一样，还主动把李鸿章请到密室，商议如何处理咸丰皇帝的命令。

咸丰皇帝严厉通知曾国藩，要他立即分路进兵，恢复苏州、常州，紧随这道命令而来的是，又要他援助浙江，保全浙江全省，再图恢复江苏。

"少荃（李鸿章字）啊，你看我们该怎么办？"曾国藩平易近人地问。

李鸿章气鼓鼓的："老师何必问我，您心中早有定见，别人的建议只是耳旁风。"

"呵呵，"曾国藩仍心平气和的，"不能这样说，我其实特别想听听你的意见。”

“君命难违，”李鸿章气消了些，“不过，在此之前，皇上就有这样的命令，您不还是来到这个绝地！”

“先不说绝地的事，单就皇上命令这件事，请少荃指教。”

李鸿章长深吸口气，正了正念头，把幕僚的职责担当起来：“无论是援浙江还是收复苏州、常州，从徽州进军的话，必须要打通道路，东出徽州，然后北上宁国，收复广德，这样才有东下之路。徽州到宁国，都是长毛的地盘，必须先攻下沿线旌德、泾县、石埭等处。”

“那么，所以呢？”

“所以，先抛掉这个绝地不谈，仍要以攻安庆为第一要务。但可创建淮扬水师，驻守扬州。循序渐进，方能成功。”

创建淮扬水师，曾国藩早就想过，可钱从哪里来？

李鸿章有办法：“只要把两淮盐运使的职务搞到手，还怕没有钱？”

盐运使是肥缺，要捞钱易如反掌，虽然当时南方还处于战乱中，但不管太平还是乱世，人都要吃盐，所以这个职务仍然是肥缺。

李鸿章的想法一步到位，曾国藩不禁眼前大亮。

几天后，李鸿章就得到了一个天大的好消息：曾国藩向中央政府推荐他担任两淮盐运使。

李鸿章心花怒放，跑到曾国藩那里又是鞠躬又是道谢，简直想把心掏出来给曾国藩看。

曾国藩却一副平静如常的样子，慢慢地说道：“你现在谢我有点早，中央政府能否准我的保奏还是问题。所以这件事，你权且把它当成是在运筹之中，万不可先传出去，不然对你并非是好事。”

李鸿章连忙说：“老师放心，我绝不外传。“

李鸿章显然知行不一，其实，换做任何人面对这天大喜讯，都无法忍住。在一次微醺之后，李鸿章张开大嘴，把此事说给了一位好友。好友真心替他高兴，结束话题时，李鸿章学着曾国藩的腔调嘱咐好友，此事正在运筹之中，万不可先传出去。

他好友满口答应，但太为好朋友李鸿章高兴了，于是第二天在酒桌上，就说给了不下十个人好朋友听，如此十传百，百传千，南方官场大部分人都知道李鸿章要当两淮盐运使了。

胡林翼第一个向李鸿章道贺，还非常郑重地对李鸿章掏心窝子："盐务不难，在本刚正不挠之节，而出以条理精密之才，坚持不摇。如放棹中流，只须三五番风浪，即稳渡矣。东南诸公，衮衮登场，以我视之，均有嗜欲，而无性气。闻公之风，将始疑之，中谤之，继且畏之求之，望公怜之矣。与若辈同事，只赖此不患得患失之心耳，然与患得患失之人同处，非如公之强固不易自立也。"

这段话的意思是这样的，你做了两淮盐运使后，只要具备"刚正不挠"的气节和"条理精密"的才干就可以了。年深日久，从前猜疑你、诋毁你的人终会害怕你，然后是有求于你。到时候，你不必计较，大度地可怜他们就行了。与这些人相处，只有你这样个性坚强的人才能出淤泥而不染。

胡林翼的话使李鸿章飘飘然，非是胡林翼夸赞他，而是他恍惚地认为，自己真就是两淮盐运使了。因为胡林翼和湖广总督官文的私交甚密，而且在北京有很多朋友，如果没有得到确切消息，他怎么会这样说？

那段时间，李鸿章走在祁门大营中，对任何人都保持着高贵的微笑，浑身散发着"平步青云"的气息，只有曾国藩还被蒙在鼓里，当他正要得知这件事时，祁门的灾祸正如李鸿章所预料的那样不请而来。

曾国藩在祁门大营里抬头望天时，南京城里的洪秀全也在望天。

天是那么蓝，那么顺利，他的野战军却远没有那么顺利。太平军攻陷苏州、常州后，顺理成章地去攻打上海。人人都知道上海是座宝库，可因为上海有洋人军队助守，所以对于"内战内行，外战外行"的中国人而言，就成了禁地。太平军只攻了一轮，即抱头鼠窜。洪秀全慌忙命令太平军回军西上，救援安庆。

两根太平天国的顶梁柱陈玉成和李秀成经过密切协商后，开始沿长江南北两岸，直扑湖北武昌，这是"围魏救赵"。

依二人伶俐的见解，湖北是湘军后方兼粮饷之源，湖北遭受围攻，曾国藩必救。曾国藩当时没有多余的兵力，只能用围困安庆之兵，如此，安庆之围自解。

曾国藩得到消息后，立即命令李元度领兵去负责徽州防务，目的是保卫祁门大营东部大门。李元度原本是曾国藩的谋士，后来带兵的人手不够，李元度就冲上了战场。

曾国藩对李元度极为信任，不过他谨慎惯了，所以在李元度临行前还是千叮咛万嘱咐，因为这事关祁门大营东大门的安全。

李元度拍着胸脯对曾国藩说："请您放心，我一定保卫好您的东大门！"

李元度低估了当时的形势，也高估了自己。当时的形势实际上已万分危急，太平军以雷霆之势拿下了宁国，并在祁门大营外围进行了大范围扫荡，当时掌控在湘军手中的只有徽州。而李元度带去徽州的三千人又是新募之兵，所以曾国藩嘱咐他最多的一句话就是，只能死守，绝不可出战。

对曾国藩这句生死般的嘱托，李元度理解得很随意。

他也是打过硬仗的人，知道什么时候该死守，什么时候该以攻为守。一抵达徽州，就日日出城和太平军血拼。太平军先是主动后撤，不和他发生冲突，在他不停地出城的第五天，太平军突然出战，李元度大喜过望，认为可以一战成名，结果中了太平军的埋伏，三千人马全军覆没。一天后，徽州失守，曾国藩抱头痛哭。

他对李鸿章说："李元度从前用兵是在众多将领的辅佐和指挥下，他独挑大梁，实在自负得愚不可及。"

李鸿章为李元度开脱说："他也是想求胜，稳固您的祁门大营，我看还是等他回来再说。"

曾国藩无可奈何地点了点头。他的本意是，见到李元度，训斥他两句，这件事就算过去了。想不到的是，李元度丢了徽州后，根本就没回祁门大营，而是在浙江和江西交界处徘徊。只有鬼知道他在徘徊什么，曾国藩暴跳如雷，确信李元度违规违纪，声称要严厉制裁他。

李元度后来对人说："我之所以不回祁门大营，是觉得对不起曾公，如果我是个不要脸的，早就回去了。"

这是典型的书生意气，他不知道自己现在已是湘军的一员，既然是军队，就该遵守纪律。他更不知道的是，曾国藩最重视纪律，无论是谁违反纪律，他绝不宽恕。

他决定要向中央政府弹劾李元度，所有他的幕僚都反对，反对最激烈的就是李鸿章。李鸿章对曾国藩说：“当初您创建湘军，李元度最先入您帐下，后来您出山挽狂澜，狂澜未挽，却连战连败，困苦艰难，中央政府不信任您，地方官阻碍您，在这种形势下，很多幕僚都离您而去，只有李元度一根筋地跟随您。您和李元度不是上下级关系，简直就是生死之交。军纪固然重要，但情谊更重要。”

曾国藩发表意见说：“湘军能有今天的成绩，全靠纪律。没有纪律的军队不先灭于敌手，必先毁于自己。”他举例说，“当年湘军初出茅庐时，他弟弟违反军纪都被遣散回家，因为不如此就不能保证军队的战斗力，”他又委婉地说，“现在弹劾李元度，不代表我以后不用他，这只是权宜之计。”

李鸿章相信曾国藩的话，但他有顾虑：一旦弹劾李元度，中央政府抽风将他处死，人都死了，还用个啥。所以他带领全体幕僚到曾国藩军帐中力争，不能弹劾李元度。

曾国藩是王八吃秤砣，铁了心要弹劾李元度，并让李鸿章草拟弹劾稿。李鸿章肝火大冒道：“这稿子，我写不了！”

曾国藩冷笑：“我自己来。”

李鸿章追击道：“那我只好告辞了。”

曾国藩气冲斗牛：“听君自便！”

李鸿章已骑虎难下，只能离开。他走后，曾国藩负气地对人说：“李鸿章这小子实在难与人共患难。”李鸿章也四处对人说，“曾国藩这老家伙太不近人情，冷血的腐儒。”

李元度也没想到曾国藩真对他下了手，很快，他接到中央政府的命令：革职拿问。他咒骂着抹掉额头的汗水，侥幸地说道：“幸好老子早有准备，不然真被曾公这厮给算计了。”

李元度所谓的“准备”实在是步臭棋。这部臭棋要从浙江巡抚王有龄谈起。太平军攻陷宁国后，王有龄惊慌失措，因为宁国一失，浙江就是太平军的下一个目标。王有龄急匆匆派人去祁门请曾国藩出兵帮助，当时曾国藩也是泥菩萨过江自身难保，可还是兴冲冲地答应了王有龄的请求，理由很简单，浙江是财源重地，王有龄特别有钱。让曾国藩大失所望的是，王有龄只谈援助不谈钱，曾国藩暗示、明示了多次，王有龄支支吾吾，说等援兵来了再说。

这种扯皮的事，曾国藩见多了，于是一怒之下取消了援浙计划。王有龄大怒，但对曾国藩却无计可施。此时李元度兵败，王有龄像是发现了金矿，积极拉拢李元度。李元度也不拒不迎，不久后又发生了曾国藩弹劾李元度事件，王有龄和李元度一拍即合。王有龄答应李元度，只要你归顺我，我就保你前程。他果然说到做到，中央政府的命令才到，王有龄就向中央政府提出保举李元度为浙江地方官。

王有龄的分量十足，因为浙江财源是支撑中央政府在南方用兵太平军的保障，所以很快李元度非但无罪，还被授予了个不错的浙江地方官。曾国藩震怒。

他震怒，不是因为李元度投靠王有龄，而是王有龄挖走李元度。湘军本来自成体系，政府人进不来，湘军也不允许出去。如果李元度真的安枕无忧地当他的浙江地方官，那就是对湘军体系挑战的成功，曾国藩就是再跳一次江，也绝不允许这种事发生。

他二度弹劾李元度，字里行间有要挟中央政府的意思：如果你们不处置李元度，湘军内部纪律将松散，我如何带兵，太平军如何被消灭？

中央政府审时度势了多日，做出决定：将李元度发配边疆充军。

曾国藩赢了，直到曾国藩暮年，在众多好友的劝说下，曾国藩才向中央政府请求起用李元度。很多人都说，曾国藩在这件事上太不近人情，但曾国藩自有算计：湘军是我曾国藩的，湘军的人，生是我的人，死是我的鬼，绝不能改换门户，这是铁的纪律，也是血的纪律。

困祁门

铁血纪律似乎在1860年时解决不了曾国藩的困境。当李元度蹒跚于遥远的边疆路上时，曾国藩在祁门连半步都进退不得。本年12月初，太平军李秀成兵团攻占离祁门只有几十里的黟县。这支兵团的宣传队朝着曾国藩的祁门大营敲锣打鼓，看架势随时要发动决战似的进攻。

曾国藩满腹惆怅，对他的将领们说，“如果李秀成来攻，就让他来，我绝不逃跑。”他的将领们站在屈指可数的士兵前面训话，誓死保卫曾大帅。幸运的是，李秀成好像意不在祁门，或者说，当时太平军已把祁门包围的水泄不通，李秀成并不着急。

不怕贼偷，就怕贼惦记着。太平军越是不来攻，曾国藩就越是惊恐难耐。在祁门之外，太平军左冲右突，上演着一幕幕胜利大戏，曾国藩成了个悲伤的看客。他给家人写信，绝望透顶地说：“最近半个月，奇险万状，风波迭起，外面的情报送不进来，里面的命令出不去，我感觉到世界把我们抛弃了。”

世界把祁门变成了一个人心涣散、悲观的地狱。有位幕僚逢人便问：“死在一起如何？”

各种各样的幕僚、中下级军官们纷纷逃亡，军中一片肃杀景象。

曾国藩只好死马当活马医，试图用诚意挽救祁门世界。他下令：“有想要暂时离开的，支付三月薪水；太平无事后，仍可来营，吾不介意。”

这招的确起了点效果，那些有血性的军官们听后，热血沸腾，反而视死如归，再也不说走的事了。而幕僚们却对此嗤之以鼻，脸皮厚的真就去领了三个月薪水，和曾国藩招呼也不打一个，抱起儒书就走。

幕僚们走得越来越多，曾国藩咬牙切齿，每天都在纸上画狼，狼的眼睛是白色的。

除了悲伤的军情每天都来之外，曾国藩还能收到离开他幕僚的名字。

每当有人告诉他，某某走了，他就咬牙一回。突然一天，有人来告诉他：“王闿运先生竟然没有走！”

曾国藩“嘶”了一声：“他竟然没走？”

王闿运，可谓大名鼎鼎。他后来撰写了闻名天下的《湘军志》，是研究湘军最宝贵的史料之一。此人擅长帝王学，所谓帝王学，就是找个潜力股，把他培养成帝王的同时，自己也能成为帝王师。他1860年进曾国藩幕府时，极受曾国藩的器重。可后来，曾国藩发现这小子是个大嘴巴，什么都敢说，于是刻意疏远他。

王闿运也注意到了曾国藩态度的变化，在这种时候，最应该走的就是他。

曾国藩大为惊奇，还有点小感动。

他命令仆人：“你去看看王先生在干什么？”

仆人很快就回来了，告诉曾国藩："王先生在读《尚书》。"

曾国藩问："他的跟班呢？"

仆人摸了摸头，"没有见到。"

曾国藩笑了："王先生肯定要走。"

仆人莫名其妙。

曾国藩道："王先生对《尚书》能倒背如流，在这种危急时刻竟然还看，显然是拿着书装样子，其实在思考走的问题。他的仆人和他形影不离，如今却不见踪影，可见是去收拾东西了。"

第二天，王闿运果然领了三个月薪水，逃之夭夭。

谁都可以走，只有他曾国藩不能走。不能走，就意味着眼睁睁地面对困局。所以他的心情越来越糟。1860年最后一个月，他甚至写好遗嘱。遗嘱中有这样一句话，让人读来凄凉：自来祁门后，实无生人之乐趣。然后就是一番深刻的自我剖析。

他说，"我这人天资本一般，全靠个人努力才混到今天，但无论是理学思想还是作文，都是半吊子。尤其是带兵，带兵根本不是我所长，兵贵奇而我太平，兵贵诈而我太直，能有今天看上去的胜利，全靠侥幸，非我真本领。不过，我这人这也不行，那也不行，有一样却是行的，那就是识人用人。你们不信可看我的部下，哪一个不是独当一面的真英雄？！"

他接着对家人说，"识人用人是天赋，你们大概学不来。请记得我的话，将来曾家人万不可带兵，至于做官，也大可不必。官场如战场，不是那么好玩的。"

字里行间透露着平淡的心态，其实，曾国藩当时内心已波涛汹涌。读历史，值得注意的一点是，记下来的文字大都不可信。任何伟大人物看似在危难关头泰然自若，其实他们也是凡人，也有恐惧，只不过有人用文字掩饰过去了。曾国藩在祁门大营正如他所说，毫无生人乐趣。但他有一点是值得我们学习的，那就是，临危虽然惧，却不后退，不当逃兵。除了他性格因素外，儒家理学的气节情怀铸造了他这种死都不肯退缩的第二性格，这是英雄人物必备的性格之一。或许正应了那句话，天佑英雄，曾国藩的运气稍有好转。外围的左宗棠突袭景德镇，大获成功。景德镇是通往祁门的必经之路，也是最容易进入的道路，控制了它，祁门大营转危为安了。

湘军将士们欢欣鼓舞，曾国藩也露出仿佛消失了几百年的笑容，但仍有件憾事袭上他的心头，搅扰得他不得安宁。这就是在此之前发生的北上勤王事件。

1860年10月初的一个夜晚，曾国藩已早早睡下，突然被六百里加急的圣旨惊醒。

咸丰在圣旨里悲痛地说，一月前，英法联军攻陷了天津，如今已推进到通州八里桥，守卫在此的是僧格林沁兵团。外界传说，僧格林沁战无不胜，但我觉得他不行。所以你立刻派你的湘军北上勤王。

曾国藩听完圣旨，“哇”地吐出一口鲜血来，昏倒在地。众人急忙来救，半昏半醒状态下，曾国藩“呃”了几声，又晕过去了。

醒来时，天已大亮，所有的幕僚和将领们都围绕床前，脸上呈现出焦急之色。曾国藩安慰众人说：“我没事，我这点事和皇上现在的处境比起来又算得了什么。”

众人开始窃窃私语，私语的当然是勤王的问题。有幕僚说，“应该立刻勤王，这是臣子之责，”有幕僚帮衬着说，“很多官员都说咱们湘军自成一系，对皇上不那么忠诚，现在正是破此谣言之时。”

曾国藩睁着空洞无神的大眼，望着窗外，窗外细雨绵绵，冷空气进来，他的皮癣开始发作。他伸出两手拼命地抓，抓得床前如同披上了一层明月光。

众人就在这纷纷的“雪片”中等待曾国藩的意见。曾国藩思考问题向来慢，他一面抓皮肤，一面思索：到底该不该北上勤王？

按道理，他应该立即从床上爬起，带着他的湘军急如星火地北上，去拯救咸丰皇帝和大清江山，而且还要每个士兵脸上呈现出“忠诚”的颜色。但道理和现实有明显差距，首先他出不了祁门大营；其次，如果调围攻安庆的部队北上，那他的作战计划将功亏一篑；最后，他不认为自己的湘军能打得过英法联军。

也就是说，他北上的话，非但意义不大，可能会满盘皆输。但道理仍然有它存在的理由：君让臣来，臣不得不来。

1860年秋季的寒雨中，曾国藩在军帐里不断踱步，思索皇上的命运，不知该如何是好。有幕僚进来，他招呼到棋盘边，二人下了两盘棋。幕僚明显感觉到曾大帅魂不守舍，却也无话可说。

接到圣旨的三天后，曾国藩在一场噩梦中惊醒，眼前突现一片银丝水帘，寒雨敲打着窗棱，如同咸丰用六棱锤敲打他的心脏一样。

“不能北上！”他对着房间里的一片漆黑处，斩钉截铁地说道。

凌晨，他让人叫来几个重要的幕僚，吐露心曲：“普天下处处都是长毛贼占上风，只有安庆一城是长毛贼占下风，岂肯轻易撤退？”

幕僚们已听出曾大帅的深意，却并不吃惊。他们太了解曾大帅了：坚守既有立场，绝不放弃一点点优势。

“可是，圣旨……”有幕僚一语中的。

曾国藩立即萎靡下来，思索许久，才缓缓地说道：“我相信僧格林沁能守住八里桥。”

这种谎言，连他自己都不信，幕僚们自然也不信。随即，他又说，“我可向皇上请求从湘军中调派一人北上，即使让我北上也可以，但整个湘军不能撤退。”

机智过人的幕僚们纷纷点头，曾国藩惊奇起来：“你们知道我的本意？”

有幕僚嘴快：“拖字诀。”

“哦？”曾国藩略有些欣喜。

幕僚卖弄起来：“祁门离北京的路程，快马加鞭的情况下，单程还需半个月。您这道奏折送到北京，皇上的圣旨再来，一个月时间过去了，这就为进攻安庆争取到一个月时间。”

曾国藩笑出声，但马上就收起，长叹一声：“我也是逼不得已，希望天佑大清，僧格林沁能守住北京城！”

实际上，曾国藩用拖字诀，并非是他不想北上勤王，相反，当时他和胡林翼已定下基调，一旦咸丰允准他的建议，他就亲自北上。但他也悲观地承认，英法坚船炮利，我辈真很难阻挡，天翻地覆，大局瓦解，全体土崩，我辈只能鞠躬尽瘁死而后已了。

在忧惧和痛苦中，曾国藩度过了难熬的一个月，祁门大营转机来临时，他也收到了北京一位朋友的来信。信中说，早在二十多天前，英法联军就摧毁了僧格林沁兵团，咸丰早已西逃。英法联军不但占领了北京，还把圆明园付之一炬。

曾国藩原本的忧惧和痛苦顿时变成震惊，他在日记中写道：“伤痛之至，无可与语。”他知道，已经等不来咸丰对他意见批示的圣旨，在接到朋友来信的十天后，他接到咸丰的圣旨。圣旨里的语气半死不活地说：“和英法的和议已成，北上勤王的事可以取消了。”

曾国藩额手称庆，但这种情绪并未持续多久，他面临两个选择或者说是两个问题。第一，离开祁门大营；第二，英法列强对中国的虎视眈眈和步步紧逼。

多年以前，他就和恩师穆彰阿探讨过对待西方列强的态度，他认为应以和为贵，以信为本。但这些年他耳濡目染，却得出一个悲观的结论：和与信并不能解决西方列强的贪得无厌。那么有什么办法呢？

至少在祁门大营昏暗的军帐中，曾国藩冥思苦想也没有得到满意的答案。他的精力全被部下希望离开祁门大营的吵闹声吸引了。

很多人都对曾国藩驻扎祁门颇有意见，李鸿章是反应最激烈的一个。如今危险已解除，按理说曾国藩应该立刻离开才对，但他就是不紧不慢，对那些请求置之不理。

他有在他那个地位上的想法。他的职位是两江总督，太平天国之前，两江总督的驻扎地是南京，太平天国把南京变成天京后，两江总督多驻常州，这是个好地方，一方面可利用江南财赋支持江南大营，一方面又可把粮食运往北京。可现在，常州已成了太平天国的地盘。整个江南几乎都成了太平天国的地盘，中央政府和江南的地方官员、士绅都希望他即刻来拯救江南。如果他出祁门，给人的感觉就是他要拯救江南了，但他此时唯一的目标只是安庆。

在和幕僚们闲聊、正式开会了多日后，曾国藩发现，自己的坚持应该放弃，因为祁门的确是险地，一旦再度被围，就没有上次那么好的运气转危为安了。

出祁门前，他重申自己的执意：出去后先打安庆，江南的事，等等。

幕僚们说：“只要能出这个绝地，先打哪里都成，让江南等上一百年又有何妨？！”

1861年4月，曾国藩拔营，湘军秩序井然、斗志昂扬地离开祁门，离开了不堪回首的痛苦之地，走上了安庆战场。

李鸿章、左宗棠的光辉

1861年5月，曾国藩大军抵达长江边的东流，因为有湘军水军的照应，纵然太平军倾巢出动来攻，曾国藩也不再惧怕，所以他是绝对安全了。

就在安庆大战即将开始时，李鸿章也回到了曾国藩大营。李鸿章的回归是必然，当初他离开时，胡林翼就劝他："你将来必是大贵之人，但千万不可离开曾公，曾公是你人生的天梯。"

李鸿章气鼓鼓地说："这梯子太拧巴。"

郭嵩焘也写信劝说李鸿章："一个人崛起时必要有所依，请问，今日之天下，除了曾公外，还有谁能倚靠？"

李鸿章仍是气鼓鼓地说："不依就不依。"

他话虽是这样说，但在他离开祁门一个月后，曾国藩请他出任江西南昌的行政长官时，他还是毫不犹疑地拿起了南昌大印。同时，他还不停地给曾国藩的幕僚们写信，要他们劝曾国藩无论如何都要离开祁门，因为那是个险地。幕僚们对李鸿章"人在南昌心在祁门"的忠贞所感动，持之以恒地劝说曾国藩离开祁门。

实际上，李鸿章知道，在当时的形势下，离开曾国藩就等于自毁前程。曾国藩也明白，李鸿章是百年才出的一个人才，爱才如命的他又如何肯轻易放弃？

于是到东流半个月后，曾国藩主动给李鸿章写信说："阁下久不来营，让人大惑不解。以公事论，你本是湘军的一员，无缘故就离去，不好。以私情论，去年你离开时，并没说再不回来。"

这话就如同和一个赌气出走的孩子说的，既没说赌气的孩子错了，也没说自己错，很有水平。不过，这是装面子的话，还必须要让李鸿章觉得自己有价值，所以他继续说道："我现在肝火极旺，身体堪忧，诸事废止，身边所缺你这样的人才，如不计前嫌，请速来。"

李鸿章看了信后，热泪盈眶，第二天就动身前往东流。抵达曾国藩大营时，李鸿章低调地走进曾国藩营帐，曾国藩正在那里审读公文，有人通报李鸿章来了，他抬起头，看到风尘仆仆的李鸿章，只是点了点头，就像是二人才分开一天似的，然后指了指堆积如山的公文说：“你瞧瞧，累死人。”

李鸿章放下包袱，大步走上前，抱起公文，转身大踏步走了出去。才走到门口，迎面撞上了左宗棠。两人只是相视一笑，就好像李鸿章从未离开过。

曾国藩站起来迎接左宗棠，两人并排站着，望着李鸿章的背影，都发出会心的一笑。左宗棠向来是无事不登三宝殿，他来，是曾国藩要他来。

曾国藩要他来，是让他承担一个他从未承担过的重大任务。这个任务就是：担任安庆大战的前线总指挥。

左宗棠刚取得景德镇的大胜，正在心高气傲，闻听曾国藩的请求，第一反应是大喜，但他是聪明绝顶的人，突然就让自己冷静下来，当他确信曾国藩是真心实意后，慢慢地大摇其头。

如果曾国藩的智慧是个板凳，那左宗棠的智慧就是猴子。他对曾国藩说：“你让我做前线总指挥，就是让我离开你。”

曾国藩愕然，这两件事风马牛不相及，以他的智力商数，短时间内根本想不明白这两件事的联系。

左宗棠盯住了曾国藩，不怀好意地问道：“您这又是唱的哪一出啊？”

曾国藩大愕然：“我这是真心实意的啊。”

左宗棠想了一下，笑了，口不积德地说道：“我多虑了，按你的头脑，也想不到这一点。”

“哪一点？”曾国藩有点急了。

左宗棠又思考了一会，才慢慢说道：“安庆大战的前线总指挥毋庸置疑就该是你，你让我做，这不是让湘军全体将士视我为仇敌嘛？”

曾国藩哑然失笑，原来左宗棠的考虑如此深邃。他摆手轻笑：“你过虑了，我真是出于缜密的考虑。多年来的战场教训告诉我，我根本不适合直接带兵打仗，只要我一上战场，肯定完蛋。托大一点说，我只能在战场外遥控指挥。这一点，我不如你，给你五千人，你可以带五千人打仗，给你五万人，你也能带这五万人打仗。所以……”

“停！”左宗棠强横地打断了曾国藩的话，“我绝不做这个总指挥，有个人选倒可以，就是你兄弟曾国荃。他有勇有谋，是最佳人选。”

曾国藩还要说什么，左宗棠已起身：“还有军务，告辞！”

一阵风起，左宗棠消失在曾国藩大营，只留下曾国藩自己在风中凌乱。

他是真心想让左宗棠来当这个安庆大战的总指挥。但是，经过左宗棠的一番话，他意识到自己的孟浪，是啊，如果真让左宗棠来主持前线大局，湘军那些将领该怎么想，他的老弟曾国荃更会怎么想？

曾国荃一直就在安庆战场，他在安庆北面的集贤关已驻扎一年，把安庆城围困得水泄不通。但按照曾国藩的指示，他主围而少攻。他的部队绕着安庆城挖了两道长壕，一道在内，围困安庆，一道在外，抵御太平天国的援兵。这种方法也是曾国藩的独创，如果只有一道围城长壕，那就成了客兵，但另外增加一道抵御援兵的长壕，就是反客为主。

无论是客，还是主，曾国荃的日子都不好过。曾国藩被困祁门时，曾国荃曾要求去解救老哥，但老哥死活不同意，曾国藩对他说：“我就是死在祁门，你也不能来，你的目标就是安庆，一步都不许动。”

曾国荃向老哥抱怨说：“我在安庆很难熬，守城的是长毛贼里很能打的叶芸来，前来支援的是陈玉成兵团，这二人都不是善茬。尤其安庆是陈玉成的老家，他的家人都在安庆城，所以他攻击起来异常凌厉，我快支撑不住了。”

曾国藩回复道：“不许废话，坚持就是胜利。安庆的得失，关系到咱们曾家的气运，也关系到天下安危。你要咬定安庆，绝不动摇。我连北上勤王都没有去，你还不明白我的心意吗？！”

曾国荃难，是实情。但太平天国方面，叶芸来想要突破也难，陈玉成要想击溃曾国荃的防线更难。双方就在这种分不出输赢的拉锯中度过了一年，曾国藩踌躇满志而来。

战安庆

曾国藩抵达东流不久，太平天国也有了高调动作。一支主力部队从南京赶赴安庆，誓要破解曾国荃的两道长壕。但这支部队的指挥官是个胆小鬼，在离安庆十里的地方扎营，按兵不动。

陈玉成带领他的主力随即赶来，真正的大战开始了。

双方先在集贤关进行了殊死搏战，旗鼓相当，都有死伤。陈玉成见集贤关不是他的福地，于是直奔主题：留下四千人守集贤关营盘，亲自带领主力向曾国荃的长壕发起洪水猛兽般的进攻。

双方激战得异常惨烈，曾国藩所在的东流离安庆城三十里，却能清晰地听到双方的炮声。陈玉成是当时的名将，曾国荃自然也不弱，所以双方谁都拣不到便宜，打了几天后，大家发现是两败俱伤。

陈玉成清醒地意识到，如果再多点兵，他就能把曾国荃的长壕推平，于是他跑到南京那支部队的驻地，向他们要兵。这个想法使他付出了万劫不复的代价。他走时，把所有部队都留在集贤关和安庆城外，这是一支没有了主帅的兵团，尤其是在战事剧烈时，乃兵家大忌。

曾国藩得知消息后，兴奋得直搓手。他下命令给多隆阿，要他不惜一切代价拖住陈玉成，然后再下命令给鲍超，要他带领一支数量可观的急行军，飞速赶去安庆城和集贤关，与曾国荃联合将陈玉成的主力剿灭。

多隆阿真就死死地拖住了陈玉成，曾国荃和鲍超合围一军，先对集贤关的太平军下手。仗还是打得异常激烈，太平军虽没了主帅，但士气仍旺。湘军虽然人数众多，短时间内却不能全歼他们。在你争我夺和血肉相搏的战役中，双方死伤相当，然而随着时间的推移，太平军粮草已尽，弹药全无。曾国荃运用宣传战术，使太平军坚信陈玉成这辈子是不会回来了。在僵持了几天后，这支随陈玉成南征北战的精锐兵团举旗投降。

曾国荃心花怒放地向曾国藩送去捷报，得来的却是曾国藩冷酷的命令：所有俘虏，全部斩杀。

屠杀不是技术活，而是力气活，同时也是摧残自我良知的利器，就在你眼前，鲜血从跪倒在地的人的腔子里喷向天空，映红日月，但凡有良知的人，都会对此受良心的谴责。曾国荃自从军以来杀人无数，可杀了七千多名俘虏后，也手软心碎，表示打完安庆之战后，就回家种地。

曾国藩听到老弟这不争气的话后，写信给他："现在这种情况下收容投降之人，很不妥当。挤疥子不可令出零脓，蒸烂肉不可屡揭锅盖也。攻克城池以多杀人为妥，不可假仁慈而耽误大事。”

多么冷血！尤其是出自读书人曾国藩之口，更让我们觉到齿冷，浑身战栗。但曾国藩毕竟是个人，是人就有良心。他对曾国荃说，杀了这么多人，劫数之大，为之叹息。但是，纵然是尧舜、孔子在世，对这些贼，也会痛下杀手的。

曾国荃接到信，仍是一副心事重重的样子。曾国藩似乎了解他的心理，几天后又来信说，“你别哼哼唧唧的了，既然已带兵，就要以杀贼为志，何必以多杀为悔？长毛贼到处杀人放火，流毒天下；基督教乃邪教，和我礼教水火不容，纵是仁慈如孔子在世，断无不全力诛杀他们之理。既然如此，何必又对杀他们而内心有愧？”

曾国荃仔细琢磨老哥的话，发现很有道理，于是放下心理包袱，专心致志地开始杀人了。

湘军在集贤关对俘虏们的大屠杀，给安庆城的太平军投射了巨大的心理阴影，同时也让他们坚定了信念，那就是死都不投降，因为投降也是死。况且，援兵正源源不断赶来，正在持续不断地敲打着曾国荃的第二道长壕。

陈玉成终于从多隆阿的虎狼兵团下脱身，但实力已锐减。他的家人在安庆城，他的目标只能是安庆城。第二道长壕再度发生惨烈的战争，在隆隆炮声中，陈玉成如同疯了一样，冲锋在前，然而他的运数已尽，对曾国荃的守壕战术无计可施。

曾国荃的长壕战术是曾国藩多年来总结出的战场宝贵经验，它以长壕为武器，不断消耗敌人的有生力量，当敌人惨败撤退后，湘军又在长壕之外再挖长壕。如此一来，陈玉成要想突破，就必须付出比从前更大的攻击的惨重代价。

炮声渐远，喊杀声渐稀，安庆城外的战斗已接近尾声。

安庆城内已如地狱，本来，安庆城里的粮草供应是由外国商人偷运而来，太平军高价收购。曾国藩不敢攻击外国商人，所以将计就计，用更高的价格购买外国商人的粮草。这样，安庆城彻底成了饥饿之城，士兵饿得头晕眼花，连刀枪都拿不起来。

守将叶芸来从未有投降的念头，安庆城又如铜墙铁壁，所以曾国荃纯靠人力进攻，显然很难。但在把陈玉成胜利抵御在外围后，曾国荃开始专心对付安庆城。他采用挖地道的方式，一直挖到安庆城里，然后把一门大炮送进地道，轰塌了安庆城中央的地面，湘军蜂拥而入，再如蚂蚁出洞般冲上了安庆城。这些人未遇到任何有效抵抗，就打开了安庆城门，并在城中大肆放火，安庆城陷落。

叶芸来和一万六千名太平军士兵放下武器，等待被屠杀的命运。陈玉成在安庆城外望着冲天火光，嚎啕大哭，并组织了一次毫无底气、自然也无质量的冲锋，然后匆匆撤走。

安庆之战结束，曾国藩的宏图就此注定。安庆之战是太平军和湘军的重大转折，湘军攻占了太平天国首都天京的上游屏障安庆，更重要的是，陈玉成的主力消耗殆尽，其他救援安庆的太平军部队也遭受重大损失，可以说，安庆是太平军的坟场。

这一切的发生都是曾国藩坚持到底的结果，没有曾国藩的坚持，就不可能有安庆之战的最后胜利。

生活法则告诉我们，有一喜必有一悲紧接而来。所以中国古代哲人们警告我们，安不忘危、乐不忘忧。就在曾国藩把两江总督驻地移到安庆城，并得到中央政府的重大奖赏后，两个坏消息接踵而至。

第一个是，咸丰死了。

咸丰死于1861年8月22日，死在他逃难的河北承德避暑山庄，年仅三十岁。据说，他是个始终想要有作为，而且很有可能会有作为的年轻领导人。可他运气太差，在其执政的十年里，先是太平天国革命，然后是全国各地蜂拥而起的叛乱，接着就是西方列强的咄咄逼人和第二次鸦片战争，内忧外患让咸丰痛不欲生。他终于死去，多年来心理的沉重压力是主因。

咸丰去世的消息在半个多月后才到达安庆，曾国藩闻听后，急忙拿起笔来，挤出眼泪写道："痛悉我咸丰圣主已于××日龙驭上宾，天崩地坼，攀号莫及！多难之秋，四海无主，此中外臣民无福，膺此大变也。"

瞧这架势，好像他如同死了此生最敬重的导师和人类救世主，其实这是虚的。实际上，曾国藩对咸丰的死毫无感觉，让他心动的是咸丰死后的政局。咸丰死后，内忧外患的情况下，谁来力挽狂澜？一直对他湘军支持的咸丰死后，下一任领导人是否还会信任他，湘军的未来何去何从？

他特别希望的是，能有强有力的辅佐者帮助新任小皇帝渡过难关，就如当年多尔衮帮助顺治一样。他对胡林翼吐露心曲道，咱俩一定要搞定长毛贼，算是给新领导人一份厚礼，也算是为他减轻点负担。

但这种想法在十几天后彻底破灭，因为胡林翼死了。

胡林翼注定会英年早逝，他年纪很轻时就染上了肺结核。这种病不能劳累，不能生气，不可担忧。可他所从事的工作恰好是必须要劳累、必须生气、必须担忧的。所以他常常咳血，越来越重，安庆之战后，他回武昌休养。

回武昌的路上，胡林翼看到几艘洋船逆风行驶，却疾如飘风，马上变色不语，回到武昌后，再也没有起来。和曾国藩一样，他明白，湘军消灭太平天国可以，但要对付洋人，差距太大！

1861年9月最后一天，胡林翼在武昌城住所里咳出几大口血后，一病而死，年仅五十岁。消息送到安庆时，曾国藩嚎啕长哭，哭得草木皆惊。

他和胡林翼是多年的好友，胡林翼处处照顾他，才有他曾国藩今天的地位。如今好友、最得力的助手离开他，他怎能不哭？悲痛万分之下，他竟然也吐出几口血，伴随着严重的癣病，使他生不如死。

他给左宗棠、李鸿章的信中，悲痛之情力透纸背："痛心之至！赤心以忧国家，小心以事发生，苦心以护诸将，天下还会有像胡林翼这样的人吗？！"

这种悲伤怀念胡林翼的信件不停地给他的所有朋友，他那些悲痛如同东洋大海，无穷无尽。收信的人看得都烦了，提醒他，胡公已死，眼前事还要您付出最大精力应付啊。

曾国藩这才从悲痛的世界里拔出精神，放眼望向北方，那里不是眼前事，但比眼前事更令人心悸。

曾国藩福星高照

北方正发生着骇人听闻的政变。咸丰临死前，把皇位传给他唯一的儿子、只有六岁的载淳（后来的同治），由于新皇帝年幼，所以咸丰找了以肃顺为首的八个老臣辅佐，是为"顾命八大臣"。

问题来了，这八个老头里竟然没有咸丰的亲弟弟恭亲王奕訢，他可是皇室血缘最近的人。恭亲王奕訢大为恼火，最恼火的是咸丰的老婆慈禧，二人用书信秘密联合，1861年10月末，同治一行从避暑山庄回北京。1861年11月的第一天，早已准备妥当的慈禧和奕訢突然宣布召见八个老头，宣布他们自己都不知道的罪状，然后以雷霆之势该杀的杀该关的关，自此，慈禧和奕訢控制了同治，控制了残破的大清王朝。

任何一场政变过后，政变成功者都会进行大的人事调整。当时正是多事之秋，慈禧自然更把这件事当成第一要务来做。

她第一个想到的就是正在南中国对付太平军的曾国藩，这是主要矛盾，必须优先解决。她和奕訢商议，商议了许久。终于得出结果，要空前地对待曾国藩。

她下旨给曾国藩，要他全权指挥浙江、江苏、安徽、江西四省军务。

曾国藩接到圣旨后，才知道始终大力举荐他的肃顺已被砍了头。这不是他震骇的地方，他最震骇的是，在此之前，清政府从未给予过一个地方官尤其是汉族官员这么大的权力。

而他竟然可以说是唾手可得！

他哪里敢高兴，哪里敢志得意满，极度的惶恐涌上心头，浑身发汗，竟然忘记去接圣旨。在跪在地上倾听圣旨时，他想到中国传统文化中很多词汇，功高震主，满招损、谦受益，飞鸟尽良弓藏，树大招风……

这是中国任何一个聪明的古人站到最高峰时都会想到的词汇，它们就如同魔咒，让站上最高峰的人魂不附体。

他又想到湘系集团的那些人，很多人在此之前都已做了高官，权倾一时。李续宜接替胡林翼做了湖北巡抚，彭玉麟做了安徽巡抚，骆秉章做了四川总督，长江两岸到处都是他湘军的人，都是他湘军的部队。

他接连两次上奏中央政府，请收回他节制四省军事的命令，至少不要让他节制浙江军务。他言辞恳切，慈禧太后大为赞赏，非但没有收回成命，还让他遥领协办大学士之职。

这是个更让人眼红的职务，已进入权力核心。

1861年，至少从曾国藩的仕途角度来看，他已能呼风唤雨。但新的挑战正在等他，不容他有丝毫的兴奋和麻痹大意。

第八章
布局东南

为左宗棠谋浙江巡抚

慈禧让曾国藩节制四省军务，其实曾国藩能节制的地盘很少。仅以浙江为例，他当时不想节制浙江，因为浙江已残破不堪。当他全力和陈玉成在安庆血战时，太平军李秀成兵团已攻占浙江西部、南部大部分地区。安庆失陷后，李秀成下定决心全力经营浙江，并以突袭手法攻占绍兴，对浙江省会杭州完成合围。

杭州被围是大事，慈禧迅速下令曾国藩前去解救。曾国藩突然意识恍惚起来，对这道圣旨视而不见。慈禧就连续给他命令，曾国藩的意识就不停地恍惚。

浙江巡抚王有龄写信给曾国藩，字里行间哭腔十足，大有“拉兄弟一把，我为你做牛做马”的情态，可曾国藩像是傻了一样，在安庆城里呆坐，不发一兵一卒。

事情很直观，曾国藩只要一声令下，还未获得高级职务的左宗棠就会奋不顾身地去解救杭州，但他就是不下令，而且还和左宗棠谈起了世界观。

二人谈到西方列强和如何对待西方列强，谈得如火如荼。

1861年12月中旬，杭州已危在旦夕，据王有龄呈递给中央政府的报告，如果还未有援兵，杭州在半月之内必失。慈禧大怒，严厉斥责曾国藩不作为、见死不救。

曾国藩慢悠悠地诉苦说，非是我不救王有龄，而是力不从心。我的人都抽不开身，多隆阿正在咳血，连上床的力气都没有，何况上战场。湖北巡抚李续宜正在焦头烂额，骆秉章、彭玉麟都被分内事纠缠，分身乏术。我在安庆，还有上海和江苏的绅士们来缠我，要我去拯救他们。我所能用的人只有一个左宗棠，可左宗棠现在无名无分，去解杭州之围，难孚众望。

慈禧看明白了，曾国藩这是给左宗棠要名分呢，古语说，名与利器不可轻舍于人，这种事，不是你曾国藩想要就能轻易要到手的。

慈禧坚决不同意，仍是激烈地要曾国藩出兵解杭州之围。看到慈禧圣旨里字字如炸弹，曾国藩心惊起来。他对左宗棠说："看来你非要跑一趟杭州不可了。"

左宗棠沉默，沉默得让人摸不着头脑。这是从未有过的事，至少在曾国藩印象中，没有什么事可以让左宗棠沉默这么久。

终于，左宗棠还是第一个开口了："这杭州吧，救和不救，结局都一样。"

曾国藩睁大眼睛。

左宗棠说："到浙江作战，四面都是太平军，等于是咱们闯进了人家院子，后勤补给一定困难，我去，等于是一支孤军深入，还要层层突破太平军的关卡，你说这和登天有什么区别？"

曾国藩把头点得如鸡吃米："你说得对，可又不能不救，上面催得紧。"

左宗棠一笑："要救早就该救，等到这时说这话，你可太虚伪了。"

曾国藩脸微微一变，左宗棠又开口了："不救王有龄这厮是对的，他之前总是想从您这里挖人，还在皇上面前说您坏话……"

"话不是这样说，"曾国藩打断左宗棠，拿腔拿调起来，"我和他都是大清之臣，理应同舟共济，互相扶持。见他身陷苦海，我没有能力去解救，真是心痛。"

其实关于曾国藩何以不救杭州，和浙江巡抚王有龄有很大关系。他和王有龄虽无深仇大恨，但李元度事件始终是曾国藩心上的一道坎儿，纵然王有龄在1861年12月末战死杭州，也未能让曾国藩忘记李元度事件。

杭州的陷落，给清政府一记闷棍。朝中的老头们和慈禧立即展开激烈的讨论。有人说，应该有人为杭州的陷落负责，此人自然是曾国藩。有人反对说，此时正是用曾国藩之时，惩罚他就是自毁长城。慈禧坐在同治后面的帘子里脸色极难看，她是在懊悔，如果早给曾国藩索要的东西，杭州恐怕还有救。

亡羊补牢，为时不晚。1862年1月，慈禧下令，任命左宗棠为浙江巡抚，敦促曾国藩，要他和左宗棠尽快收复杭州，光复浙江全境。

曾国藩一扫当初的萎靡状态，左宗棠也是快马加鞭，开始知行合一，对浙江发起稳扎稳打的进攻。

当湘系集团所有人都把注意力集中于浙江时，曾国藩却高瞻远瞩地眼波流转，瞄向了上海。瞄了许久后，他就找来李鸿章，李鸿章倾吐心曲道："你呀，应该去上海。"

组建淮军

不多几年后，李鸿章常发自肺腑地说："没有曾公，就没有我李鸿章。"那时他已是封疆大吏，和曾国藩平起平坐了。的确，在晚清，"曾李"可以并提，但没有前面的"曾"，后面的"李"就是个虚无。

曾国藩对李鸿章的全面照顾，始于李鸿章进入曾幕，高潮就是为李鸿章创建了淮军，并让他去上海开辟新天地。

上海原本是个渔村，属江苏省，发展了几百年，也毫无亮点。直到中英第一次鸦片战争后开辟为通商口岸，才猛地崛起，并迅速超越广州，成为中国南方的经济中心。1853年太平天国占领南京，南京无数富户携带财产逃避上海，上海的经济更是如虎添翼，傲视南中国。

由于上海这种特殊地位，所以无论是太平天国还是清政府，都尽力想让它为己所用。遗憾的是，太平天国多次进攻上海，因为上海的洋人助阵，所以并未得手。而清政府方面，江苏巡抚薛焕是个草包，只能保佑太平军别占领上海，其他无所作为。如此一来，上海孤悬两股势力之外，仅凭洋人的几千条洋枪苟且偷生。

李秀成占领杭州后，上海方面的压力与日俱增，当地士绅阶层推举出一人去见曾国藩，希望曾国藩这个节制四省的官场大佬能派一支部队去保卫上海。

他们知道曾国藩缺钱，所以在吹捧了曾国藩神功伟绩后，立即指出，只要曾国藩派军队到上海，那上海方面可以给曾国藩月薪六十万两白银。

曾国藩听到这时，险些没控住口腔里的口水，他深吸一口气，打起官腔说："这事需从长计议，我们的战略计划里没有这一条啊，我们正准备打长毛的老巢天京呢。"

来人对曾伟人察言观色，发现这位总耷拉眼皮子的曾老头似乎在说真话，不禁大失所望，悻悻地回了上海。

上海的士绅们开会，都骂这个人蠢，说动曾国藩，不能只提钱。曾国藩是传统文化熏陶出来的士大夫，君子喻于义小人喻于利，你跟他总提钱，这不是把他向小人堆里扔吗？！

一个叫钱鼎铭的上海地方官和一个叫冯桂芬的人琢磨了半夜，写了封信，由钱鼎铭带着来到曾国藩驻地，信上说，"希望曾公您出兵一万，以一勇将带领，解救上海，解救上海苍生。如果您不派兵来，上海危在旦夕，生灵涂炭，被长毛贼涂炭，这肯定不是您希望看到的。您原本就是天下苍生的救世主，难道眼睁睁看着上海人民陷于水火吗？"

曾国藩喜欢听这样的话，读书人就该以天下兴亡为己任，如果单纯谈钱，简直太侮辱传统士人的人格了。

他对钱鼎铭热情如火，钱鼎铭感受到了曾国藩的真挚，就诉说当时的形势："上海一带，只有上海、江苏镇江、浙江湖州三地没有被长毛占据，但很难持久；上海一带虽有民团、武装的洋人，可如果没有大军前去，这些势力都守不了多久。要想让上海活，必须要派遣一支军队。"

曾国藩连连点头，对于钱鼎铭的这段话，他早就研究了很久，他对上海的熟悉恐怕不比钱鼎铭差。他一口答应钱鼎铭，必会抓紧时间派一支精锐去上海。

钱鼎铭屁颠颠地走了，曾国藩却陷入思虑中。

当时，湘军的确没有多余的兵力，大家都在各自的战场上忙碌着，只有曾国荃在向天京慢悠悠地推进。他希望曾国荃带一万人去上海，曾国荃一口回绝了。他说："我非要打下长毛的老巢天京不可，上海那地方，根本不必派军队去，只要我猛攻天京，全国各地的长毛贼都会跑回来救天京。”

曾国藩说服不了曾国荃，只好另想办法。“既然现成的兵派不出去，那不如新立一支。”这是曾国藩对李鸿章长吁短叹时，李鸿章心不在焉地说的一句话。这句话让曾国藩眼前一亮：“对啊，少荃，你这主意太好了，这事就交给你吧。”

李鸿章慌忙从椅子上站起，想了一想，说道：“我只是一说。”

曾国藩板起脸孔说道：“我可不是随便一说。”

李鸿章皱眉道：“其实湘军还是能派出一支万人部队来的，何必再建新军？”

曾国藩叹道：“湘军经过这么多年战阵，又经历过无数次胜利，已有暮气，必须要补充新鲜血液进来。而这新鲜血液却要完全不同于湘军，我看你就在你们安徽招募新兵，就叫淮军吧。”

李鸿章手直抖：“老师，这……”

“我选择你们安徽人，因为你们淮北的民风朴实彪悍，底子好，只要加以适当训练，就可称为劲旅。这件事就这样定了。”

李鸿章不语。

曾国藩叹了口气，“其实你是我幕府最得力的人，你若离开，我还真是一团乱，但上海关系重大，非要保住不可。能否有上海，是咱们胜利或失败的关键因素！”

李鸿章挺起身来，发誓一定要勇担这份重任。

和曾国藩创建湘军大不同，李鸿章创建淮军，并非是从头招募式的创业，而是驾轻就熟地整合。他利用湘军这座靠山，打着曾国藩的大旗，把曾在淮北抵抗太平军的团练们收编，然后按照湘军的营制改编，大清历史上又出现了一支新的军队——淮军。

淮军和湘军相比，有很大的不同。首先是指挥官，湘军都是知识分子，淮军大都不是知识分子；其次是士兵组成，湘军专招朴实人，淮军由于成立仓促，所以人员复杂；最后，湘军的武器大都是冷兵器，但李鸿章到上海后，就把淮军变成了一支拥有火器的现代化部队。

淮军在两个月内组建完成，人数过了一万人。上海那边心急火燎地不停派人来，曾国藩和李鸿章原本计划再训练一个月，但时间太过紧张，所以决定提前去上海。

组建淮军容易，去上海却很难。当时从安庆去上海的陆路有千里之遥，而且路上必须经过太平军控制的江南地区。曾国藩谨小慎微地对李鸿章说：“这条路啊不好走，一旦在太平军控制地区和长毛交火，若是一万人打成了几千人，到上海后，咱们的颜面就没了。”

李鸿章连连点头，想了个主意：让上海方面报销往返路费，并且要绝对地保证淮军的安全。这个主意要实行，只有一条路：走水路。

上海方面马上付诸行动，他们向英国驻上海领事租船，江苏巡抚薛焕坚决不同意，因为按上海士绅们的意思，当地政府也应该出点钱。薛焕不是在乎那点钱，而是在乎他的权力。一旦李鸿章来了上海，他这个巡抚宝座大概就不保了。

钱鼎铭说服了他，淮军不来上海，上海肯定保不住，长毛对您的脑袋可非常有兴趣。淮军来上海，您纵然保不住巡抚的宝座，可还能保住脑袋啊。

薛焕对这段话进行了缜密的考虑，最后两害相权取其轻，终于同意雇佣英国战船运输李鸿章部队到上海。

经过三次大运输，1862年6月，一支万人的淮军部队全部抵达上海。最后一支淮军还在水上欣赏落日时，曾国藩就向中央政府提举李鸿章为江苏巡抚，薛焕正如他自己所料的那样，巡抚宝座虽然没有了，但脑袋完好无损地放在脖子上。

李鸿章去上海前，曾国藩语重心长地对他说：“此次去上海，和洋人打交道的机会会很多，对于这其中诀窍，我觉得孔子所谓‘忠、信、笃、敬’四字，笃者，厚也；敬者，慎也；信，只不说假话耳，然却极难，我们要当从此一字下手。今天说的话，明天不能因小利害而变。”

李鸿章琢磨了半天，说：“谨遵教诲。”

李鸿章是曾国藩麾下最后一位担当地方大员的人，自此后，湖南、湖北、江西、安徽、浙江和江苏都成了湘系的天下。

他的傲气和与生俱来的书生气在此时也如日中天。

四拒借洋兵

李鸿章抵达上海后，上海的洋人们来找李鸿章，李鸿章趁势请他们检阅淮军。当时的淮军，兵饷不足，而且在乱世摸爬滚打了多年，衣衫褴褛，浑身流淌着二流子气质。洋人们看完，就愁眉苦脸，偷偷对人说："这简直就是你们中国的第一大帮丐帮，怎么可能守得住上海？"

有人把洋人的担忧告诉李鸿章，李鸿章"呸"地吐口痰到地上说："别听他们危言耸听，他们这样说是想让咱们'借师助剿'，曾公说过，死都不会靠他们这群洋人。不过，"李鸿章转动眼珠说，"他们的枪炮可真够劲的，你问问他们，是否能卖给我们一些？"

李鸿章说曾国藩死都不会"借师助剿"，字字都是真的。所谓"借师助剿"，是当时清政府流行的一种想法，就是借助洋人的兵力来对付太平军。

其实，"借师助剿"的论调存在许久了。早在曾国藩困守祁门，英法联军进北京时，有洋人就曾向清政府提议，俺们可以用先进武器帮你们打洪秀全。清政府的老人们围在桌子前商议，商议了多日，也没有结果。他们突然想到，这种事远在南方战场的顶梁柱曾国藩最有发言权，于是让曾国藩发表意见。

曾国藩当时的处境万分艰难，如果让洋人助攻太平军，先不说输赢，至少能把围困祁门的太平军兵力分出一些去。可纵然如此，曾国藩深思熟虑了几天后，给出的答案仍是：外夷的军队不可用！为什么，他说，自古外夷帮助中国消灭敌人后，都有意外要求。就是说，借助外夷，成本太高，超乎想象。

他还自信地认为，湘军水军已控制了大部分长江江面，清政府部队的单薄在陆而不在水，太平军能够纵横南中国，也是在陆不在水。湘军陆军不可能进兵天京，就算洋人的战舰由海口沿长江上行，也不能收夹击之效。也就是说，洋人无用。

不要认为曾国藩是个正儿八经的民族主义者，其实他是个实用主义者，正如儒家教导他的那样"无可无不可"，绝不会用死规矩把自己限制死。洋人要借兵给他，他不同意，可对于洋商从南到北代运漕米，曾国藩满口答应。

他对中央政府说："对外人借兵给咱们的事，要感谢他们的好意，但对他们出兵，咱们应委婉地拒绝。可是他们要代我们运送漕米，我是大力赞成的，咱们应该鼓励他们，让他们发更大的光和热。"

信的最后，曾国藩说："我和左宗棠、李鸿章商量的结果就是如此。不过，纵然要他们代运漕米，咱们也不能一劳永逸。洋人的先进技术，咱们只要有机会，必须要学习啊。"

这就是曾国藩、左宗棠等人的远见，在那种自身安危都受到考验之时，竟能想到如此深远的计划，曾、左二人实在有过人之处，也足以证明，后来二人倡导洋务运动，不是头脑发热，而是深思熟虑的结果。

当时的江苏巡抚薛焕与浙江巡抚王有龄对曾国藩"自以为是"的论调大为不满，王有龄对中央政府说，"曾国藩在祁门被困成了鳖，竟然还大言不惭地说洋人无用，实在是死鸭子嘴硬，不借助洋人，他曾国藩根本就对付不了长毛贼。"薛焕更是气冲斗牛，对中央政府说，"曾国藩这是掩耳盗铃，说不借助洋人，可上海现在就是靠洋人在守卫，一批不远万里来的美国人还自动自发组织了'洋枪队'，帮助我们打击长毛。"

二人之所以这样说，是因为他们脆弱的内心认定纯靠自己的力量根本对付不了长毛，而曾国藩虽身处逆境，却内心强大，再加上对国家民族的责任感，使他有着不同于王、薛二人不同的声音。

价值观决定人生观，这话一点都没错。

清政府对曾国藩和王、薛二人进行综合评论后，觉得曾国藩正确，王、薛二人是胆小鬼。岂止王、薛二人是胆小鬼，当时在南中国受到侵害的所有中国上层社会都这样想。上海方面的士绅在未去请曾国藩出兵前，就大肆鼓吹应该请洋人来保卫上海，并请中央政府向洋人"借师助剿"，收复被太平军占领的苏州、常州等地。

中央政府再问曾国藩的意见，当时他已从祁门出来，正在围攻安庆，胜利指日可待，所以底气更足。他对上海那群士绅说："几个洋人拿几条枪保卫上海，这可以，但让他们进攻苏州、常州，简直是滑稽可笑。上海是通商口岸，也有他们洋人的利益，他们保卫上海，理所应当。可苏州、常州等地不是通商口岸，没有他们的利益，他们来这里，能有什么责任心？！"

上海士绅们垂头丧气，曾国藩后来又去信对他们说，既然让人家保卫上海，就该以诚相待，不可猜疑，尤其不可自傲自卑，能得其心，就能得其力。

以“诚”待人是理学家的杀手锏，曾国藩主张在外交上也应该如此，这是他终生的人生信条。

薛焕气得鼻子都歪了，正遇到太平军猛攻上海，洋人们也守得很艰难，薛焕再提“借师助剿”。曾国藩也没好气，对中央政府说，“谁不想尽快消灭长毛，洋兵如果是毫不利己、专门利人的天兵天将，那咱们不用就是傻子。可这些人狼子野心，不成功还好，一旦成功，所要求必然超出我们的想象力，到那时候我们给还是不给，给的话，必是贻害国家，不给，就得开战，谁能保证打赢？这不是前门驱逐了狼，后门来了虎吗？！”

“借师助剿”的论调一时沉入谷底，李鸿章抵达上海后不久，又一波“借师助剿”论兴风作浪。提出这一老掉牙论调的人是三口大臣崇厚，他玩了个花招，说洋人不可信，但印度人可信，大家都是受洋人欺辱过的。我们可以借英国殖民地的印度兵来中国，帮助我们打长毛。

曾国藩忍无可忍，怒斥荒唐：第一，借师助剿是大错特错，只图眼前痛快，不想将来的危险。这些人鼠目寸光，应该都拉出去不经任何审讯就斩首示众；第二，他曾国藩三番五次地摆明了自己的主张，可还是有人三番五次地提“借师助剿”，拿他曾国藩的话当放屁，简直无法容忍！

他联合左宗棠、李鸿章向中央政府上了一道很不客气的奏章，专谈此事。他说，经过缜密的调查后，我们得出结论，英国人调印度兵来助剿这件事是子虚乌有，英国人在印度都手忙脚乱，怎么可能有精力调人来中国？纵然英国在中国的地方官想从印度调兵，在他们那种政体下，必须经过议会通过才可进行。崇厚脑子里都是糨糊，不知他是被某些别有用心的英国人忽悠了，还是他做梦梦到的，竟然异想天开，这种人的智慧不足以担任官职，皇上应慎重考虑他的去留。

最后，他又说了不借洋兵的另外理由，可谓掷地有声：长毛匪原本是中国良民，纵然为匪，失去良知本体，也是吾中国国民，自有我中国管，岂要外人来？况且，今日之形势，长毛匪已是穷途末路，我辈自有能力结果他们。即使他们仍气焰万丈，这也是我们自家的事，中华之难，中华当之！

“中华之难，中华当之”和汉朝人的那句“犯我强汉者，虽远必诛”同样气势如虹。

曾国藩说了这么多情绪化的话后，笔锋一转：“如果政府真听了那些不开窍的人的话，借师助剿，那湘军绝不会配合进攻。湘军不配合，洋兵人少，能攻城但没有人力守城，最后肯定是白玩一场。”

慈禧看到奏章的最后，想要发怒，但终于忍下来。虽然对曾国藩很有意见，但她还算清醒，绝对不能借师助剿。

曾国藩四拒借洋兵，终于使得洋人没有进入中国军事领域，至少在这一程度上看，它保全了中国的军事主权。

为了不让洋兵参与中国事宜，曾国藩可谓煞费苦心，甚至不惜一切代价。

这一思想付诸实践最具典型的是阿思本舰队事件。阿思本舰队事件是这样的，1860年，英法联军进了北京，火烧了圆明园，同治和慈禧回京后，负责和英法联军和议的奕訢说，这群鸟人能如此轻松地进了咱们帝国的心脏，就是因为船坚炮利。我看这很好办，只要咱们花钱买一支舰队就可以了。

很多人都说奕訢是当时的高瞻远瞩者，但这件事证明了他的平庸。不从制度上改革，全去表面武器上装潢，这和一个肺痨患者看到拳击高手天下无敌，认定是拳击手套的强大的思维模式一样。

奇异的是，奕訢的看法得到绝大多数人的赞同，曾国藩也暂时同意，不过他比奕訢走得更远一点，他希望能有自己的船厂，而不是全靠购买别人的战舰。

事情就这样定下来了，奕訢和洋人们交流、谈判，最终确定每艘战舰数十万两白银。曾国藩得知消息后，大呼太贵。但他又不好阻挠这件事，因为开始时他是同意的。于是他掉头重新拿出自己的主张：此时购买战舰无非是为了对付长毛匪，可我早就说过，长毛匪的长处在陆而不在水，洋人的战舰都是横行于辽阔的大海，咱们和长毛匪交战的地方没有大海，要那么多战舰做什么？

奕訢头痛不已，问曾国藩，请把话说清楚点，我最近公务太多，脑袋都要炸了，你想要表达什么？

曾国藩拿出自己的想法，战舰必须要买，买战舰不是目的，买来后研究它，然后咱们来自己制造，一来省钱；二来可以不必仰洋人鼻息。当有一天，中国人见到战舰不会大呼小叫，咱们就真的强大起来了，就可以和洋人分庭抗礼了。

奕訢头更疼了，他想不了那么远，按他和慈禧的想法，买一支舰队回来，消灭太平天国，这就是直接目的。可曾国藩又谈什么自己制造战舰，这就超出了他的想象。经过多日的模糊的思考后，他同意了曾国藩的想法，不过，还是违背了曾国藩的意思，购买了一支小型舰队。

这支舰队包括三艘中号军舰、四艘小号军舰、趸船（无动力装置的矩形平底船，通常固定在岸边，用于装卸货物或供士兵上下使用）一艘，又购买了大批武器弹药，一共花费白银六十五万两。

闻听此事，曾国藩拍着大腿对人说：“几艘破船就值这么多，要是自己建造，何至花这么多冤枉钱？”

虽然如此说，他还是渐渐乐观起来。当时胡林翼仍在世，他和胡林翼商量说：“这些战舰一到，每艘战舰留下三四个洋人，至于士兵，都用咱们湘军的，炮位也用湘军，哈哈。”

人生法则之一，就是发生的事永远是你预想不到的。就在曾国藩踌躇满志时，情况发生变化。变化来自二道贩子、英国总税务司司长李泰国，他是英国人，但因为总和中国人打交道，觉得中国人名字很酷，所以给自己起了个中国名字。他把这件事想得特别美好，也特别长远。清政府把钱交给他，购买了战舰后，李泰国阁下竟然私自聘请英国水军上校阿思本为这支战舰的司令。这还不算，他还招募了六百多英国水军官兵，准备舰上全用英国人。

这就是所谓的阿思本舰队，随之而来的就是阿思本舰队事件的爆发。

如果事情只到此为止，也不算什么。一个舰队的司令和士兵是外国人，并不代表舰队的归属权也是外国人。可随之发生的事让清政府和曾国藩惊骇万分。

战舰未到中国时，李泰国摇摇晃晃地进了北京城，和奕訢等人寒暄一阵后，就从皮包里拿出几张纸，上面既有英文也有汉文。奕訢莫名其妙地问：“这是什么？”

李泰国晃荡着肥头说：“看了就知。”

奕訢就看，这是份合同，双方签订人不是他李泰国和奕訢，而是他李泰国和阿思本。奕訢才看到第二条就大吃一惊，看完最后一条后，简直要跳起来痛揍李泰国一顿。

这份合同的大致内容是，阿思本是这个舰队的司令，而他李泰国是司令的司令。阿思本有权决定中国以后的水军规模和战舰样式，并且这支舰队要挂外国军旗，至于中国清政府的龙旗，随便找个地方画几只蚯蚓就可以了。

这个合同告诉清政府一件事：你们出钱买的舰队不属于你们，不但这支舰队不属于你们，以后你们的海军也不属于你们。

若是几十年前，中国人早就抽出腰间的铁片子，把李泰国一刀两断了。可因为经历了两次鸦片战争，中国人对英国人已畏惧如虎。奕訢一面擦拭汗水，一面向李泰国表示，这事他做不了主，要请示慈禧太后。

李泰国在椅子上微笑着点头，意志坚定，自信十足地说："让你们的女皇看看也无妨。"

伟大的女皇慈禧看了，要跳起来，却终于忍住，隔着帘子问奕訢："南方那群人怎么看？"

这当然指的是曾国藩的湘系集团，此时，他们是中华民族的顶梁柱。奕訢轻轻地说："已经把此事传去南方了。"

慈禧再问："你觉得他们会怎么看？"

奕訢想了一下："他们听您的。"

"是吗？"慈禧笑了，瞬间收了笑容，蹦出三个字，"听个屁。"

慈禧可谓未卜先知。曾国藩得知此事后，万分激动，写了封情绪极为激烈的奏章，希望中央政府死都不要答应这件事，即使那些钱一毛都要不回来，也不可答应。

他的奏章在路上时，奕訢等老人们已在制定新的合同，这份合同只轻描淡写地改了一句话：阿思本的司令职务应由清政府授予，舰队的最高指挥官应是中国人，而非任何外国人。

消息再传到安庆时，曾国藩简直要暴跳如雷了。

耻辱！他的脑海里只有这两个字，但焦躁地转了几圈后，他突然猛地意识到另外一个问题。这个问题很严重，让他冷汗直冒。

中央政府那群人纵然被英国人的两次战争吓破胆，也不至于害怕到这种程度，花了那么多钱，只买个总司令任命的权力？

这件事如果换个角度考虑，如果阿思本带着他的舰队来南方，由于他的任命是出自中央政府，是不是就说明他代表的是中央政府？等于说，中央政府派了支舰队抢他的胜利果实来了？！

曾国藩一屁股坐进椅子里，脑里乱成一锅粥。由此看来，中央政府还是对他大大不信任啊。如果他这个时候还坚决抵制这支舰队，那岂不更是给了中央政府一个印象，他曾国藩想独揽南中国？！

可问题是，由于深谙传统文化，曾国藩在安庆的这段时间已尽量收缩自己的权势，低调得让人叹为观止，他只是希望北京朝堂帘子后面那位对自己的猜忌减少一点，维持好和中央政府的关系。

倘若这种思路在他头脑中占据上风，那他的行动应该是，完全同意中央政府的决策，并沐浴更衣，焚香祷告、敲锣打鼓欢迎阿思本舰队。然而，对这支舰队的归属权所产生的对国家未来的担忧，让他不惧猜忌，毅然决然地上奏中央政府说："咱们出了钱，就该让咱们的官员全权指挥，绝不可让洋人把持这支舰队。如果洋人非要把持，那干脆将这些战舰赏给各国，付出的钱，咱们也不要了，就当喂李泰国这只狗了。"

这番话铿锵有力，奕訢和慈禧都受到震动，这就是花钱买未来，非有高瞻远瞩的人不能做出。

慈禧问奕訢："你说该怎么办？"

奕訢不能说曾国藩势力大，此时不好得罪，于是说："曾国藩说得很有道理。"

慈禧说："那你就硬着头皮去交涉吧，你有几十万两白银做靠山，应该是底气十足吧。"

奕訢的确底气十足，阿思本更是底气十足，声称奕訢和李泰国订立的章程，他绝不同意。如果非要如此，他就将舰队解散。

奕訢还抱着幻想，对阿思本说："舰队是我们花钱购买来的，你要走就走，把船留下。"

阿思本向来是强盗思维，他说："船是我开来的，你们不让我独断，那我就要把它开回英国，有本事，你们派人去把它开回来。"

奕訢没有这个本事，给曾国藩去信询问对策。曾国藩这回头脑冷静下来，毕竟是那么大一笔钱，不能无缘故就真的赏给洋人。他出了个主意，阿思本可以把舰队开走，但大清政府是出了钱的，所以委托阿思本把船变卖，变卖之后的钱应该归还清政府。

阿思本觉得这是个赚钱的大好机会，乐不可支。为了利益最大化，他声称我们这次来中国，花费颇多，往返费用你们要给报销。

曾国藩和奕訢不必商量，他们要的就是这结果，立即同意。于是，阿思本虚报账目，又把销售战舰的价格一压再压，最后，清政府损失了近四十万两白银，终于取缔了阿思本舰队。

“阿思本舰队事件”让清政府的一些激进分子大为恼火，无缘无故浪费了这么多钱，居然什么都没有得到。纵然是拥有猴子智慧的人也不会做出这样的事。他们在慈禧面前指责奕訢和曾国藩，慈禧只是异常平静地听着，最后才说，这件事以后就不要提了，谁提我就惩治谁。

当北京紫禁城里的那些迂腐官员正谈论失去的金钱时，曾国藩却在安庆城中愁眉不展。他意识到，阿思本战舰事件就是因为中国人没有自己的造船厂，自然也没有驾驶员。要想解决这一困境，必须要建造自己的造船厂和培养自己的船员。

当然，这不是他紧迫的任务。在1862年，曾国藩最紧迫的任务就是解决太平天国首都天京的问题。

向天京前进

安庆之战后，洪秀全在天京城里失去了上帝给他的法力。法力在这种危机时刻消失，让原本就惶惶不安的他，头脑的紧张程度更雪上加霜。他想起被自己间接除掉的杨秀清，倘若此时最擅长上帝附体的杨秀清在，他会向杨上帝叩头，渴求他拿出高明神圣的方法解脱困境。他又想到那些最早跟着他从广西打出来的老兄弟们，特别是石达开，带走了几十万人。如果那几十万人还在天京城，他就什么都不怕！

天国的春天只在他脑海最深处，如梦如幻，天国的夏天似乎就在昨天。他感觉到，只是在昨天，天国大军还气势如虹，纵横整个南中国，如在无人之境。可只是一眨眼，天国的秋天来了，万物凋零。一片萧瑟，连宫里那些艳绝人寰的几千个小老婆都黯然失色，如同僵尸。

几天前，又传来芜湖失守的消息。太平天国定都天京以来，安庆为上游第一道屏障，芜湖为第二道，两道屏障都成了敌人的院墙，天国首都的上游就暴露在湘军的锋刃下。一想到这里，洪秀全嘴角直颤，双手抖如脑血栓患者。

在几百里之外，曾国藩的手也在抖，是过度兴奋地抖，他正在制定围攻天京的计划。这份计划高屋建瓴，宏观上分三路。第一路由李鸿章从上海自东向西进攻；第二路由左宗棠在浙江开辟战场，清肃浙江太平军；第三路则是湘军主力沿长江两岸向前推进，直指天京。

微观上分四路，就是第三路军，也就是进攻天京的湘军。第一路指挥官是他老弟曾国荃，进攻巢湖、和县、含山，成功后与扬州一带的清政府军合二为一；第二路指挥官是多隆阿，攻合肥成功后向天京方向运动；第三路和第四路的指挥官分别是鲍超和李续宜，在长江南岸向前推进。四路之外，还有彭玉麟的水军协同作战。

四路军几乎同时行动，并且势如破竹。1862年5月末，四路大军逼近天京，曾国荃甚至进逼到离天京只有四十里的周村。

曾国荃信心爆满，如同一头雄狮，他此时最大的理想就是攻进天京，为他老哥和曾家创建永难磨灭的不世之功。曾国藩慌忙去信给他，“你太冒进了，步子迈得太大，小心身体。后面的几路都没有跟上，万一敌人断了你的后路，你哭都来不及。”

曾国藩一向主张稳扎稳打，原本的计划是四路大军实行地毯式的同时推进，想不到他老弟急如星火，把其他三路甩出那么远。在信中，他认真对老弟阐述自己的作战主张：“当年江南大营七万余人，都无法攻破天京，你区区两万人就想登天？作战之道，尤其是攻大城时，必要准备好攻城部队，打援的部队，布置妥当后才可行动。你现在太冒失，速速停止，等待我的命令。”

曾国荃等不了，当曾国藩这封信抵达周村时，曾国荃已向前推进了三十余里，把军队驻扎在了雨花台，这里离天京只有四里！

曾国藩的信到达雨花台时，曾国荃正在极度兴奋中。看了老哥的信，不禁嗤笑起来。他对参谋们说：“不是我在背后说曾大帅的坏话。我老哥年纪大了，斗志差了，行事过于拘谨。说的话全是大套理论，没有实践支撑。咱们可是有实践支撑的，自起兵以来，咱们打的仗还少吗？每次不都是以一敌十，把长毛打得哭爹喊娘。”

他给曾国藩回信道：“诸军士被招募进湘军，所图的就是攻下天京。洪秀全那厮已是穷途末路，我们应乘胜进攻。倘若在此等待，岂不是让他们有所准备？况且，天京是贼之根本，拔其根本，则枝叶自然死亡。只要我们攻天京，分散在各地城池的贼军必会来救，那时，李鸿章不必来了，左宗棠在浙江也不必打了，当他们从睡梦中醒来，发现变了天地。”

曾国藩并未认为老弟吹牛，可心里仍然不踏实。他继续去信劝曾国荃：“驻扎雨花台我没意见，但你绝不能擅自行动、攻打天京。”

写完这几句话，又觉得言辞不够温和，于是和曾国荃唠家常：“我知道你创建功业的心特重，应该问你这心从何处来，是为家族争光，还是为了让人看得起你，是为苍生社稷，还是仅出于喜欢打仗。这里有公心也有私心，出发点不同，结局就会不一样。这就是正念头，念头对了，才能把事做对。”

曾国荃讨厌老哥讲大道理，但他毕竟是军人，军人以服从命令为天职。他回信给曾国藩，就按你说的，等四路大军到齐，我才行动。

曾国藩接到信后，总算放下心里的石头，想不到这波才平，另一波又起：四路大军永不能齐聚天京下了。

中央政府突然来了圣旨，要曾国藩迅速派一支军队赶赴陕西，陕西那边出了大状况。陈玉成的一支太平军进入陕西后和当地活跃的捻军配合，搅乱了清政府的政治秩序。这支兵团不仅把陕西闹了个底朝天，还威胁着山西甚至湖北。

曾国藩反复思量，如果不救陕西，一旦长毛进了湖北，那又要重新来过。审时度势之下，他听从了中央政府的命令，派已攻占了庐州的多隆阿去陕西。

李续宜虽然是一路军的指挥官，但他本人已是安徽巡抚，只是派了手下兵团前往。这支兵团进展缓慢，又要分出一部兵力回安徽和太平军作战，所以更不可能快速抵达天京城下。至于鲍超，兵力有限，到和不到，对曾国荃而言并不重要。

等于说，只有曾国荃一支孤军抵达天京城下。曾国藩希望李鸿章能快速向西推进，李鸿章有这个能力，却不实施。他从上海出发时只带了两千淮军。有人问他为何这样消极，李鸿章神秘地一笑说，曾国荃能征善战，曾大帅智慧高超，有他们曾家人在，天京何愁不下。我若兴师动众而去，给别人的感觉不是要抢人家的功劳？！

这是智慧，换个角度看就是鸡贼。因为人人都知道天京城不好打，岂止是不好打，简直是难于登天。

第九章
覆灭天国

瘟疫来袭

对曾国荃而言，1862年流年不利。前半年很利，他摧枯拉朽就奔到了天京城下。在过度兴奋的最初几天里，他在雨花台几乎能听到洪秀全的唉声叹气，甚至能触摸到洪秀全那一夜之间仿佛苍老了一百岁的令人作呕的老人斑。

但下半年就大大不利了。先是各路兵团无法抵达，然后就是天大的麻烦——瘟疫。老子说过，“大军之后，必有凶年”。其实，战争进行时就是凶年，杀掉的人没有时间掩埋，病菌滋生，瘟疫就无可避免。1862年7月末，曾国荃军中就已有瘟疫，因为他始终关注着天京动向，所以没放在心上。仅一个月后，瘟疫开始在军中流行，他的一半士兵都染上疾病，高烧不退，上吐下泻，吃什么灵丹妙药都无法缓解。

曾国荃急了，给老哥去信，请求医疗队支援。曾国藩回信，神情沮丧地说："不是你的军队里有瘟疫，各支湘军队伍中都发生了，连远在浙江的左宗棠部队也有了，我能为你做的只能为你源源不断输送药草，不过现在这段时间，药草奇缺，你好自为之。"

曾国荃大为失望，也紧张起来。他现在是孤军深入，前后左右都是敌人，倘若此时敌人向他发动进攻，那他非死无葬身之地不可。如果他当时在天京政府里有卧底，就知道自己的担心纯属多余。

洪秀全的确在等待援军，可援军短时间内不会到来。自曾国荃把军队驻扎于雨花台后，洪秀全的内心片刻未曾宁静过。他一面下令严防死守，一面催促远在上海的李秀成回援天京。

李秀成正在和李鸿章的淮军苦战，处境虽谈不上艰难，却也不顺利。得到洪秀全的求救信后，他并不觉得这是很严重的事。十年来，天京曾多次被围，最多一次多达七万人围困天京，可最终还是轻描淡写地解围。李秀成认为，天京城高池深，曾国荃人太少，不可能短时间内攻破。只要自己保证天京的粮草弹药供应，天京对曾国荃而言就是禁地。

同时他还考虑的是，曾国荃此时兵锋正锐，又有湘军水军配合，纵然回援也不可能短时间内击溃他。倒不如等上个一两年，等曾国荃进退不能、士气低落后再聚集兵力将其击破。

洪秀全看了李秀成的信后，大发雷霆，破口大骂："你这混账到底想干什么？朕在天京，外面炮声隆隆，朕已耳鸣，一日数惊，你身受重任，君王有难，见死不救，你可知国法难容？！"

李秀成叹息连连，他明白此时用理性对洪秀全，已毫无用处。为了表示自己毫无他意，他主动把自己的老娘、妻儿送回天京，并告诉洪秀全，请您放心，我这就策划回救天京之计，您少安勿躁。

这应该是李秀成自参军以来最谨慎的一次计划，策划时间长达两个月。和湘军多次的接触后，让他受到深深震动。这不是当年围困天京的那些乌合之众，这是一支训练有素，而且看上去还有崇高使命的军队，所以他必须要谨慎小心。

他的计划是分三路解天京之围。第一路攻打已被湘军将领鲍超攻陷的宁国，这是断曾国荃的援兵；第二路攻打曾国荃的屁股金柱关，这是切掉曾国荃的粮道；第三路由他本人带领主力直接攻击雨花台的曾国荃。

计划没有任何破绽，特别是当洪秀全送来一个惊喜情报时，李秀成就觉得万无一失了。这个情报当然是湘军军营闹起了瘟疫。

其实，当时真正损害湘军的"瘟疫"不是不可治疗的疾病，而是曾国藩的心理。他那段时间身心俱疲，仿佛又回到当年跳江之前的情境里。

瘟疫横行，夺走了很多士兵的性命，纵是大将也有中招的。湘军智勇兼备的张运桂就因瘟疫丧生，他的哥哥湘军骁将张运兰护送弟弟灵柩回后方，竟然也一病不起，几天后死掉。

曾国藩正痛恨瘟疫夺走他两员大将时，又传来在家守孝的李续宜病逝的消息，这无异于晴天霹雳。

此时正是用人之计，老天偏偏把他的人一个接着一个地带走。

除了湘系集团成员的离开外，和曾国藩密切合作的清政府军队的高级官员也一个接一个病死。这一系列极不顺的事让曾国藩产生幻觉：是不是洪秀全真有上帝的帮助，而恰我们这些卫道士正在逆天而行？

他把深深的忧虑告诉老弟曾国荃，曾国荃看到信后，原本就脆弱的心态更为不堪一击。在他彷徨近于绝望之时，洪秀全又添乱，在夜晚让士兵缒城而下，骚扰他的部队。

整个世界仿佛都乱套了。仅在半年前，一切都那么光明灿烂，现在却是伸手不见五指的黑暗。

一天晚上，曾国荃在冰冷的卧榻上做了个梦，梦到他攀援一座山峰，但到峰顶时，却找不到向前的路。他于是调头，可后面也没有路。他整个人就站在一座高峰的顶端，进退维谷。由于焦虑，他从梦中惊醒，发现汗水湿透了被子。

“这不是好预兆。”他给老哥去信说到此梦时，绝望地下了这样的评语。

曾国藩相信命运，相信占卜，更相信梦给人的启示。他反复思量老弟整个梦，希望能找到和老弟不一样的答案。遗憾的是，他终究未找到。

不过他确定了一件事，兄弟俩在这段时间都在互相传递负面情绪，负面情绪就是瘟疫，传染性极强。当一个人无法改变外界环境时，最明智的办法就是改变心态，把负面情绪变为正面激励。

他对曾国荃说：“老弟，此时才是修行时，平时的风光八面，大军如云，何须我们费尽心力？只有此时，才是我们用心时。瘟疫横行，我们就治疗、预防，援军不来，我们就自力更生。你老哥我大半辈子经历的困难和波折还少吗，三次险些自我了断，最终还不是挺过来了。我坚信，天佑有心人，肯努力，老天不会亏待我们。”

这是古代版的心灵鸡汤，它唯一的作用就是暂时可以激发人的斗志，类似古代江湖人售卖的大力丸，可药劲过了，仍是虚弱。

曾国荃只是振奋了那么几天，瘟疫继续横行，士兵不停倒下。在雨花台军营，湘军士兵每天都做的工作就是掩埋死尸。洪秀全抓住这千载难逢的机会，不停地向他发动进攻，虽然是不成气候的进攻，但也足以分了曾国荃的心。

曾国荃当初的宏图成为漫天飞舞的碎纸片，他向曾国藩求援，希望曾国藩能把多隆阿从陕西战场调回。曾国藩无可奈何地告诉他，多隆阿的军营也在闹瘟疫，而且陕西战事很不利。北京方面，死都不会同意调回多隆阿的。人，要靠自己！身居绝地，只有死中求生之法，切不可专盼援军，否则将士们会把希望寄托于他人身上，导致松懈，援军不来，就会因失望而气馁。到那时，可真就回天乏术了。

曾国荃终于真正振奋起来，不是因为老哥的话起了作用，而是他突生一种心态：与其这样半死不活，不如就死地求生，死也要死个痛快。

这种想法很快就充盈了他的头脑，让他脱胎换骨，重新拿起刀剑，劈开瘟疫之神，冲向了战场。

曾国藩也恢复了昔日的平静，和他的幕僚下起了围棋。在他的幕僚眼中，曾国藩每走一步都要考虑多时，小心翼翼，仿佛每一步都关系生死。这种玩法，使得他每天只能玩一盘。

天京战场传来消息说，曾国荃已变被动为主动，正向坐落在长江对岸、保卫天京的炮台发动进攻。曾国藩已在手中捏热的棋子“啪”一声掉到棋盘上，脸色微变。坐在他面前的棋友慌忙站起来，只见曾国藩盯着棋盘，两眼放出欣喜的光来，叫道：“活了！”

幕僚看向棋盘，本来这盘棋，曾国藩是输定了，可刚才那枚棋子落到一处后，顿时乾坤扭转。那一处是曾国藩死都想不出来的地方。

“这是不是个好兆头？”曾国藩贪婪地看着棋盘，兴奋地问。

那名幕僚顿时知道该说什么，手指颤抖着，“绝对好兆头！绝对的！”

或许真就是好兆头，曾国荃进攻的太平天国炮台在天京城对岸，目的就是轰击进攻天京城的敌人，由于这一神圣使命，所以他的防御非常坚固，几乎不可能被攻陷。但曾国荃进攻的那天恰好是顺风，他动用了水军，先是逆风而上，进入自己的大炮射程内，猛烈开火，然后掉头就跑，脱离敌军大炮射程。

如此井然有序、持续不断地重复这一进攻方式。太平军炮台被轰得七零八落，虽然他们也能轰到敌人的战舰，但把敌人的损失和自己的损失对比，简直不值一提。

第一天风向有利于曾国荃，连续三天，都是如此。曾国荃狂呼，老天现在站到我们这边了。第四天，风向依然对他有利，太平军炮台已萎靡不振，举出了投降旗号。

曾国荃对投降的所有太平军进行了疯狂的屠杀，血水流入长江，染红江面。李秀成大军就在这血色中，来到了天京城外。

天国版地道战

李秀成来援天京，雄心勃勃。对外宣传，他有兵力六十万，而且一半的士兵配备了洋枪，还有大炮一千门。实际上他只有兵力十万，不足十分之一的人配备了洋枪，火炮只有一百余门。

吹嘘兵力是中国古代战场上的潜规则，双方往往把实际兵力乘以5或者10，甚至更多。人越少，吹嘘得越大，这大概就是《孙子兵法》中所谓的“以不能示之能”。李秀成的吹嘘吓不住曾国荃，他也是从吹牛之路一步一个脚印走过来的。当时他的陆军和水军加到一起，不过两万余人，但他对外号称三十万。他为什么要吹嘘这个数字出来，因为他目测李秀成兵团好像应该在三十万左右。

李秀成一抵达天京城外，就把曾国荃陆军团团围住，分东西两路大举进攻。曾国荃捉襟见肘，他既要预防城内太平军突袭，又要对付李秀成的虎狼之师。他本来兵力就单薄，还要分出两部分，所以这场仗打得是相当吃力。

几天后，他给曾国藩的信中说，前几天李秀成来援，满坑满谷的长毛，洋枪洋炮，子密如雨，他们有一种炮弹，射入战壕，如花开一样爆炸，惊心动魄。幸好您当时嘱咐我们挖掘两道坚固的长壕，否则他们前后夹击，我们非死不可。

曾国藩在棋盘前给曾国荃回信说：“敌人远道而来，一抵达就发动进攻，而且攻势凌厉，其实他们都是纸老虎，凌厉的攻势不会持续太久。只要你能坚守半月，敌人气馁，大功可成。”

曾国荃摸不透老哥这番话是胸有成竹还是激励安慰，老哥不在前线，不知战况的惨烈。收到这封信的当天，太平军另外一支四万余人的援军也抵达天京城外。援军将领对李秀成说：“你先歇会儿，看看我的战力。”

李秀成就那样悠然自得地看着，曾国荃却忙得四脚朝天。

这支兵团和李秀成兵团的进攻不同，李秀成只是用大炮和洋枪队远距离射击，而这支军队却挥舞着大刀长矛，直奔曾国荃的战壕。双方短兵相接，战斗异常惨烈，不过湘军还是以一当十，用一千余条生命抵住了对方的进攻。

曾国荃部队的战斗力在当时世无其匹，湘军士兵本来就是取其精华，凡是在战斗中不能尽力的人都会清出队伍，留下来的都是意志坚定、敢打敢拼，并能用生命保卫阵地和人格的勇敢之士。而太平军则大大不同，很多人都是军营老油条，自己人多势众时所向无敌，一旦敌人人多势众，或是顽强抵抗，他们马上会寻找退路，不能全力以赴，私欲缠身，在战场上永不可能胜利。

两个时辰后，太平军疲态顿生，有人已经后退，而曾国荃的士兵却越战越勇，像个永动机，持续不断，向前推进。李秀成一看大事不妙，急忙鸣锣收兵。曾国荃自然不会追击，他的人太少，只能守，绝不能攻。

两场很有质量的进攻之后，李秀成发现，硬攻收效甚微，于是他让步兵扔掉武器，拿起铁锹变身工程兵，开始挖掘通往曾国荃战壕内的地道。

地道很容易挖，问题是如果有人捣乱，地道就变成坟墓了。太平军挖地道，湘军在侦察到地道方向后，向对面挖。双方在地道里碰头，由于过于狭窄，所以大家的暴力都施展不开。但湘军手中都有炸药，纷纷扔向太平军。

李秀成站在高处观望，突然平地起波澜，“轰”的一声，尘土飞扬，几条胳膊和腿冲向天空。有人告诉他，敌人也在地道里，手中竟然有炸药。

李秀成大怒，老子也有炸药，工程兵继续挖，地面部队给我冲锋，掩护地下部队。一支太平军手拿木板抵挡湘军的枪子，如蛇一样左右匍匐向前，当挺近湘军的战壕前，他们就把手中的炸药扔出去，由于对引线的燃烧估计不准，有的炸药在空中发生爆炸。这种场景，曾国荃用文采飞扬的语言告诉老哥曾国藩：烽燧蔽天，流星匝地。就是说，太平军的一部分炸药爆成了烟花。

太平军喊声震天，冲向湘军的战壕。湘军在壕内用长矛刺杀，太平军倒下一批，后面的掉头就跑。但跑不了，李秀成下令大炮和火枪同时开火，目标不是湘军，而是他的逃兵。逃兵们见前后都是死，不如死得有尊严些，重新调头冲击湘军的战壕。死都不怕的人最可怕，无数太平军跳进战壕和湘军滚在一起，用身体最原始的武器甚至是口咬，和湘军玩命。

曾国荃眼睛充血，站在高处指挥士兵歼敌。李秀成见敌人的战壕里已是大乱，根本不管自己人的死活，下令枪炮开火。在战火纷飞中，曾国荃猛地感觉嘴唇一麻，像是无数蚂蚁咬他，他用手一抹，鲜血淋漓。还未等他有任何意识，左脸也一麻，像是被火钳夹了一下，他下意识地又一抹，鲜血四溅。此时只听身边的护卫大喊："大人中枪了，左脸不见啦。"

曾国荃此时才恢复意识，或者说是恢复了受伤带来的刺激。他怪叫一声，捂着左脸向后倒去。护卫们急忙把他抬到安全之地，他意识非常清醒，凄厉地喊叫："守卫阵地，不要管我！"

不可能没有人管他，如果那颗子弹再偏一点，曾国荃肯定一命呜呼。有时候，运气相当重要。湘军将士看到主将满脸血污，却仍豪气干云，不使出吃奶的力气简直对不起天地父母，人一旦有了正念头，潜力就会爆发。湘军在曾国荃满脸血污仍指挥若定的激励下，成功把太平军驱出了战壕。

李秀成望壕兴叹，对身边的人说："如果咱们的士兵能有敌人的一半力量，何愁天下不得？"

曾国荃脸上缠着乱七八糟的破布，给曾国藩写信报告战况，最后敦促曾国藩，如果没有援兵来，恐怕我就是有一百张脸，也不够长毛贼轰的。

曾国藩推开棋盘，在屋子里徘徊。如果有兵的话，曾国藩早就派去了。和他下棋的幕僚小心翼翼地提醒他，"李秀成大军都在天京城外，没有机会进攻其他城市，不如把扬州的守军调一半去天京，这对您老弟而言，也算是雪中送炭了。"

曾国藩大喜，立即命人去扬州搬救兵。一支不到四千人的部队飞快地赶往天京战场。曾国藩去信老弟："你的脸好些了吗？一定保住脸，最近天气阴冷，小心破伤风，坚守到底就是胜利。"

不到一万人，刚从瘟疫中大难不死，身体消耗极为严重，全靠毅力在支撑，曾国荃的日子极度艰难。所以当那支扬州兵团赶到现场时，曾国荃真想高兴地痛哭一场。不过因为脸上有伤，泪水太咸，流到伤口处如针扎般刺痛，所以他哭了几鼻子就停止了。

正和扬州兵团统帅谈话，突然“轰隆”一声，震得桌子直颤，茶水滑落地上。扬州兵团统帅从椅子上跳起，凄厉地喊道：“地震，快趴下。”他已钻到桌子底下，抱着硕大的头颅，浑身发抖。

又是一声巨响，整个房屋都在抖，扬州兵团司令嚎叫起来。

曾国荃揪起他，训斥道：“放屁，哪来的地震，是敌人的火炮！”

扬州兵团统帅睁开眼，发现只有他狼狈不堪，曾国荃的部下们都稳如泰山，冷眼看他。他觉得这太丢人，真想找个地缝钻进去。就在这时，有人来报曾国荃：“敌人把地道挖到咱们长壕内，用炸药炸开，地道里正源源不断地爬出士兵。”

曾国荃揪直了扬州司令官的身体，冷冷说道：“你显身手的机会来了，把那群从地里爬出来的家伙灭掉。”

扬州过来的那位恢复了勇敢的品质，一声令下，他的兵团冲向了地道口。外面厮杀声震天，枪炮声连绵不绝。曾国荃揉摸着半张脸，龇牙咧嘴。

一名军官轻声提醒：“要不要支援扬州兵团？”

曾国荃摆了摆手，说：“如果他们连这点事都办不了，要他们有何用，难道来当拉拉队吗？”

三个时辰后，喊杀声和枪炮声停止，扬州兵团司令满身鲜血地跑进来，脸上挂着胜利的笑容对曾国荃说，全部搞定，杀了他们近万人。

曾国荃会心一笑：“不算多。”

李秀成本来在高处看到敌人堡垒内起了烽烟，觉得胜利可立而待，但随着时间的推移，他心里就越来越没底了。三个时辰后，他的士兵从地道里爬出，这让他七窍生烟。把跑出来的人斩杀后，他不禁唉声叹气起来。

眼前这支不足万人的部队，为什么有如此强大的战力？支撑他们的到底是什么？曾国荃用给士兵训话告诉了他：“咱们自参军的那一刻起，就是抱着共患难、同富贵的信念。多年来，咱们患难与共无数，如今富贵就在眼前，杀进天京城，金银财宝和女人就都是咱们的，想要多少就有多少！不但天京城里的金银和女人是咱们的，朝廷还要重赏咱们，这辈子吃香喝辣，左拥右抱，何须愁也！”

湘军士兵们呼声震山："抢钱！抢粮！抢女人！"

什么叫激励？曾国荃这段话就是激励，人在非常环境下，精神激励收效甚微，能打动其心弦的只能是物质激励，而且这物质激励要超越他们的想象力，在平常时期，他们做梦都不可能想到的。

和曾国荃一样，李秀成也是激励高手。他也在军营里向全军将士训话：弟兄们，上帝在城里被困，身为他的忠实门徒，我们该拼死向前，消灭敌人，保护上帝。如果咱们创下这一大功，上帝不会亏待咱们的。钱、粮食、女人，应有尽有。

李秀成把"应有尽有"四个字说得特别重，他预想这四个字出口后，现场会喊声震天，谁知，现场鸦雀无声。

"去他妈的上帝，保命要紧。"很多人都在思索人生中最宝贵的东西。李秀成还在等着回应，这些人跟随李秀成多年，不好折李大帅的面子，只好扯开了嗓门："要钱，要粮，要女人！"

李秀成做出个夸张的满意表情，然后大手一挥："弟兄们，各就各位，消灭敌人。"

所谓各就各位，是李秀成思考出来的新招数，一部太平军在西线引长江水，试图淹没断绝湘军往来联络之路和后勤补给线；另一部则专门挖地道以图再创奇迹。曾国荃捂着肿胀的左脸指挥若定，他采用"兵来将挡水来土掩"思维，在西线，他派人于高处修筑小营盘，又调动水军的小战舰和陆军相配合，攻击截杀太平军，保住了粮道。东线则交给扬州兵团，大挖地道和深沟，一旦与太平军地道相遇，就灌烟灌大粪水，逼迫太平军撤出地道。

在防御方面妥当后，曾国荃还常常派机动部队袭击太平军，这显然和他老哥的用兵思想不同，却起到奇效。太平军本来占有绝对优势，却每日都心惊肉跳。双方相持了两个多月后，李秀成无计可施，危机已来：他带的粮草已无。此时，他只有一条路可以走：撤退。

太平军将士们虽已疲惫不堪，但一听到撤退的命令，不禁欣喜若狂，阵地上喊声如潮，掀起阵阵巨涛。曾国荃当时正在吃午饭，突然听到这声音，以为太平军攻陷了他的堡垒，吓得把碗掉到地上。

洪秀全得知李秀成要撤军的消息后，也把碗掉到地上，和曾国荃不同的是，他是愤怒地摔到地上的。他传圣旨给李秀成：“你敢撤退，我就杀你老母。”

李秀成忍住悲愤，向洪秀全解释说：“我们粮草已尽，已用完各种方法，却不能突破敌人阵地。与其在这里消耗力量，不如‘围魏救赵’，去攻击江北，若在江北取得成功，围困天京的湘军会不战自退，天京之围可不战而解。”

洪秀全还没有丧失全部理智，这段时间他也会偷偷爬到城墙上去看，双方的确打得惨烈，李秀成的确在尽全力。又想到太平军自成立以来，一向善运动战，不善攻坚战，所以就同意了李秀成的方案，圣旨的最后，他重点加了一句：“你老母、妻儿都在天京城，好自为之。”

这看上去应该就是威胁，李秀成包容了这一威胁。1863年2月，春节还未全部过完的李秀成率领七万人马强行渡江北上，沿途攻击了几支小股清军，然后开始用运动战四处出击。一时间，清军守卫的和州、含山、巢县纷纷陷落，各地求救的呼声如海浪般拍向安庆城的曾国藩。

曾国藩举着手中的棋子，对人说：“他这是围魏救赵的老套路，咱们不管它。只要能守得住安庆和合肥，李秀成的苦功就全部付诸东流。”

他扔了手中的棋子，若有所思，自言自语道：“只是天京城下……”

锁紧天京城

天京城下，曾国荃的脸越来越大。

1863年天气极度反常，春节还未完，突然下起瓢泼大雨来，这场大雨在正月快过去时更加卖力，在雨水的冲击下，湘军的营垒有几处发生了坍塌。值得庆幸的是，天京城里的太平军如死了一般，没有趁此对湘军进行攻击。

虽然曾国荃的脸伤丝毫不见好转，但在把李秀成熬走后，他仍掩饰不住内心的欣喜，这种欣喜之情洋溢在他给老哥的信中。曾国藩却考虑得很深刻，他对老弟说：“你的部队应该休整，天京城下不是久留之地，不如以追击李秀成为名，退出天京城，到安全地带好好休整一段时间。”

曾国荃无论如何都不肯，他觉得胜利已在望，如果此时退去，那就是让天下人多了个笑柄。他对老哥说，“我的部队不需要休整，虽然打了两个月的仗，但人人都精力充沛，防守坚固。”

曾国藩不相信老弟会有如此能力，于是冒着严寒和大雨来到天京战场，视察这支湘军部队。果然如曾国荃所说，士兵们虽脸色难看，精疲力竭，骨子里却散发着坚定的意志、永不服输的劲头。

他握紧曾国荃的手说：“接下来，你的任务更重，我已决定向李秀成发动反攻，把他逼回天京。一头狮子被逼回笼子后就是一只病猫。可困兽犹斗，所以我说你的担子会相当重！”

曾国荃哈哈大笑：“力量越大，责任才越大，来吧，你能把那头狮子逼回天京城这个笼子，我就能把这只笼子打碎，捉出所有的长毛病猫，把他们粉身碎骨。”

曾国荃有些托大，曾国藩却没有一点大意。李秀成在长江以北纵横驰骋时，曾国藩下令所有城池的湘军全部出动，先断李秀成的粮道，然后持续不断地向他发动猛烈的攻势。李秀成渐渐招架不住，恰好洪秀全发现李秀成的围魏救赵是个梦幻，于是下令要他立即回天京。按这位上帝的逻辑，死也要死一块，不能我死我的、你死你的。

李秀成被迫无奈，带着他的部队又一次强渡长江回天京。但他这次没有上次幸运，他遭到早就准备好的湘军水军的猛烈袭击，损失惨重。当他进入天京城时，部队至少损失了一半。

洪秀全像犒劳消灭帝国凯旋的将军一样款待李秀成，天京城所有的“王”都被洪秀全请来，席间，洪秀全因喝了许多酒而脸色变得红润，从之前的一具行尸走肉变回了人。

李秀成不敢放开胸怀的喝，他了解洪秀全，这是情绪上的回光返照。果然，饭局即将结束时，洪秀全突然把李秀成的老母亲请出，看着他老母指着李秀成道：“你看，你儿子身上金光四射，俨然救世主下凡，天京城所有人，包括我都要感谢你儿子。”

语气生冷，让人不寒而栗。

李秀成慌忙离席，小跑到洪秀全面前跪倒，口呼罪该万死。洪秀全大度地挥了挥手，语气不阴不阳地说：“你哪里有罪，你如果有罪……”一指陪酒的那些王们，“他们早就死一百次了。”

现场鸦雀无声，洪秀全的宫廷里也鸦雀无声，整个天京城鸦雀无声，不祥的日落不见了，天色灰暗起来。

死一般的平静，每个人都感受到了刺骨的恐惧。

洪秀全醉眼朦胧地看着跪在下面、不知在想什么的李秀成：“抬起头看我！”

李秀成慢慢地抬起头，他的老母正在洪秀全身边战栗。

“天父说，我还有二十年的运。我把这二十年的运放到你身上，你怎样？”

李秀成又跪下去，磕头，谁都不知他是磕给洪秀全还是他老妈：“万死不辞。”

洪秀全像轰苍蝇一样，挥了挥手：“散了吧。我想，曾国藩那厮已想好了怎样要我的命了吧，哈哈。”

曾国藩的确已经想好如何要了他洪秀全的命，而且已有无数胜利作基石。首先是李鸿章的淮军在上海进攻太平军大获成功，他的部队配备当时世界上最先进的武器，打起太平军来简直如打鸭子。左宗棠正在稳步地把太平军从浙江驱赶出去，浙江太平军已枯败如秋日落叶。由于浙江和上海方面的胜利，从前分散在各个城池的湘军已能抽身而出，陆续赶赴天京城外。

他和老弟曾国荃已商量好了攻打天京城的方法，其实没有什么好方法。世界上最简易直接的方法就是，一步一个脚印，直到走到终点。

天京城不同于其他城池，洪秀全夺取它之后就苦心经营，最后终于把天京城锻造成铜墙铁壁。清政府曾在天京城外拥兵数万，围困、围攻多年，总是胜少败多。曾国藩经过缜密思考后拿出方法：不硬攻，先断天京城的粮道，然后徐徐而进，把天京城活活困死。

如果洪秀全不想被活活困死，唯一的办法就是出城找湘军决战。曾国荃不会和洪秀全打野战，他在天京城下挖了三层长壕，目的就是要太平军进攻，他防守。按他老哥的说法，这是反客为主，减少自己的伤亡，损耗对方的力量。

就在双方都按兵不动时，曾家再传好消息，曾国荃又升官了，而且特别大。左宗棠在浙江战场大获全胜后，曾国藩向中央政府保举他为闽浙总督，这样一来，浙江巡抚的位子就空了出来。慈禧和奕訢琢磨了半天，似乎明白了曾国藩保举左宗棠的用意，于是任命曾国荃为浙江巡抚，曾国荃不必赴任，就留在天京战场。

曾国荃接到圣旨后，兴奋异常。心情一好，脸也消肿了很多。这是早上的事，午餐时，他的心情就开始低落，甚至有所恐惧了。在给老哥的信中，他不无忧虑地指出："乱世功名之际尤为难处，咱们名位太高，并非好事啊。"

曾国藩大为惊喜，对幕僚说，"我这个弟弟竟然懂得如此道理，真是我曾家之福、湘军之福。"如果把曾国藩的人生分为两截，那前半截是真窝囊，后半截是假窝囊。前半截被同僚排挤、被敌人追击得总想跳河；后半截名利全到，却装作不胜重负，屡屡后退。他很久以前，就希望家族弟兄们能有这样的认识：人生是个向上的过程，但走到高处时必须明白，高处不胜寒，所以尽量避免高处，真要走到那一步了，也要谦逊地后退几步。

他明示曾国荃，向中央政府辞掉浙江巡抚的职务，这个职务现在对你而言毫无意义，就是给你个宰相职务，你没有本事也攻不下天京来。你只要拿下天京，必留千秋之名，什么巡抚、总督，只是云烟。

曾国荃赞同老哥的人生哲理，向中央政府提出谦逊的辞呈，慈禧和奕訢怎么可能同意，强烈命令他不得推辞，因为这是圣旨。

据曾国藩自己说，俺们兄弟见推脱不掉，只好战战兢兢地向前走，尽量离功名利禄远些。

曾国藩在说谎！

他心知肚明，慈禧和奕訢现在纵然离开人世，也离不开他，给他高官厚禄就是明证。他讳莫如深地对老弟说："到此高位，你必须要学会如何做官。官场要比战场复杂一百倍，非经特殊训练，才可应付。"

曾国荃问："老哥，如何做官、特别是做大官呢？"

其实这个问题，曾国荃问过李鸿章。李鸿章的回答险些惊掉了他下巴："在大清朝，最容易的事就是做官，官越大越好做。"

李鸿章有着超人的智慧和快速反应能力，曾国荃深谙，这种人的答案肯定和愚钝的老哥不同。

毋庸置疑，曾国藩和李鸿章的答案大大的不同。

他对曾国荃娓娓道来："人人都说做官只要搞定上级就万事大吉，其实这是误解，至少这不是做官为苍生为天下的人的想法。要做大官，第一步先要搞定你的幕僚，也就是充分了解你的幕僚，谁擅长什么，不擅长什么，什么性格，什么品格。如何了解他们呢？有个方式很简洁：看他们起草的折稿。"

所谓折稿，就是幕僚以主人的名义写给皇上的奏折草稿，虽然是以主人的名义，但字里行间总有幕僚个人的思想。

曾国藩对老弟说："那些文采飞扬、人品高贵的人的折稿，要看两遍，第一遍看其办事的主意如何，奏稿写作的整体布局如何；第二遍则看其文采如何。每天看一两个奏折，一个月下来，就可以对幕僚其人有个大致了解，由于他们经常处理这种事，所以就能知道当下官场中人的能力作为。"

曾国藩重点强调，一定要时刻向你的属下和幕僚灌输这种思想：我在你们就在，你们的使命就是维护我的存在。

他举例说："比如咱们湘军，我曾严厉规定过，在作战过程中，任何一级军官运气很差而战死，他手下的军队便就地解散。营官战死，整个营就解散，全部赶回家，一个不留；以此类推，十个人的长官若战死，这十个人也必须就地解散。"

"我这样做的目的只是让士兵们在作战过程中尽力保护长官，只要长官向前，没有人敢退后的。因为他们的前途和命运都掌握在长官手中。"

最后曾国藩神秘兮兮地对曾国荃说："上奏这回事也有门道。平常小事不必多奏，就如写文章，一定要语不惊人死不休。比如你这个浙江巡抚在天京城外，肯定有很多事要上奏，但我告诉你，除了攻占天京一事需大奏特奏外，其他小事可以忽略。真有那么一天，你攻下天京，一定要以你浙江巡抚的身份迅速上奏，不必通知任何人，包括我。奏折发出三天后，再和其他政府官员通报，这样能给中央政府一个突出的好印象，这是我总结的做官诀窍，你要三思。"

曾国荃对老哥的做官诀窍啧啧称奇，他说："看上去简单，做起来应该很难。平时想得很绝妙周全，真若临事，就会念头频现，不知如何是好，人和人之间不就是这点区别吗？！"

曾国荃这样说，不是因他的智慧不能理解老哥的谆谆教导，而是因当时战场形势紧迫，他要先解决战场问题，才有时间去琢磨官场问题。

围困天京城已三月有余，但天京城里如同坟墓，毫无动静。除了城墙上飘动的旗帜和夜晚点起的火把外，曾国荃根本意识不到里面还有人。

按曾国藩的预想，三月之后，天京城里就该缺粮。可从现在的情况来看，曾国藩预想错了。其实，天京城里早已缺粮，李秀成和太平天国的支柱洪仁玕想方设法艰苦奋斗，节衣缩食。洪仁玕甚至计划要李秀成出城去找粮食，李秀成认为这不现实，如今天京城外的世界已不是从前那样，天京城外的敌人如四面的洪水般正向这里涌来。他唯一的梦想就是，逼迫曾国荃进攻，消耗湘军的力量。所以，整个天京城是在硬撑。

曾国荃极力说服老哥："夜长梦多，还是打吧，至少应该把天京城外敌人的防御摧毁啊。"

曾国藩在棋盘前冥思许久，终于吐出了四个字："那就打吧。"

得到老哥的支持后，曾国荃一夜之间就做出作战计划，第一目标就是天京城南门外的九座堡垒。战斗非常顺利，湘军很快就拔除了这九座堡垒，把堡垒内的太平军驱进了天京城。这一轻而易举的胜利搞得曾国荃有点神经兮兮，摸着自己即将痊愈的脸，总感觉这是敌人的奸计。

他不知道的是，天京城南门九座堡垒早已缺粮多日，人心涣散到极致，稍有风吹草动就会崩溃。面对曾国荃的猛烈进攻，他们几乎是乐不可支地跑进天京城。

1863年6月底，湘军水军对天京城西面江面要隘九洑洲发动强力打击，九洑洲瞬间陷落，在此之前，还有可怜兮兮的物资通过这里进入天京城，如今，天京城真的只能靠自己了。

曾国藩不容太平军有任何反击的机会，在得知曾国荃围住天京城南门和切断西门与外界的联系后，立即派鲍超渡江围攻天京城北门神策门，如果成功，天京城的末日就会进入倒计时。

洪秀全慌忙在天京城里作法，焚香祷告请上帝拯救他们。上帝显灵了：鲍超正在全力奋战时，突然军中瘟疫大起，他的兵团战斗力锐减。对曾国藩而言，可谓祸不单行，鲍超军中瘟疫大起时，又传来安徽北部和江西太平军大举反攻的消息。

曾国藩只好把鲍超调走，又调走了之前赶来围攻天京的几支湘军，曾国荃才高兴不久，又回到原点：重新孤军奋战。

然而和当年大大的不同，曾国荃在短时间内就招募了四万人，当他重新开始对天京城发动紧锁行动时，人数已达五万。

1864年春节时，天京城仍和从前一样死气沉沉，曾国荃却隐约预料到，长毛匪将有大行动。果然，刚过了正月，李秀成突然从北门杀出，直奔驻扎在那里的湘军。曾国荃明白，李秀成是想打通通往西方的道路。他下令反击，双方在进行了一场惨烈的野战后，李秀成狼狈地逃回天京城。

曾国荃借着这一胜利和敌人失败后的沮丧，同时在天京城东、北两门外发动凌厉的进攻，上帝这次没有再保佑洪秀全，天京城东、北门外的防御全线崩溃，曾国荃用了两年多时间，终于完成了对天京城的全部围困。

这是重大胜利，至少所有人都听到了胜利的前奏。

但曾国荃并不满足，或者说还有些失落。就在他对天京城完成合围前，李鸿章的淮军成功进入太平军占据多年的苏州，左宗棠锦上添花，攻占了杭州。两人所用的时间不超过三个月，曾国荃痛苦地对老哥说，看看人家的效率啊。

曾国藩去信安慰他，只有一句话："不可着急，不必攻坚，一切小心行事，只在'稳慎'二字上用心。"

李秀成怕的就是敌人"稳慎"，对方万般小心，你就无隙可乘。当他看向天京城的坚固城墙时，并未感到一丝安全。相反，他觉得这是个监狱、死气沉沉的牢笼，特别是看到半死不活的洪秀全时，这种低落情绪更为严重。

洪秀全用只属于他自己的苍老声音正和他谈话，内容自然是灰暗的。

"他们把天京围死了？"洪秀全问。

李秀成回答："是，天京现在成了死城。"

"不会死的，清妖围困过多少次，你知道吗？我都记不清楚了，但每次都能化险为夷。什么江南大营、江北大营，全是纸魔鬼，不堪一击。"

"这此和从前不同。从前，敌人在城外防御之外，现在就在城墙外面。"

洪秀全半天没有说话，李秀成看到他眼里突然放出温暖的光来，然后听到仿佛从天外传来的声音："朕有上帝、耶稣保佑，朕不怕！"

李秀成讶然，其实他听过无数次这种话，只是今天，这种话有了别样的味道。据他所知，耶稣被钉在十字架上时，神情与话语和今日的洪秀全极为相似。

洪秀全看到他在发呆，神秘兮兮地向他招手，像是上帝在召唤迷途之人：“你凑来，我告诉你个秘密。”

李秀成小心翼翼地凑到洪秀全面前。

“再近点！”洪秀全语气中带上了消逝多时的威严。

李秀成把耳朵贴近了洪秀全的嘴。他听到了仿佛从地底传来的史前怪兽的声音：“我不相信你们任何人！”

李秀成惊骇万分，慌忙跪倒，却不知说什么。

“你起来！”洪秀全微微闭上眼，回想往事，这往事先进入他的脑海，然后从他的口里流出，“当初和一群兄弟扯旗造反，他们都说要辅佐我直到去见上帝。我封他们为王，毫不吝啬。可惜，南王冯云山和西王萧朝贵还没打到天京就死了，没有福气。东王杨秀清是个人渣，我说自己是耶稣的弟弟，他就装神弄鬼说自己是耶稣。这种人野心勃勃，想要取我而代之，我岂能容他？他不是好鸟，北王韦昌辉更不是，石达开也是混账，带走了几十万人马啊。并肩作战的兄弟都靠不住，何况是你们这些人？！”

李秀成断定，洪秀全还没有疯，但离疯不远了。他对洪秀全可是忠心耿耿，太平天国的后半截，全靠他和陈玉成在苦苦支撑。他为这个狗屁天国贡献了一切，得到的却是洪秀全的不信任。

这让他苦不堪言，心情极度沮丧。但责任心仍让他死心塌地为洪秀全着想，为这个大厦即将倾倒的天国着想。在洪秀全发了一顿回忆牢骚后，他鼓足勇气，向洪秀全献出当时唯一的完美计策：撤出天京转入江西，和分散在各处的太平军会合，才可重整旗鼓。

洪秀全两眼冒出令人悚惧的火来，他咆哮道：“朕奉上帝圣旨、天兄耶稣圣旨下凡，作天下万国独一真主，何惧之有？不用尔奏，政事不用尔理，尔欲出外去，欲在京，随你便。朕铁桶江山，你不扶，自有人扶。你说我没有兵，我的兵多过长江之水，何惧曾妖（曾国藩）！”

李秀成跪在地上，纹丝不动。他做出正确判断：洪秀全离疯越来越近了。还是使命感和高度责任心，让李秀成决心想方设法保住天京。

难度太大，首先就是吃的问题。天京城断粮多日，纵是洪秀全的宫廷里也已无隔夜粮。洪秀全给他解了这道难题，他说：“甘露可以养生。”

李秀成没听明白，洪秀全鄙夷地看着他说：“就是你们凡人所谓的野草。”

他妈的，人又不是牛，怎么能吃草？上帝好像从未说过甘露就是野草啊。

洪秀全发现了李秀成的疑虑，不禁恼火。他穿起龙袍，跑到宫外，在荒地上抓了一把草，塞进嘴里拼命地咀嚼，那动作和一头牛吃草没有区别。

李秀成和护卫们看着天王吃草时坚定无畏的样子，大为震动。由于口里被草填满，洪秀全只能“呜呜咽咽”地招呼他们，意为，来吃，真的好解饿啊！

李秀成无奈，只好陪洪秀全吃草，紧接着，他在洪秀全的命令下，把吃草推向整个天京城。洪秀全以身作则，吃得最多。有一天，他和李秀成正在谈事，突然感觉眼冒金星，他大叫一声：“上帝来啦。”然后一个跟头从椅子上倒下来，由于事出突然，身边正在吃草的护卫们半天才反应过来，慌忙把他扶回椅子，又去找医生。

医生来后，大致看了下，做出正确诊断：“中毒，需要马上进行抢救。”

洪秀全从朦胧中醒来，摇头说：“不必医治，我不相信中医，我有上帝保佑，死不了。”

其态度之坚决，李秀成也无可奈何。洪秀全自信奉他心目中的上帝后，有病从不医治，任病自好。大概是他从前得的病都不重，所以每次都会痊愈。越是如此，他越坚信上帝的力量。而这次，上帝的力量不见了，他中毒太深，在生命最后的光阴中，他成了个货真价实的病夫。

连天王都中毒了，天京城的百姓自然不会继续吃草。李秀成只好让士兵在城里空地种植谷物，但谷物不是今天种明天就能吃的，所以粮食问题仍然是严重问题。

天京城内大约有三十万人，部队有十万人，李秀成为了缓解粮食压力，陆续把城内的妇孺放出城。

这是很妙的一招，曾国藩如果不给这些人吃的，或者说杀掉她们，就会陷入“不仁不义”的舆论中。

曾国荃硬着头皮接纳这些妇孺，并把消息告诉曾国藩。曾国藩教训他，“慈不带兵，你把粮食给了这些人，士兵们怎么办。这是敌人的诡计，今后贼巢再向外放人，必须竭尽全力将他们驱赶回去，让敌人养活他们。如果驱赶不进城，就全部杀掉。总之，你不能再把粮食浪费在叛军的子民身上。”

很多人都觉得曾国藩过于残酷，其实对当时曾国荃兵团的情况做大致了解，就可知，曾国藩做了正确的事。

曾国荃虽然在围困别人，可他的粮食供应也出现了危机。

粮道虽然畅通，却没有粮食运来。多年的战争已让天京城周边地区残破凋敝，颗粒难见。曾国荃一直向老哥要粮，曾国藩也毫无办法，因为安庆城也没有余粮，左宗棠、李鸿章虽然在战场上大获全胜，谈到粮食，也只能愁眉不展。

曾国荃隐约感觉到天京城里的太平军比他要幸福，1864年三月底，天京城外的曾国荃和安庆城的曾国藩同时做了个梦，梦境非常相似。兄弟二人都在爬山，爬到顶峰时，见已无路，回头看，来时的路被瞬间成长起来的野草覆盖。曾国荃黯然神伤，曾国藩却默默不语。

两人互相通信，诉说梦境。做弟弟的难过地说：“这个梦我前一年好像经历过，恐不祥之兆。”

做哥哥的说，我先前还认为这是不吉的，听你这么一说，我认为它大吉大利。你看你现在，不是正走在成功的路上吗？如果去年的梦是不祥的，你怎么可能走到今天？

曾国荃丝毫未觉得这是吉梦，他百无聊赖地走上士兵建造的木制高塔，俯瞰天京城，景象让他吃了一惊。天京城北面隐约能见到一片生气盎然，那是谷物的幼苗在茁壮成长。

他险些从高塔上摔下来，在一次主题重复了无数次的无聊军事会议上，他不无忧虑地说：“从前，咱们想进去，城里的人想出来。现在，咱们仍然想进去，可城里的人已不想出来了。他们竟然就在城里创造了一个崭新的天地！”

伴随他这种消极情绪而来的是中央政府的催促，慈禧和奕訢一致认为，曾国荃在天京城下的时间过于漫长，盘古开天地才用了多久？去问问洪秀全，上帝创造世界也才用了几天。你在城下到底做什么呢？你不行，有人行啊，可以让李鸿章去支援你。

曾国荃不知该如何回应中央政府，他征求老哥的意见。曾国藩告诉他：“让人支援你吧。我知道你一直想独占收复金陵（天京）的功劳，可现在的情况不容你如此。”

曾国荃沉闷地回答老哥：“从前最艰难时，我未用他人一兵一卒；如今只剩最后一步，我若用了，岂不是大傻子吗？！”

曾国藩用儒家思想劝他：“人又何必占天下第一美名？你没有在中央政府做过官，你不知道政治的残酷。若人家说你把个人野心置于大清江山之上，你如何回答？”

曾国荃悚然，这个问题岂止是能否回答的问题，简直是人头保与不保的问题，他没有再给曾国藩回信。曾国藩却对请人支援的事犹豫起来，尤其是当他抵达天京城下，看到曾国荃因多日的战事而苍老，因无限的惆怅而孤单影只，不禁泪流满面。

这只是消极的一方面，曾国藩意识到此时不是寻愁觅恨之时。他敞开胸怀，视察老弟的围城工事。

曾国荃建造的围城工事让曾国藩眼前大亮，情绪极为激动。

曾国荃所带的这支湘军，勤奋上进，能吃大苦耐大劳。它们围绕着天京城修筑了一道周长达数公里的壁垒，中间又穿插着一百多个营垒。每个营垒里有数百名官兵。在某些地方，营垒离天京城墙只有一百米。天京城外就被这些小营垒包围，俯瞰它们时，好像是天京城这个巨兽生下的无数小蛋。

曾国藩赞叹之后，突然打了个哆嗦。他问老弟：“那几个营垒离城墙那么近，若敌人从城墙上开枪，士兵们岂不必死？”

曾国荃笑了：“开始，我也担忧这件事。可自从营垒完成直到现在，城墙上从未有人向营垒开过一枪，连箭都未射过。大帅请向城里看……”

曾国藩看向天京城，城里千家万户悄无声息，城墙上连绵数里都无人防守，眼力极好的人才能在城墙上看到一人，那人不似站岗，倒像是站在风景区欣赏落日。

“这个城已死。”曾国藩淡淡地说，他听到老弟的一声叹息，“可惜，城墙太坚固，我们又没有足以摧毁它的大炮，真叫煎熬啊。”

曾国藩从高台上快步走下：“咱们去城墙边看看。”

“不可！”曾国荃拦住老哥，“虽然看上去宁静无事，万一敌人认出您来，给你一枪，可就后悔莫及了。”

曾国藩拍了拍老弟的手：“没事，走！”

走到城墙的一座营垒前，曾国藩吃了一惊。营垒边上，竟然有几个人在摆地摊，官兵们正在和摊主们做交易。他不禁笑起来：“士兵们太清闲了。”

曾国荃急忙说：“哪里清闲，他们这些人昨天挖了一夜地道。”

地道，正是当时曾国荃对天京城所使用的主要攻击手段。湘军士兵在城墙周边挖了无数地道，先向下挖五米深，再横向朝城墙里面挖。本来就很艰巨的工作遇到护城河，更为艰难。湘军必须要斜着向下挖接近三十米，安全绕过河底后，开始向上挖，挖到离地面五米时，再横向朝城墙里面挖。

曾国藩视察天京战场时，他老弟已经挖了三十余处地道。不过，这些地道都半途而废。有的地道还未挖到城墙下，就遇到塌方，倒霉的士兵被活埋。有的在半途遇到也在挖地道的太平军，他们当然是有备而来，不仅带着铲子，还带着火枪，双方一交火，自然是只带铲子的湘军吃亏。

曾国荃想不明白，为什么每次在地道中都能和太平军“偶遇”。后来他才得知，李秀成常常站在高处观望，只要发现地面的野草枯黄，找准位置，让士兵顺这位置向城墙外挖，肯定能在地下碰到灰头土脸的湘军。

好运始终站在太平天国这边，有一次，湘军已神鬼不觉地把地道挖进城墙，一个太平军士兵恰好把枪插入地下，据他后来自己说，只是想休息一下，没想到插进去，枪就如中了地心引力，拼命向地里钻。士兵惊骇之下，马上明白地下有人，急忙呼唤战友，最终，这支湘军功亏一篑。

曾国藩听老弟讲这些事后的几天时间里，精神大为不好，一会儿抑郁，一会儿暴躁，始终无法把心静下来。有一天，他心情很平静，于是对曾国荃说：“还是请援兵吧，李鸿章的淮军装备比咱们强，如果他来，肯定能攻陷金陵。”

曾国荃思考了一会儿，像是做出生死抉择似的，极度痛苦地点了头。

攻陷天京

李鸿章能来，但不能马上来。他先说苏州要维稳，然后说淮军枪炮不熟，需要训练。曾国藩第三次催他时，他又说：“弹药缺乏，正在向上海的洋人购买。”

李鸿章的幕僚为主人着急，劝他说：“曾公是您的恩人，此时正需要您，您怎么见死不救啊。万一曾公急了，我担心你这位置不保啊。”

李鸿章诡异地一笑：“曾公不会急的，我跟你说吧，他催促我去天京，是给北京看呢。”

幕僚大惑不解，李鸿章眨了眨眼，欲语还休，最后扔给幕僚一句话：“你呀，动动脑子嘛！”

他的幕僚想得脑仁直疼，也想不明白这其中奥妙。其实在李鸿章脑子里，这件事太过于简单，简单得幼稚。他了解曾氏兄弟，绝不可能和别人分享收复金陵的功劳。实际上，他和曾国藩在给北京演一出不约而同的戏。曾国藩第四次来催时，李鸿章才给出回复：“我一定去金陵，但时间上，不敢保证。”

1864年6月，天京城里的庄稼郁郁葱葱，和城外的荒芜一比，简直成了绿洲。这是喜事，但也有悲事，而且是大悲。6月1日，中毒多日的洪秀全终于未等来上帝的再次垂青，病死在他那超级豪华的宫殿里。

在此之前，李秀成和天国官员们已预料了洪天王的死亡。大家在一起议事时，洪秀全浑身散发出如牲口一样的气息，令人作呕。李秀成曾明目张胆地看向宝座，他看到的不是洪秀全，而是一具流着脓水的死尸。

1864年5月的最后一天，神志突然清醒、浑身不再散发臭气的洪秀全叫来李秀成，身边站着他的儿子洪天贵福，自天京城被围之日起，洪秀全已暗示过天京城众生，洪天贵福是继他之后的二代天王。

洪秀全对李秀成吐露心声说：“你当初要我离开天京城，非是我不愿，而是我不敢。今后天国如何，我已看不到，我把我儿子交给你，随你带他去何方。”

李秀成什么话都没有说，因为他看到洪秀全脖子一歪，又昏死过去了。

洪秀全死的消息，让曾国荃如获至宝，但他在半个多月后才得到消息。于是，在这块宝贝的蛊惑下，他加大力度，命令全体官兵，不分昼夜，轮流挖地道。他要用地道把天京城埋葬。

1864年7月18日，对曾国荃的人生最值得大书特书。终于有一条地道挖到了城墙下，里面填充了足以把城墙炸开个大缺口的炸药，而李鸿章慢悠悠的信件也到了。

李鸿章说："我已决定明天出发，去帮你打天京城。"

曾国荃召集全体军官会议，把李鸿章的信扔到桌上，睁圆了眼睛道："有人要来了，两年的辛苦和成绩要和别人分享吗？"

众军官声若惊涛骇浪："不！"

"好！"曾国荃一拳头砸到桌子上，"那就拜托诸位了。"

诸位自然卖力，在点燃了地道里的炸药，炸开了一道缺口后，掩藏在各处的湘军鱼贯而入。令他们惊奇的是，进入城墙后已前进了一百米，竟然未遇到任何抵抗。难道这真是个死城？或者说，所有的人都凭空消失了？

早上进入的城墙，傍晚时分，天京城所有城门都被里应外合攻破，湘军从城门进入时，根本不像是攻进来的，仿佛是敌人打开城门放他们进来的。

三万湘军全部进入天京城后，曾国荃回到大营，看上去他心情很放松，穿起短衣，光起脚，由于兴奋，汗和泪水顺着脸颊一齐流下。他的神经足足绷紧了两年，如今一放松，居然再也不能支撑，倒头便睡，鼾声惊动整个湘军大营。

他再也不必有所顾虑，可以放心去睡。因为在当时的世界上，只要短兵相接，没有一支军队可以和他的湘军相比，尤其是在城下憋了这么久后。

湘军顺利进入外城，是李秀成的计策。他的士兵长期被困，已丧失了绝对的斗志。所以他把所有部队都集中于内城，他告诉士兵，无论是安庆还是苏州，投降的太平军全被屠杀。所以，现在没有退路，只能和敌人玩命。

那天夜间，整个天京城火光四起，有太平军放的，也有湘军放的，还有炮火引燃的。天京成了魔界，大部分湘军开始烧杀抢劫强奸，只有一小部分在和太平军拼命，而这一小部分对李秀成部队而言，却已足够致命。

在乱哄哄的厮杀中，李秀成选定了一个突围口，这个突围口是任何人都想象不到的，正是被湘军炸开的那个城墙缺口。他带着卫队和家人，还有二代天王，成功地逃出了天京城。

可惜的是，他没有逃多远，因为他的马太劣，他只能藏进一个破庙。两天后，附近的村民向湘军告密，太平天国唯一的希望李秀成被捕。

他那天从破庙里被驱赶出来时，阳光正好。

他看到死去的战友们在阳光下微笑，这种微笑他曾在血肉横飞的战场上见到过，在去天京城的路上，他终于想到，战场上见到的微笑应该来自死神。许多时候，死神都如影随形地跟着他，之所以没有召唤他，大概是，死神只能在天京城里带走他。

李秀成之死

曾国荃对李秀成恨入骨髓，以他的想法，如果不是李秀成在天京城领导反抗，他早就拿下这座城池，不至于在天京城下苦熬了两年。

他把刀子和锥子等各种利器摆放在李秀成面前，用眼神告诉对方：我要让你死很久很久。

曾国荃的幕僚大为惶恐，提醒他，杀了李秀成，会有麻烦。

曾国荃一刀捅向李秀成的胳膊，鲜血喷涌："你看，有什么麻烦？不让血喷到身上就是了。"

李秀成闷哼了一声，咬紧牙关。

幕僚说，你在这里杀了他，中央政府问起来，怎么办？把尸体运到北京，早就腐烂。万一北京方面说您根本没捉到李秀成，只是拿了个死尸充数，你解释不清楚啊。

曾国荃又是一刀，李秀成胳膊上再多一道伤口："怎么就解释不清楚？"

幕僚见状，急忙从审讯室退出，望天兴叹。他还没有叹几口气，曾国荃走了出来，拍了拍他肩膀说："你说得对，这人还真不太好处理，等曾大帅来到再作打算吧。"

李秀成被捉的五天后，曾国藩来到金陵城。眼前的残破景象使他吃惊，他看到湘军三五成群正在街道上灭火，金陵市民在湘军的监护下，把一具具尸体抬到城外。整个城市一片狼藉，萤火流转，犹如鬼魅世界。

"怎么搞成这样？"一见到曾国荃，他就劈头盖脸地质问，"我听说官兵抢劫现象很严重？！"

曾国荃坦然一笑："弟兄们憋了两年，当然要发泄一下，这也是咱们当初给他们的承诺啊。"

曾国藩不语，许久，才又问："洪秀全确定已死？"这是他来金陵最关键的一件事。

"确定。"

在曾国荃的引路下，曾国藩看到了死去两个月的洪秀全。他的头已秃成了葫芦瓢，胡须稀疏，卷曲的白，颧骨出奇的坚挺，正向骷髅演变，身上穿着绣龙黄缎袍子。就是一具最普通不过的死尸。

望着眼前这具死尸，曾国藩突然产生一种恍惚的感觉，他将来的死亡也会和这具尸体一样，就躺在这里。无数人围观着它，然后无数的哭泣响起，仿佛是有人对着窗外的明月，发出轻轻的叹息。

这种感觉稍纵即逝，曾国藩没有全部捉住。当他从恍惚中醒来时，刚才还万里无云的天空突然雷声大作，暴雨倾盆。

"金陵这鬼天气，"他漫不经心地说，"好好安葬我们的对手。"

走出洪秀全葬身之地，暴雨如注，又一个念头进入他的脑海：这位老对手是用这场大雨来告诉世人，他死得不甘心？

仍是个转瞬即逝的念头，因为雨稀稀拉拉起来，很快天空放晴。他想起来金陵的第二件事：见李秀成。

李秀成披头散发，脸无血色，神情忧伤，右胳膊因伤口未及时包扎已化脓。他跪在房间里最阴暗的地方，审视着阳光里的曾国藩。曾国藩高挺的肩膀，眼神疲累。

曾国藩也在审视着那处黑暗，黑暗里有个瘦而结实、总是眯着眼的李秀成。两人似乎都长了透视眼，能透析对方的心肺。漫漫的光阴流走，两人感觉都看透了对方，同时如释重负地吐出一口气。

如此，这种审讯就容易多了，其实已不是审讯，而是谈话。

曾国藩问李秀成："为何大逆造反？"

李秀成回答："实在活不下去了。"

曾国藩再问："后来荣华富贵尽得，为何不放下武器，做回顺民？"

李秀成笑了，笑声里略带了点鄙夷："曾公应该比我清楚，人很多时候都是骑虎难下。为时势和内心的无限欲望所驱动，谁都回不了头。"

曾国藩回想自己的大半生，体悟到了李秀成的话。他沉默不语，轮到李秀成主动了。

李秀成问他："曾公下一步做何打算？"

曾国藩回答："把你们的同志全部杀掉，恢复太平。"

李秀成说："现在各地都有我的部将活动，您从军多年，不可能不知剿杀流寇的难度，我可以帮您写信给他们，让他们放下武器回家务农。"

"你想活下来，对吗？"

"是！"李秀成斩钉截铁地回答。

曾国藩沉思，许久才微微摇了摇头："这不可能，紫禁城里所有人都要你死。"

"您呢？"

"也是！"

李秀成在黑暗里笑起来："若我死了，曾公还要多打几年的仗。如果让我活下来，我可以帮曾公给我的那些部将写信，劝他们回家。"

曾国藩当然知道，攻陷天京城并不代表战争结束了，各地还有太平军的余党，声势不容小觑。

他转了念头："你如何规劝他们？"

李秀成说出了自己的计划，计划很好，曾国藩从未想过。不过他决定不用，因为这个计划的核心就是，李秀成必须要活着。

"你这是要投降？"曾国藩讥讽地问，他竟然看到李秀成在黑暗里不假思索地点了点头。

他大笑，很久以来，他从未如此舒心地笑过。

他对李秀成语重心长地说："你我都心知肚明，这场战争毁灭了每个人的人性。我们不可能惺惺相惜，心有所憾，你败了就是败了，要承担失败的代价。我俩这场战争不是以投降保命而是以消灭对方为终点的。"

李秀成又笑起来："曾公，你需要我这样的人！"

曾国藩也跟着笑："老夫手下猛将如云，谋士如雨，等消灭了你的余党，就解甲归田，需要你干什么？"

李秀成从黑暗里探出头来，盯准了曾国藩："您现在兵强马壮，东南半壁已是湘军的天下，北京那群清妖对您的印象是什么，只有天知道。古人云，先下手为强，后下手遭殃……”

“闭嘴！”

曾国藩跳起来，浑身如筛糠：“你这贼人，本已犯下滔天大罪，如今又来蛊惑本人，说出这种大逆不道的话来，我看凌迟你一万次都不能洗清你的罪孽！”

李秀成嘿嘿笑着，把头重新缩回黑暗。曾国藩听到他很小声、悠悠地说，“我不相信曾公你没有这种想法。”

曾国藩冷静下来，岔开了话题：“你写一份供状吧，其他的事再说。”

李秀成异常地听话，坐在他的小囚牢里，专心致志地写他的供状，就如同他带兵打仗一样，一丝不苟，兢兢业业。

十几天后，曾国藩拿到了李秀成的供状。这份供状是李秀成的世界观、人生观、核心价值观的总结，多达五万字。

李秀成本木炭工出身，文化程度不高，但供状写得却是无比流畅，亮点极多。

这足以说明，文章这种东西，非走心不可。否则，纵学富五车也写不出好文章。

李秀成首先痛苦地陈述了他造反的经过，按他的看法，纵然当时天下没有洪秀全，无数活不下去的人也会造反。只是因为有了洪秀全，他们有了目标，所以很多人都把造反提前了。接着又说到自己多年来的军旅生活，他指出，太平天国虽将领如麻，但真能打的人只有石达开和陈玉成，而他李秀成屈居第三应是没有疑问的。

他说，天国所以覆灭，有十大失误。天国七成灭于自己，只三成灭于湘军。最后，他谈到了曾国藩的伟大，又旧事重提，希望曾国藩能独树一帜，清除满人，恢复汉人天下。

五万字，曾国藩看得是热血沸腾，时不时地心惊肉跳。终于看完，他把供状拍到桌上：“李秀成这厮非死不可啊。”

曾国荃、众幕僚都拿来看。曾国藩独自一人走出去，转了几圈就转到李秀成囚牢处。李秀成正在闭目养神，曾国藩看着眼前这个黑瘦汉子，想到慈禧太后接二连三要他把李秀成解往北京的命令，不禁浑身一颤。

这个人，必须要死！

他没有和李秀成对话，转身继续四处转悠，感觉那些人已看完了李秀成的供状后，他才慢悠悠地踱回。

众人脸色都不好看，曾国藩略显疲惫地坐进椅子："诸位说说吧。"

曾国荃先开口，一开口就是杀气，"李贼绝不能送京，他居然让您造反，这若是让紫禁城知道了，咱们全都人头不保。"

曾国藩不做声，这一问题，谁都看得出来。

有幕僚站出来说："纵然没有这些话，单是他颂扬您的话，就足以引起紫禁城的惊骇。"

"还有，"另一幕僚说，"他说洪秀全是中毒而死，这显然稀释了咱们的功劳。"

曾国藩点了点头，说，"那咱们就给他编辑一下吧，该改的改，该删的删。然后，把他就地处决，和紫禁城解释，路途遥远，他党羽潜伏民间，恐有不测，所以在金陵将其处决。"

怎么改？

曾国藩提出思路，洪秀全不能中毒而死，要他不堪忍受咱们的猛烈进攻，魂飞魄散服毒而死。李贼赞颂咱们的话，统统删掉。要我称帝的话自然更要删掉。

一番大动干戈后，李秀成的供状重新出炉，曾国藩认认真真地看了三遍，长吁一口气道："可以了。"

这三个字，是李秀成的催命符。

1864年8月19日，李秀成在囚牢被秘密处决。据说，李秀成临死前，对曾国藩毫无怨恨，他甚至说出这样的话来："中堂（曾国藩）厚德，铭刻不忘，今世已误，来生愿图报。"

来生的事，谁说得准，有些人连今生都过得稀里糊涂。

屠刀快速切入李秀成的脖子时，他突然有了这种感觉：我这一辈子，大概是活错了。

八年以后，面对花园美景，曾国藩会不会想起1864年8月末那场大雨，只有他自己知道。那场大雨好大，如同天开了个窟窿，银河之水倾泻而下。

就在这场大雨期间，曾国藩遇到了有生以来最大的难题——自己是否该造反。

反还是不反

刘秀（东汉光武帝）还未称帝时，已有了称帝的实力，部属们不停地劝他称帝。刘秀就是不肯，当时各地军阀多如牛毛，谁称帝谁就是把火力主动引到自己身上来。有个叫耿纯的属下语重心长地对刘秀说："兄弟们抛家舍业，冒着生命危险在枪林弹雨中奔驰而侥幸未死，为的就是攀龙附凤，升官发财，成就功名志向。可现在您总是推辞，违背众人愿望，不登大位，不定尊号。如果再这样下去，我担心有人会对您彻底绝望，纷纷离去！"

刘秀恍然，原来，这些人跟着他刘秀时把他当成了发大家致大富的梯子啊！如果这张梯子不肯被他们踩，他们就会去寻找另外的梯子。

想明白了这道理，刘秀终于称帝，以"汉"为国号，史称东汉。

这个故事告诉我们了人性中"恶"的，至少是不太光明的一面：每个人都有私心，每个人都希望把自己的价值最大化。这个故事还告诉了我们一个成语：攀龙附凤。

一千多年后，曾国藩也遇到了这种人性中的"恶"。尤其是当李秀成劝他称帝后，这种"恶"就如洪水般涌来。

第一个来劝进的人正是大嘴巴王闿运。曾国藩没齿难忘当年祁门被围时，王闿运溜走的事。最让他瞧不起的是，祁门之围一解，王闿运又乐呵呵地跑了回来。

他和同僚们看李秀成的供状时，一面看一面评点。这里文风太差，那里思想性不足，直到最后，看到李秀成要曾国藩独树一帜时，他才拍案叫绝，说，"五万字，就这几句最妙，可成经典！"

曾国藩鼻子都气歪了，他最忌讳的就是这个，想不到王闿运非哪壶不开提哪壶。李秀成被处决后，王闿运抱着几本书，跑去找曾国藩。

曾国藩原本不想见他，可架不住他在门外大呼小叫，碍于"礼贤下士"的声誉，只好把他请了进来。

王闿运大大咧咧，先把那些书放到桌上，又在上面重重地砸了一拳，笑嘻嘻地看着曾国藩。茶上来后，曾国藩请他喝茶，他不喝，而是指着那摞书："曾公可知这是什么？"

曾国藩懒得看一眼，回了一个字："书。"

"错！"王闿运扯开嗓门，"这是千秋功业！"

"壬秋（王闿运字）啊，不故弄玄虚，有话直讲。"

王闿运哈哈一笑："这些书都是帝王之学，如今天下正多事之秋，自然是豪杰创立大业的绝好时机，我不会看走眼，如今天下，只有曾大帅您可以为之。"

未等曾国藩有任何反应，王闿运已侃侃而谈。帝王学，本来就是由远及近、娓娓道来之学，王闿运眉飞色舞，谈了半个时辰，曾国藩如死水一潭，毫无动静，只是一个劲地用手指沾了茶水在桌子上写字。

王闿运谈完，曾国藩也写完，他站起来，转身进内屋去了，留下王闿运在孤独的厅堂里凌乱不堪。他一向反应敏锐，只凌乱了一会，慌忙去看桌子上的字，一大堆字其实只是一个字：妄。

王闿运抓耳挠腮，怒火中烧，当场就叫了起来："曾公太不识抬举！"

自此，王闿运再没和曾国藩谈过"造反"的问题，几年后他离开曾国藩，收了大批弟子，讲学间隙，弟子们问到曾国藩。他说，当年除了李秀成之外，只有我敢和他说创建非常人事业的话，可惜：曾太不识抬举！

王闿运的眼界太闭塞，这大概缘于他进曾国藩幕府晚，又因为他目空一切，懒得和曾国藩之外的任何人交流，所以他不知道。

早在他之前，就有人试探过曾国藩。据说，胡林翼活着时有次去见曾国藩，送了他一副联语："用霹雳手段，显菩萨心肠"。

曾国藩乐不可支，胡林翼走后，曾国藩发现在对方的茶碗下压了张小纸条："东南半壁无主，我公其有意乎？"

没有史料记载曾国藩看到这句话后的反应，但左宗棠劝他自立大旗时，他的反应却有据可查。樊燮案后，左宗棠在曾国藩的帮助下逃脱升天，去神鼎山游玩时，写了一副联语："神所凭依，将在德矣；鼎之轻重，似可问焉。"写后把他邮寄给胡林翼，请他转交曾国藩。

鼎是中国古人心目中最高权力的象征，相传是大禹所铸，共有九个，象征着当时的九州，后来成为周王朝的国宝，只有国王才有资格拥有。若干年前，楚庄王带领军队到东周王城洛阳，想看看这九鼎，周王险些没吓死，以为楚庄王是要夺他的权力，这就是问鼎中原的来由。

其实，楚庄王根本就没有这意思，被委婉地拒绝后，楚庄王哈哈大笑说，你们那破鼎，我们楚国一家出一枚铜钉，就能铸造九十个。

左宗棠这副联的意思是试探曾国藩，您想问鼎中原吗？

曾国藩看了一眼，提笔把“似”字改为“未”，于是就变成了“鼎之轻重，未可问焉。”据说左宗棠看了回复后，一笑而已。

如果这故事不是假的，那就是左宗棠当时脑子里进水了，或者是他对曾国藩救了他一命而用这种方式表示感谢。左宗棠比王闿运还要自命不凡，怎么可能拥护曾国藩当皇帝？

但当时很多人都隐晦地点拨曾国藩问鼎，倒是真的。李秀成被处决后，这种点拨已形成气候。特别是当中央政府对曾国藩擅自处决李秀成而质疑时，湘军将领们更是热血沸腾，鼓动曾国藩造反成了金陵城中最大的政治生活。

曾国荃忙得不可开交，他了解老哥，所以不会亲自去说，而是鼓动其他人群起而上。紧接而来发生的一件事让这种论调极度升温，据可靠消息，中央政府要派人来追查洪秀全留下的财宝。

曾国荃直冒冷汗，立即采取行动。一天夜里，曾国藩刚睡下，听得外面骚动，门被打开，三十多位湘军将领涌了进来，全部戎装。

他的脑海里猛地蹦出一个历史画面：赵匡胤（宋太祖）的陈桥兵变！

这一历史画面渐渐清晰，曾国藩猛地大吼一声，从床上一跃而起，先发制人：“九帅（曾国荃）也来了？”

众人面面相觑，还未确定怎么回答，曾国藩用威严的语气命令：“去请！”

曾国荃听了来人对曾国藩表情的描述，知道这事砸锅了，死活不去。曾国藩派了亲兵卫队来请，他只好脱下战袍，垂头丧气地来到了曾国藩处。

曾国藩坐在椅子里，一言不发，曾国荃和将军们手足无措。许久，曾国藩才对曾国荃说，“纸笔！”

曾国荃把纸笔奉上，曾国藩伏案挥笔写成一联，又认真地看了一遍，掷了笔，转身离去。

众人围过来看，只见上面写道：倚天照海花无数，流水高山心自知。

曾国荃早就预料到是这种结果，湘军的将军们仔细品味了半天，都摇头叹息，攀龙附凤的苗头就被这对联扼杀了。

后来，再也无人向曾国藩提过“造反”的事。如果我们对曾国藩的前半生有所了解，就可知道，他根本就不想造反，传统文化里的“忠君”已深深铭刻在他骨子上。即使他想过造反，成功的希望也很渺茫。

若他真反，能和他并肩战斗的只有湘系集团成员，这支军队当时有十万人，武器仍以铁片子为主。李鸿章肯定不会助他，长江上游的官文更不会，僧格林沁大军在安徽、湖北一带，控制中原。

没有任何证据表明，曾国藩的湘军真的可以天下无敌。恰好相反，曾国藩早已注意到湘军已暮气沉沉，不然不会让李鸿章别建一军。

曾国藩不是曹操，也不是取代了唐朝的朱温，他只是他曾国藩，一个受中华儒家文化熏陶大半辈子，几乎熏成腊肉的中国传统知识分子，忠孝仁义是他的名片，更是他的灵魂！

但人无害虎心，虎有伤人意，紫禁城并未因他老实巴交、忠心耿耿，就会对他信任有加，恰好相反，紫禁城对消灭了太平天国的曾国藩，已是耿耿于怀。

曾国藩怒了

当曾国荃把收复金陵的消息第一时间奏报紫禁城时，整个北京城轰动了。慈禧眉开眼笑，奕訢却板着脸，毫无欢喜之情。慈禧认为他不合群，此时最应该普天同乐。奕訢却不无忧虑地指出，曾氏兄弟又上了一层楼，只怕咱这楼不够他们上的了。

慈禧悚然，翻脸像翻书一样，发出圣旨给曾国荃，不是表扬，而是严厉斥责：“你在奏报中说攻破外城后就跑回雨花台老营休息，你身为主帅，却不和将士们共进退，成何体统？！幸好祖宗保佑，你的部队侥幸成功，否则，必拿你是问！”

他妈妈的！曾国荃暴跳如雷，心如乱麻，老子拿下金陵，这是震铄古今的巨功，你不嘉奖就算了，竟然还斥责我，这他妈的还有天理吗？！

他一面说，一面竟拔出宝剑，无人知道他要干什么，但大家都一拥而上，把他按住，跟他商量着说，要冷静，等曾大帅来了再说。

曾国藩抵达金陵后，听说了紫禁城的圣旨和曾国荃的举止，大为恐惧。他好言好语劝说老弟，推己及人，咱们应站在对方的角度考虑问题。他们这样做，肯定有他们必须这样做的理由，咱们应找出这种理由。

曾国荃一语道破："狗屁，他们就是看咱们坐大了，心生恐惧。"

这也是曾国藩的看法，事实正慢慢证明，兄弟俩的看法非常正确。

李秀成被处死的当天，僧格林沁的好友、江宁将军富明抵达金陵，他告诉曾国藩，八旗部队要进驻金陵，而他是来视察情况的。

曾国藩用好酒好菜款待他，富明直抒胸臆："李秀成真死了吗？"

曾国藩就让人把李秀成的尸体拖来给他看，他用手帕捂着鼻子，皱眉不已。尸体已不成样子，根本看不出来它就是死掉的李秀成。这位满洲肥佬质问曾国藩："怎么会变成这副模样，你们给他整容了吗？"

曾国荃冷冷地回答："酷刑之下，就是金刚菩萨，也会面目全非，大人对这种事应了如指掌吧。"

富肥佬"哼"了一声，拂袖而去。回到停泊在江面的军舰上，他气愤难平。曾国藩一路小跑地来了。

曾国藩把一堆档案放到桌上，赔着笑说："李秀成的确已死，这是非官方和军方人员的口供，他们都见过李秀成，也见到了他临死前的样貌。"

富肥佬冷哼一声，不发一言。

"还有几个洋人，都是传教士，他们也可以作证。"

"哦！"富肥佬一听到有洋人，马上换了腔调，"曾大人啊，非是我不信任你，而是……"向北面拱手，"你明白吗？"

曾国藩当然明白，是北京方面不相信他。富肥佬不过是个前奏，下面肯定还有更大的麻烦，他必须要十万分小心。

有幕僚说，此时应主动进攻，上奏申诉。曾国藩思考了一会，慢慢地说："我们还是以静制动吧，况且他们会主动的。"

慈禧和奕訢只能“万不得已”地主动封曾国藩为侯爵，曾国荃为伯爵。

王闿运先在曾国藩后面一惊一乍起来：“呜里哇啦，是可忍孰不可忍！当年咸丰在的时候，说过谁若是能打下金陵，就封谁为王。这侯爵伯爵，连公爵都不是，大打折扣，严重缩水啊！”

曾国荃也大不满意，对老哥说：“我封个伯爵倒也罢了，怎么只给了您个侯爵，他们这是卸磨杀驴！”

众将士们轰隆隆议论起来，“肃静！”曾国藩低沉地说道，“诸位，皇上自有他的主张，我们做臣子的，岂能妄议？！今后不许再对此事发表任何意见。”他说这话时盯住了王闿运，意思是，尤其是你，管住你的大嘴巴。

他又去看曾国荃。曾国荃就如同一个炮仗，随时都能爆起来。

晚上，他单独见曾国荃。交给他一张纸，纸上只有一个字：挺。

曾国荃大惑不解：“什么挺？挺什么？”

曾国藩望向窗外，漆黑一片。在这漆黑一片里，人连一点欲望和希望都没有。

“我讲个故事给你听。”

“别人都骑着咱们脖子拉屎啦，你还要给我讲故事？！”

曾国藩对老弟的态度不理睬，慢悠悠地说：“从前有个老头，请了贵客来吃午饭。早上就吩咐儿子去市场买菜。很快就到中午，儿子还未回。老头就出去找，在村口他看到儿子正在一桥上和对面的走街串巷的卖货郎对峙。桥太窄，两人都不肯相让，就如钉子钉在了桥上……”

曾国藩讲到这里，停下来，问曾国荃：“如果你是那个老头，你该如何？”

曾国荃气呼呼的：“上去把卖货郎痛揍一顿。”

“你这不是解决问题的态度啊。”

“那你说怎么办？”

曾国藩不泄气：“你好好动动脑筋嘛，肯定有解决的办法。”

“没有！”

曾国藩摇头叹息：“其实解决问题的办法都是在事情上找出来的，你这样凭空想，肯定想不出办法。老头开始也是这样。他上前去对卖货郎说，‘我家中有客，等菜下锅，您向桥边避一下，让我儿子先过来。我儿子过来，你也就过去了，可谓皆大欢喜。’”

听到这里，曾国荃大笑：“鬼才会听这老家伙的话呢。”

曾国藩也笑，“的确。那个卖货郎就说，‘你让我下水，为何不让他下？’老头说，他比你矮，下水了会弄湿菜。你比他高，不至于弄湿东西。卖货郎说，‘你这担子里不过是些菜，我这担子里可是贵重的货物，沾了水就完蛋了’。”

曾国荃道：“卖货郎说的有道理。”

曾国藩神秘兮兮地道：“但老头只用了一句话一个动作就解决了问题。”

“哦？”

“老头说，那我先下桥，你把担子交给我，我顶在头上，你空身从我儿子旁边过去，我再将担子奉还，何如？”

曾国荃愣住了：“卖货郎肯定不会让老头下水。”

“对了，卖货郎一见老头要下水，急忙拦住说，既然老人家如此费事，我就下水，让你儿子先过去吧。”

曾国荃琢磨了半天，突然想到那个“挺”字，恍然大悟道：“我明白了，老头只是挺了一挺，一场竞争就此消解。”

“挺”是个动作，也是个低姿态，看似吃亏，其实是占了便宜。

最后，曾国藩告诉老弟：人生只需一个“挺”字足矣。

曾国荃是典型的“左耳听，右耳冒”，在现场特别明白，转头就忘了。

讲完这个故事后的第二天，曾国藩就离开金陵，返回安庆。

一路上，烈日炎炎，他心情又极度低落，竟然中了暑气，回到安庆时，休养了两天才好转。在这两天的时间里，曾国藩也让自己努力坚信“挺”的威力，只要低姿态，看似吃亏，其实应能占很大便宜。

虽是如此想，却仍摆脱不了心情的惆怅。

在两江总督府的后花园散步时，陪伴曾国藩的幕僚千方百计逗他开心，却无法得逞。当幕僚黔驴技穷时，曾国藩站在了一棵绽放得肆无忌惮的花树下，深深叹了口气。

他对幕僚说：“人这一辈子，就是在别人的猜疑和不相信中度过的。你有用，他们用你，你无用，他们就抛弃你，古往今来，概莫能外。”

幕僚不知这番感悟从何而来，曾国藩对着那棵花树自言自语起来："我做京官十几年，投笔从戎五六年，这其中的苦楚真无处可说。若不是练就了'打脱牙和血吞'的坚韧，早死一百回了。"

"大帅，"幕僚要流下点眼泪来配合曾国藩这悲苦的情境，可惜眼泪太不争气，他憋了半天，也没有憋出一滴来。他只能安慰曾国藩，"一切都会好起来的，现在不是很好嘛。"

曾国藩真欲说什么，突然有人来报告：朝廷有圣旨来。他急忙穿上官服，一路小跑到总督衙门里接旨。

这道圣旨彻底打碎了他幕僚刚才那句"一切都会好起来的"，圣旨上说，"你曾国藩之前奏报说洪秀全的孽子洪天贵福已死在乱军之中，可据可靠情报，洪天贵福已逃至湖州，正和太平军余孽联合，东山再起。朕认为你是受了手下办案人员的蒙蔽，对这些人，你必须从重严办，如此才能恢复你的名誉。"

曾国藩听到这里，不禁大惊失色。洪天贵福和李秀成一起逃跑，李秀成被活捉，洪天贵福逃出生天，没有几人知道，是谁泄露了这件事。

他没心思琢磨这个问题，因为圣旨接下来的质问更让他苦不堪言。圣旨说："逆贼洪秀全经营金陵城多年，财宝无数。有人亲眼看到，你把这批财宝源源不断地运出金陵，但至今也未见到你有关于这财宝的奏折。金陵如果真有财宝，应上交国家。"

曾国藩本以为这就完事了，想不到圣旨的内容很多，接下来的内容如五雷轰顶："你曾国藩以文人从军，恪守理学教导，虽血战沙场多年，功劳显赫，但应能慎终如始，保住自己的名誉。可你手下那些人，包括曾国荃，难保居功自傲，做出些傻事来，应给他们上思想道德课，教导他们如何做人，唯如此，才可永保勋名。"

这段内容简直就是威胁加骂街了，慈禧是想告诉曾国藩，你虽收复了金陵，但不要太得意，不要太自以为是，如有违背朝廷意旨或有不轨行径，朝廷随时可以将你们革职，甚至是更严厉的惩罚也有可能。

慈禧太嚣张，或者是她通过各种渠道已对曾国藩知之甚深，所以才有这样不知羞耻的圣旨。

她这步棋走对了。曾国藩只是蒙了那么一会儿，伤心了那么一会儿，痛恨了那么一会儿，随即就和往常一样走进书房，在他的日记中淡淡地写了一句话：今接到圣旨。

写完后，他竟然比平时还有勤奋，处理了大批公务，晚上还抱了本儒书，读到大半夜。凌晨时分，他给曾国荃写信，轻描淡写地说了圣旨的内容，并劝解曾国荃要宽心。平常说磨练心智，都是闲扯，此时才是用功时。面对外来的欺辱和不信任，应抱一颗平常心对待。如果真冲冠大怒，那就是被对方牵了鼻子走，不是真修行了。

话虽是这样说，但曾国藩还是心有所碍，他想搞清楚，是谁告诉了中央政府洪天贵福的事。

事情很快水落石出，曾国藩得到真相时，一反常态地暴跳如雷，告诉中央政府的不是别人，正是他处处提携帮助的左宗棠。左宗棠在得到洪天贵福还活着的消息时，毫不犹豫地向中央政府递交了报告。递交报告的第二天，他才想到，应该通知曾国藩。但他没有立即行动，而是等了几天，才写信给曾国藩。

这样一来，曾国藩先接到了申饬他的圣旨，然后才接到了左宗棠的来信。按曾国藩的想法，左宗棠应该先通知他，和他商量是否向中央政府报告。他应该能想到，左宗棠做事向来我行我素，尤其是内心始终没把他曾国藩放在眼里，做出这样的事，合情合理。

这一气愤是很难平复的，他认为左宗棠这是落井下石，有意让曾家兄弟出丑，这是典型的“以怨报德”。

中央政府的申饬和左宗棠的忘恩负义，让曾国藩忍无可忍。他决定这次不再让步，在他内心深处那个“恶”看来，老子我对你们满洲人有再造之恩。如果不是我曾国藩，很难预测，你们这群满洲肥佬是否还能在北京城里张牙舞爪？连狗都知道报恩，你们满人怎么就这么无耻地忘恩负义？！我曾国藩虽然受儒家“温良恭俭让”传统熏陶多年，但绝不是软柿子，随你们怎么捏。

倔强的脾气一上来，情绪占据上风。他向中央政府递了长长的一封奏折，愤怒的利剑透出奏折，直插云霄。

他说，“洪天贵福逃掉，你们让我彻查办事不力的官员，我的回答是：碍难查参。当时贼都从缺口冲出，我军全在巷战，哪里还有多余的官员守缺口？”

笔锋一转，直指左宗棠：“天下人皆知，左宗棠攻陷杭州时，杭州城里十万太平军全部逃脱，无影无踪。据我所知，你们对此从无意见。我们能活捉李秀成，还不是因为他被村民出卖？如果没有出卖他的村民，李秀成现在也如那十万太平军一样，逃之夭夭了。”

这是绵里藏针，意思是，我们纵然捉不住李秀成，你们又能把将士们怎样？

接着，他开始谈金陵财宝。这个问题，很好谈。他说：“我进金陵城后，由于战斗惨烈，贼首洪秀全的伪皇宫都成废墟，何况其他地方？我只发现尸积如山，血流成河，从未发现什么珍宝。这也是我比较纳闷的地方，洪秀全居然没有藏下财宝！”

慈禧和奕訢把这道奏折看了好多遍，最后一致确信，他们惹到曾国藩了。惹到曾国藩将会出现大问题：曾国藩真要造反，还去哪里找第二个曾国藩来镇压他？

奕訢小聪明是无限的，他把曾国藩的奏折抄了一段，给了左宗棠，这是乾坤大挪移。左宗棠果然炸了，和曾国藩彻底翻脸。他痛斥曾国藩胡说八道，杭州城有十万太平军逃出，你数过？况且，当时我已向朝廷奏报过，确有太平军逃出，我在现场都没有数出来，你未卜先知？

曾国藩也恼火，指责左宗棠，你是个告密分子，小人所为。

二人你来我往，唇枪舌战，慈禧和奕訢看了回热闹，觉得曾国藩造反的可能性不大，否则没必要和左宗棠浪费唾沫。于是再发出圣旨：金陵财宝的事就算了，你之前用的军费也算了，从现在开始计算。至于洪天贵福逃跑一事，不怨你，余孽迟早要死，只是时间问题。

自此，曾国藩和左宗棠彻底闹翻，再无交往。其实，这不能孤立地怪曾国藩或左宗棠，性情截然不同的两个人虽侥幸在一起，但迟早会分手。

如果说，曾国藩前面收到的圣旨是大棒，那么后面这道圣旨则是胡萝卜。

曾国藩先被打得气冲斗牛，现在又好像甜得如痴如醉，在日记中，他无限虔敬、肉麻地写道：朝廷真是体恤大臣，幸甚幸甚。

这件事足以让当领导的得到一个重要信息：想让部下死心塌地为你做事，就让他学习中国传统文化。

第十章
步入失败的怪圈

新的战斗

收复金陵后，曾国藩常和人说的一段话就是：“处大位大权而兼享大名，自古曾有几人能善其末路者？总须设法将权位二字退让少许，减去几成，则晚节渐渐可以收场耳。”这就叫“功成身退”，它只有在古代中国君主独裁制度下才有市场，而且市场极大。凡不能将权位二字退让少许的人，都会不得好死。

“功成身退”对于当事人而言最无奈，对当事人的上司而言则最卑鄙。别人辛辛苦苦为你打下天地，天地一稳，你就卸磨杀驴，卑劣程度可以让人对人性彻底失去信心。

曾国藩一生修为的精华，在今人看来，只是把“功成身退”知行合一而已：知道功成身退是天之道，活命之本，马上就去做，而且尽心尽力，不留半点余地。

他做的第一件事是裁撤湘军，当时湘军和湘军的衍生淮军共计三十万人，但左宗棠的五万人已游离出去，他无法管理；分布在四川、广西、贵州的湘军，早就脱离了他的指挥，他也不必管。至于李鸿章的淮军，本来就是湘军的替补，不可能裁撤。他只能对自己直接指挥的十二万湘军，尤其是曾国荃指挥的五万人下手。

下手非常狠，在收复金陵一个月后，他就把曾国荃的五万人裁撤三分之二，由他指挥的则裁撤掉三分之二。曾国荃急吼吼地来找老哥，按这位军之骄子的看法，裁撤军队没有问题，但应循序渐进，不然会冷了兄弟们的心。

曾国藩平静地对老弟说：“这种事就要快，慢了就毫无效果。岂止是要裁兵，我还要拿了你的官职。“

曾国荃失声道：“老哥你疯了，北京那群鸟人正千方百计地想对付咱们，你竟然还自毁长城？！”

曾国藩不愠不火地说道：“既然咱没有不轨之心，那就应该让朝廷放心。裁撤湘军恐怕未必能让他们彻底放心。为什么呢？咱俩在南中国声望极高，这年头，有声望就是资本，再加上有官职在身，临时招兵都来得及。可如果咱俩有一人离职，那朝廷就会很高兴。我想了想，你离职比较现实，我是两江总督，朝廷暂时还离不开我。你先回家歇息去，等朝廷不再猜忌咱们，你再出来。这叫以退为进，既可以让朝廷消除对咱们的猜忌，也可以保全咱两兄弟。现在外面还有人散播谣言，说咱们功高盖主，迷恋权位，你只要一离开，谣言就不攻自破。”

曾国荃被老哥忽悠得晕头转向，一口应承下来。曾国藩连夜写了两道奏折，第一道在报告了金陵的重建工作后，在最后轻描淡写地说，曾国荃劳累过度，病重需要休息。

第二道奏折在两天后发出，主要是写曾国荃病重的：心神摇动，头晕目眩，站都站不稳，必须静养数月，希望朝廷恩准让他回家养病。

慈禧和奕訢商量了半天，觉得曾国荃病得很好，他们对曾国荃这时候生病很满意，同意让曾国荃离职休养，顺带表彰了曾国藩很识大体。

曾国藩被夸得热血沸腾，又把财权让了出去。两江总督管辖的区域很广，曾国藩说，我只管理两江（江苏、浙江）的赋税就可以。其实，浙江是左宗棠的地盘，他所能管理的只有江苏赋税。

慈禧太高兴了，下旨说，曾国藩是有史以来最识大体的功勋大臣。

曾国藩乐呵呵地写奏折说，这算什么，我已决定修复旗营。

所谓旗营，就是清王朝八旗兵驻扎在各地的营盘，太平军造反以来，旗营制度灰飞烟灭。曾国藩现在江苏各地恢复，热烈欢迎中央政府派来的八旗兵。

八旗兵趾高气扬，对他们的再生父母——湘军——不理不睬，湘军将士愤愤不平。曾国藩传令各湘军单位：谁要是和八旗兵闹矛盾，我就裁了谁。

当兵的，尤其是当了多年兵的最怕解甲归田，因为他们只能打仗，不会别的。所以，他们就在忍气吞声中和八旗兵们其乐融融。

当然，曾国藩不是只会做讨好中央政府的面子工程，他是个有责任感的知识分子，明白“平定”的意义：剿平敌人不算胜利，只有“安定”了，才是完美的胜利。

安定计划的第一步就是恢复乡试的贡院，太平天国在金陵多年，知识分子早忘了乡试是怎么回事，如今曾国藩重新给了他们一条通往光明道路的天梯，知识分子们对曾国藩是感激涕零。

第二件事是修浚秦淮河，秦淮河两岸是商业集中地，盖世繁华的象征，曾国藩下大力气恢复这个商业中心，让金陵经济重新焕发生机。

第三件事就是文化事业的重建，恢复被太平军取缔的各种书院，出版儒学大师们的文集。中国古代知识分子都有一种情怀，他们都觉得对文化的传承有所亏欠，只要有机会有能力，必会做文化方面的建设。

在政治生活和文化生活中，曾国藩完美无缺，在私生活上，更是亮点突出。曾国藩向来提倡节俭，值得注意的是，曾国藩只认可在私生活上提倡节俭，节俭也只有在个人生活中才是美德。纵然已做了两江总督，无仗可打，没有任何大的支出，曾国藩也要求家人保持农家本色，他让全家的女人不能忘了织补，他的鞋子也是儿媳、女儿做的。有人曾不怀好意地问曾国藩：“节俭也是做给中央政府看的？”

曾国藩白了对方一眼：“是做给自己的内心看的。”

就在他在金陵干着自己喜欢的事业时，1865年5月末，接连而来的三道圣旨打破了他的平静，让他重新开启了下个战场的大门。

三道圣旨的核心内容一致：僧格林沁被捻军搞死了，曾国藩迅速带兵镇压捻军。

僧格林沁是大清王朝的一张王牌，沙场老手，战功一流，曾多次击溃太平军分支部队，想不到却死在捻军手里，让人不胜唏嘘。

捻军是活跃在安徽、江苏、河南、山东、湖北等地的流动武装，“捻”是一群、一股、一伙的意思。由这个称号可知，他们兵力有限。和太平军不同的是，他们都是骑兵，擅长运动战，只占领一两座不起眼的城池，作为根据地，打一枪换个地方，这就是曾国藩所谓的“流寇”，看似力量弱小，但由于行踪极不靠谱，突然出现突然消失，所以特别难对付。

曾氏兄弟收复金陵后，慈禧觉得应该由中央政府军队取得一场大胜，压一压湘军的气焰。僧格林沁主动请缨，他仔细审视了一番，发现最合适的敌人就是“捻军”。因为捻军看上去弱小，又喜欢逃跑，而且他的兵团也以骑兵为主。尤其重要的是，当时太平军老巢被攻陷，和太平军始终保持密切关系的捻军失魂落魄，看上去更容易对付。

1864年年末，僧格林沁嗅着捻军的味道，在江苏、山东几出几入地拼死追踪。有时候一月之间，奔驰不下三四千里。捻军利用他急于求战的心理，故意避而不战，每日行军一二百里，拖着他绕圈子。僧格林沁累个半死，不但顾不上吃饭，连下马的时间都没有。虽然如此卖力，却始终无法和捻军主力做决战，于是，僧格林沁得了狂躁症。1865年5月，僧格林沁终于在山东菏泽的高楼寨找到了捻军主力。其实，这是捻军首领赖文光故意让他找到的。

赖文光是个军事奇才，他把捻军最擅长的游击战和太平军擅长的千里奔袭的运动战结合为一，创造了属于他自己的战法。他用了近半年时间，牵着僧格林沁的鼻子跑来跑去，跑得僧格林沁五内俱焚，最后在高楼寨设下埋伏圈，引早就怒发冲冠、失去理智的僧格林沁进入包围圈，一番血战之后，僧格林沁被杀，他的骑兵团全部战死。

清政府唯一倚靠的军事力量灰飞烟灭，只好启用它最不愿意用的湘军。

接到最后一道圣旨的当晚，曾国藩穿着女儿缝制的布鞋，坐在椅背高高的太师椅里，毫无表情。

幕僚们在底下小声地议论，主题当然是僧格林沁的死。有知道内情的幕僚轻轻地说，曾公早就知道僧格林沁必败，僧格林沁最后一次追捻军进山东时，曾公就向中央政府指出，僧格林沁兵团转战经年，疲劳过度，应该到旷野之地歇息，养精蓄锐。可僧格林沁不听。你们也知道，僧格林沁这人傲慢无礼，始终认为咱们湘军不是科班出身，也瞧不起曾公，如今怎样……

幕僚们的声音越来越大，曾国藩仿佛没有听到，他陷入深重的沉思里。今时不同往日，他已经五十四岁，老了。他不想再出征。这段时间里，他总感觉到精力不济，那些年如影随形的锐气和意志力渐渐远离他，使他成为一个失魂落魄、毫无进取精神的老头。

有些时候，他认为是自己的修行不够。在他看来，人最应该修行的就是意志力，必须要时刻约束自己的意志以养精蓄锐，让自己的意志力免于分散和浪费，从而获得来自约束所产生的速度。但他发现，在过多的深思焦虑中，人往往约束不住自己的意志力。内心强大只是一种梦想，所以当意志力分散和浪费后，无论是思维速度还是行事速度，都会变得缓慢。这是个恶性循环，一旦人生的速度慢下来，所有事就会变得力不从心。

他几乎是从百无聊赖中醒转过来，听到了幕僚们讨论的声音，如滚滚春雷。他咳嗽了一声，厅堂里马上鸦雀无声。

“诸事棘手，焦灼之际，我都想干脆躺在棺材里算了，也许比活在世上更快乐。”

幕僚们面面相觑。

曾国藩接着说：“越这样想，焦虑越多，公事越繁，而长夜快乐之期更是杳无音信。本来，我就打算老死在金陵的。想不到又要我担当如此重任。责任越重，事务越多，被人指责也就越多。世人都以官至极品为荣，而我现在真是把它当作苦恼的处境。”

幕僚们接不上话，只能由曾国藩信马由缰地说。

“但时势如此，我绝不能置身事外，也只有当一天和尚撞一天钟了。”最后他以一个感叹句结束：“宦海真是烦人！”

万难迅速出征

曾国藩在那个悲伤的两江总督衙门里，沮丧地和幕僚们说“宦海真是烦人”时，金陵城正无忧无虑地步入夏天。那场浩劫之下的尸体腐烂的味道还未彻底散尽，人人都在阳光底下被熏得头晕脑涨。

曾国藩的心情和腐臭的金陵城无关，而和北京城有关。就在一个月前，慈禧突然大发雌威，把她的亲密战友奕訢赶下了议政王的宝座。可以说，当初发动北京政变时，没有奕訢的支持，慈禧不可能独揽大权。几年来，所有的大政小事都是她和奕訢商量决断的。无人知道，为什么慈禧像条疯狗，说翻脸就翻脸。

奕訢被指控妄自尊大、目无君上、暗使离间等罪，彻底离开了政治场。曾国藩得知此事时，呆若木鸡。奕訢虽然和慈禧穿一条裤子，但对他曾国藩的器重有目共睹。而且湘系集团都看重奕訢在政治场的地位，曾国藩尤其认定奕訢是贤王，如果能长期在位，国家很可能会中兴。

但现在，一切都成泡影。他和彭玉麟谈到此事时，不禁感慨万千，泪水横流。曾国藩多年来始终把不和京师大臣谈友谊放在首位，他对奕訢的感情纯粹出于公心。也正因此，所以才更加伤心。

这应该算是时局溃烂、政治昏暗吧，曾国藩在心里悲叹。幕僚们不知他们的曾公心情到底糟糕到什么境地，只能等待曾国藩给答案。

曾国藩给出的答案是：朝廷要我迅速出兵，万难迅速出征啊！

难以迅速出征的原因，幕僚们心知肚明。此时的湘军已不是从前的湘军，经过曾国藩一番大刀阔斧的裁撤后，他所指挥的湘军只有二万余人。这二万余人在大半年来也没有训练，都在做义务劳动。临时招募，太不现实。另外，捻军骑兵居多，曾国藩要想和他们抗衡，必须要有骑兵，马源则是个大问题。最后，曾国藩要防备捻军渡黄河北上，还要有一支黄河水师。由于黄河水浅，他从前的水师战舰毫无用武之地。

他把这些焦头烂额的问题说给慈禧听，并且重点指出，湘军的作战风格是稳扎稳打，循序渐进，若要和行动迅速、不计后路的捻军展开大规模战争，非有半年时间不可。

慈禧闻听大怒，僧格林沁的冤魂正向她哭诉死得好苦，这位老女人认为曾国藩在向她要条件，于是发出圣旨：曾国藩可节制河北、山东、河南三省所有军队，此三处所有官员都受曾国藩调遣。

曾国藩对着这道圣旨长吁短叹，最后连叹息的力气都没有了，就找来军官们说，咱们去打捻子吧。

军官们也长吁短叹，数年征战，满身伤痕，才过上几天太平日子，又要上战场。立即有军官说："大帅，咱们是军人，战场杀敌是本职。可打捻子，就要去北方，背井离乡不算，关键是北方的面食，咱们吃不惯啊。"

曾国藩觉得很可笑："这也是问题？老子我在北京做官，天天吃白面，也没吃死啊。凡事都要适应。"

将领们其实就是不想去，信誓旦旦地说："南方人吃白面，真能吃死人的。"

大家七嘴八舌地议论开，结果这场很严肃的战前动员会议成了饮食交流会。曾国藩发现按这种思路开上个一年，也毫无结果，于是宣布散会。

散会不久，慈禧的圣旨又来了。圣旨说，捻军杀掉僧格林沁后，队伍极度膨胀，中央政府很担心他们会乘胜北渡黄河，威胁京师，曾国藩必须立即领军北上，江山社稷存亡在此一举，你不要再浪费时间了。

慈禧还说，你离开金陵，两江总督暂由李鸿章代理，他是你的人，你大可放心。另外，我们知道你把军队裁撤很多，李鸿章的军队也可以用啊，这还用我们说吗？

曾国藩一咬牙，一跺脚，对将军们说："咱们上路吧。"

将军们一阵乱哄哄："大帅，走不了啦，昨天我们到部队去动员，结果大家都说死也不去北方，很多士兵说要提前退伍，现在就有几个营的士兵已跑得无影无踪。"

曾国藩心潮起伏，闭上眼，平复了要爆发的情绪，睁开眼时，已平静如水。他说："愿意跟着咱们去建功立业的，热烈欢迎；不愿意去北方吃白面的，咱们不勉强。"

将军们说："那咱们只有九千人啦。"

曾国藩在心里开始骂街："让李鸿章给咱们一支淮军，还有僧格林沁的残兵，能凑多少是多少。"

李鸿章非常配合，立即派出一支以手下骁将刘铭传为总指挥的二万余人的淮军。曾国藩检阅这支军队时，发现士气高昂，问到饮食问题，这位未来的首任台湾巡抚刘铭传扯开嗓子喊道："我们不像湘军那样畏惧北方寒苦、也能习惯吃白面，您指哪里，我们就冲哪里。"

刘铭传话音才落，淮军阵营里就发出夸张的狂笑，搞得曾国藩和陪同巡视官们毫无面子。曾国藩回到衙门后，忧虑地说：“这支军队武器现代化，一定很能打，但我未必能指挥自如。”

派去视察僧格林沁残兵的人说：“我看这仗不好打，僧格林沁的残兵更不好指挥，搞来搞去，恐怕只有咱湘军了。”

曾国藩大叫一声：“哎，万难迅速出征啊。”

就在他情绪低落到谷底时，李鸿章派人来告诉他：“曾公不必焦虑，我已派了一支精锐乘船到天津保卫京师，您大可放宽心，做准备工作。”

曾国藩这才舒了口气，但心情还不是很明朗，或许此时就注定了剿捻失败的结局。一个人去做他不喜欢做的事，成功的概率几乎为零。

1865年6月下旬，曾国藩才乘船北上。此时，捻军已由山东南下安徽北部，并轻而易举地将安徽布政使英翰包围在雉河集。曾国藩很头痛，他原本的计划是先到徐州筹建骑兵。这时只好改变计划，先到临淮关，指挥军队解救雉河集之围。

捻军正在雉河集狂呼乱喊，听说曾国藩带着大军到来，立即主动撤围分为两支，一支进入河南，流动作战，一支进入湖北东部，进行修整。

曾国藩和临时拼凑起来的这支兵团首脑们开会，他这段时间想了很多，在悠悠的船上想，在颠簸的马背上想，吃饭时想，连做梦都在思考。

他对将领们说，捻军虽没有太平军声势大，但它最不好对付。你说它是流寇，可它在安徽蒙城、亳州有根据地，你说它不是流寇，可它纵横千里，行踪无定。所以，我觉得对付它们，应该用军事进攻和政治清查相结合的办法，双管齐下。

所谓军事行动，就是采取跟追和拦截相结合，达到“以静制动”的目的。曾国藩的计划是：用水师封锁黄河，防止捻军北上，威胁京师；在捻军的活跃区临淮、周口、徐州、济宁四地驻防重兵；另筹两支机动精锐，跟踪追击捻军，使捻军无论走到哪里，都受到追踪、堵截，无法活动，无处立足，只要他们被追进四地任何一地，都可达到聚而歼之的目的。

在曾国藩看来，四地驻防重兵就是盖了个猪圈，两支机动精锐就是赶猪人，只要把猪赶进猪圈，猪就只能听他的摆布了。

所谓政治清查，就是在捻军活跃的各地割断他们和百姓的联系。曾国藩指出，对那些证据确凿“通匪”的百姓，不必审问，就地正法，对那些证据不充分、看上去鬼头鬼脑的也按这种方式处理。总之，就要让捻军成为离开水的鱼，千方百计地孤立他们。没有了百姓的接济，捻军就是一只纸老虎。

会议结束时，曾国藩对各位长官语重心长地说：“大家都来自五湖四海，分属不同的军队，但都是大清的军队，希望大家同心协力，剿灭捻军，建功立业。”

湘军将领们拼命鼓掌，淮军刘铭传微微颔首，曾国藩偷偷注意到有一人，向他投来轻蔑的哂笑。此人叫陈国瑞，原是浙江处州总兵，此次是按朝廷旨意，指挥僧格林沁残兵的。

曾国藩对他印象深刻，会议一结束，他就和幕僚们说：“这个陈国瑞非出乱子不可。”幕僚们问原因，曾国藩说：“此人獐头鼠目，面相不好，皮笑肉不笑，属于桀骜不驯的人，你们要密切注意他。”

有幕僚就佩服起曾国藩来，大帅好眼力。这小子的确不是好鸟。他原本跟着长毛贼混了，后来投降政府，由于心狠手辣，能征善战，被僧格林沁看中，一路保举，成了将才。他的确打过几次胜仗，但和咱们比就差太远了。不过他是井底之蛙，心高气傲，谁都不服。

曾国藩长叹一声：“当初就不该解散湘军。”

这是事后诸葛，如果当初不解散湘军，他曾国藩能不能位居高位，安枕无忧地活到现在，还是个问题。

他叹息过后，仍然担心陈国瑞，不幸的是，这一担心很快就成了现实。

按曾国藩的计划，陈国瑞带领僧格林沁残兵驻扎济宁。突然听说捻军正向济宁移动，曾国藩担心陈国瑞无法守卫，于是派刘铭传去支援陈国瑞。刘铭传抵达陈国瑞的驻地后，并未见到捻军的影子，正要返回徐州，事情发生了。

刘铭传是淮军的精锐，士兵都配备洋枪，声势夺人。陈国瑞初见刘铭传部队时，就看着士兵肩膀的洋枪流下口水。换作别人，必要和刘铭传商量，购买几支，但陈国瑞向来喜欢以最简洁的方式解决事情。这个方式就是：抢。

他精挑细选了五百人，这五百人都是战场勇夫，拿着破铁片子就冲到了刘铭传部队驻扎地。哨兵最先发现这些人，报警。刘铭传当时不在营里，没有指挥官。所以陈国瑞的五百大刀帮势如破竹，连砍了刘铭传十几位士兵。

淮军怒了，齐声高叫："再砍，我们就开枪了。"

陈国瑞的士兵不为所动，继续拿着刀片砍人，淮军还击。不到半个时辰，陈国瑞的五百人全军覆没，陈国瑞本人被活捉。

刘铭传回来闻听此事，大吃一惊，不是吃惊陈国瑞抢枪，而是陈国瑞居然让五百人拿着破刀片子来抢枪。他跑到关押陈国瑞的小屋里去看对方，陈国瑞正在咆哮，诅咒刘铭传。

刘铭传对看守说："这人精力充沛，大概是吃多了，饿三天再说。"

三天后，陈国瑞被饿得头晕眼花，在监狱里痛哭流涕，渴求刘铭传的原谅。刘铭传大度地释放了他，还管了他一顿饭。那大概是陈国瑞有生以来吃的最香的一顿饭。

回到驻地，他就向曾国藩控告刘铭传杀他的士兵，扣押他这个朝廷命官，要曾国藩惩处刘铭传。

即使真是刘铭传的过错，曾国藩也不敢惩处，因为刘铭传是淮军的人，何况，还是陈国瑞的错。

他写信给陈国瑞说，你这大半生有功也有罪，功过相抵，就什么都不是了。你被刘铭传扣押，是你有错在先，怨不得刘铭传。我们有幸并肩作战，应以和为贵。你不可再生事端，我拥有节制数省军队之权，不要逼我用这个权力。

陈国瑞气得哇哇怪叫，和曾国藩耍无赖，说他偏袒刘铭传，只因为淮军脱胎于湘军。

曾国藩也大怒，严厉斥责陈国瑞无事生非，并向中央政府控诉陈国瑞的不守纪律、难成大器，尤其是在对付捻军之时，这种人只能坏事。

中央政府只好下旨痛斥陈国瑞，并威胁他如果再不听曾国藩的，就军法处置。陈国瑞一下傻了，真若前途尽毁，他活着还有什么意思。一想到这里，他马上换了张笑脸，对曾国藩俯首帖耳。

陈国瑞的屈服，使僧格林沁残兵规矩了很多。幕僚们宽慰曾国藩说："这下可以松口气了。"曾国藩说："哎，没那么容易。"

幕僚们面面相觑，曾国藩指了指外面，淮军正在练兵，吆五喝六，声势夺人。

曾国藩欲说而未说的正是来的这支淮军。淮军虽是曾国藩首倡，却是李鸿章一手所锻造出来的，淮军将领从不认为自己是湘军，当然就不会认曾国藩，他们只认李鸿章。对于曾国藩的命令，他们往往阳奉阴违，接到命令后，会给李鸿章写信，要求更改曾国藩的命令。如果不能如愿，就消极怠工，变相抵制，拖延不肯执行。

让曾国藩大为气恼的是，李鸿章竟然遥控淮军，淮军将领每次有所请托，李鸿章就会给曾国藩写信，请求更改命令。曾国藩只能“忍辱负重”。

无数历史史实证明，“忍辱负重”并不能带来效益。陈国瑞事件不久，发生了刘铭传和李昭庆事件。

曾国藩在深入研究后发现，四镇（临淮、周口、徐州、济宁）之中周口地当要冲，战略地位相当重要，但此地是四战之地，必须有一支强大的军队驻守。他对部队进行一番观察后发现，刘铭传兵团最适合。因为刘铭传本人精明能干，优于其他将领，还因为他的兵团人数多，装备精良，战斗力强大。

他把想法告诉刘铭传，刘铭传直摇头。刘将军觉得，他的部队应该作为机动部队，追踪击杀捻子，而不是守株待兔。

刘铭传说这话时，曾国藩紧盯着他的双眼，立刻就做出判断：刘铭传在撒谎。他之所以不去，就是因为此地最易遭受攻击，是个危险之地。

曾国藩好言相劝了半天，刘铭传不为所动。曾国藩急了，说：“那我只能下命令了。”

刘铭传站起来，一拱手：“您随意。”

曾国藩的命令还未下达，李鸿章的信就来了。李鸿章说：“刘铭传的部队是我淮军精锐中的精锐，若放在四面受敌的周口，恐会遭受巨大打击。请曾公给我个面子，派他人如何？你老湘军里不是有很多能征善战的人嘛！”

曾国藩气得抓耳挠腮，气过之后，他觉得不能和李鸿章来硬的，所以又出一招：让李鸿章的弟弟李昭庆筹建马队，马队建成后，李昭庆就是这支机动部队的指挥官，去追踪击杀捻军。

李昭庆不同意，李鸿章也不同意，二人都觉得追击敌人尤其是捻军太危险，搞不好会和僧格林沁一个下场。曾国藩这次来了脾气，下达命令说：刘铭传和李昭庆必须按命令行事！

刘铭传马上生起病来，而且相当严重，已到了卧床不起的地步，李昭庆剑走偏锋，说突然对阳光过敏，躲在屋子里不敢出来。

曾国藩气得浑身发痒，他知道，如果没有李鸿章撑腰，刘、李二人绝不敢如此放肆。胡乱在身上抓了几把后，他的癣稍安了一会。摊开纸，酝酿了半天，开始给李鸿章写信。

他说："现在淮军一部既归我管辖，那么阁下应该当甩手掌柜。凡有人向你请求，你应该置之不理。如果号令不从我这里出，我要这支军队有何用？当摆设吗？你总担心我对你的将军们严苛，其实我已老了，人一老，就有了慈悲之心。我常担心过于宽大，绝无严苛之理。我现在常存了为父为师之心肠，责骂他们，激励他们，无非是希望他们能有所成就，做一个对江山社稷有用的人。你理解也好，不理解也罢，我现在以你老师的名义和你约定一下，以后对你的淮军将领，除了撤职以外，其他任何事，你都不要过问。如果你认为我的命令有问题，可密函来告，我们再协商。"

这封信情绪颇为激动，但又不失分寸，李鸿章同意缩手回来，刘铭传如有神助，大病立即好了，李昭庆宣称他也需要透透气。二人都走出卧室，听从曾国藩的调遣。

表面上看，一切都好，其实艰难还在后头。

只有苦劳

曾国藩"四地驻防、机动部队追击"的军事方略其实就是以有定之兵，制无定之寇。在理论上，这种办法天衣无缝，但实践起来，就发现这是纸上谈兵。

四镇之间相距数百里，空隙极大，捻军往来穿行，流动自如，纵横驰骋于河淮之间的千里平原上，根本不必和四镇沾边。曾国藩的机动部队疲于奔命，产生的效果和僧格林沁一样：苦劳无功。

曾国藩经过多日的反思，重新调整战略：仅留少数弱兵驻防徐州、济宁、周口、临淮，又加了个归德镇，剩余的士兵全部充当游击之师，分数路跟踪追击捻军。

他本以为这样能收到奇效，想不到仍是徒劳无功。这缘于他部队的质量，1865年初冬时，经过毫无质量的扩充，曾国藩剿匪部队已达七万人，但真能打的只有刘铭传兵团。捻军也知道这一点，所以刘铭传在山坡出现，捻军马上就在山谷消失。

不过对于曾国藩的其他游击部队，捻军就毫不客气了。先带着对方绕圈子，绕得对方气喘吁吁，突然调头，以骑兵猛冲，步兵在后面砍杀。所以当时的情况是：刘铭传兵团四处找捻军，很怕找不到；而其他兵团四处躲着捻军，很怕霉运当头和捻军撞上。

于是，天下人都看到一个奇异的画面：捻军在各地龙腾虎跃，曾国藩的人马则萎靡不振，焦虑愁苦。

尤其是河南反对捻军的民众绅士们，对曾国藩这种消极战略大为不解，气愤难平。他们举例说，当年僧王（僧格林沁）睡觉都不下马，一日急行军数百里，追击捻匪，金戈铁马、刀光血影，好不快活，好不惊艳。可现在曾大帅，就像是被霜打的茄子，自他和捻军开战以来，从他那里就从未传出过任何振奋人心的消息。这样打，恐怕……

这也是慈禧的忧虑，她觉得曾国藩太懦弱了。其实只要她肯回顾，就知道这本来就是曾国藩打仗的风格。曾国藩向来避免短兵相接的战斗，他希望把敌人围死，或者是让敌人来攻，防守永远比进攻的成本低。

曾国藩曾对人说，带兵的第一戒就是：先保存自己，活下来。离开这一戒，其他都是扯淡。

在和捻军交手多次后，曾国藩不无忧虑地说，“我打不了这种仗啊，当初和太平军打，只有在突然遭遇时才偶尔短兵相接，这种场合几年都遇不到一次。可现在和捻军打，只要碰上，处处都是短兵相接，我不擅长这种打架风格！”

所以当慈禧的圣旨斥责他太过迂缓，不如僧格林沁勇猛时，他平静地“反驳”道：“僧格林沁只是表面勇猛，下场如何，大家有目共睹。捻军不同于太平军，我还在琢磨具体的战法，少安勿躁，心急吃不了热豆腐。”

他劝人家不要心急，他自己却已心急如焚。驻防和机动部队跟踪追击无法奏效后，他又别出心裁想到自认为很妙的一招：防河。

所谓防河，就是利用自然河道限制捻军的活动区域，这自然河道包括运河和黄河。

1866年3月，曾国藩把指挥部从徐州移至济宁，沿途勘察运河、黄河，根据自然地形划出若干区段，由直隶、河南、山东各省的部队和淮军分段设防。

三个月后，仍毫无效果。刘铭传对他说，捻军现在聚集在河南省沙河、贾鲁河以西以南，咱们应防守沙河和贾鲁河。

理论上，这是个好计策。它可以把捻军阻遏在沙河、贾鲁河以南以西，然后将其逼向河南、湖北交界山区，在这种地区，捻军的骑兵无法发挥威力，政府大军可将其围困歼灭。

他的将军和幕僚们都认为这是绝佳之策，端起桌上的碗就要喝庆功酒。曾国藩却摇头叹息，对人说："人的运有数，可能我的运气用完了。如果这次再有闪失，我离下台就不远了。而我预感到，这次肯定会有闪失。"

曾国藩会看相，善占卜，但很多时候都会看走眼，占十卦只能准一回。幕僚们认为他一直神经紧绷，是在说胡话，所以不加理会。

曾国藩却认真起来，当将士们都在专心致志、信心十足地防河时，他却在驻地的办公室里踱步，嘴里念念有词道："要完！要完！"

所谓念念不忘，必有回响。就在他乌鸦嘴似的"要完"时，真的完了：1866年中秋节的第二天，月光铺满整个贾鲁河上游，赖文光找到了清军设防最薄弱的地方，成功地冲过贾鲁河，奔进了更广阔的天地山东。

赖文光以这次极有质量的军事行动宣告了曾国藩防河之策的失败！

曾国藩听说捻军冲过了贾鲁河，一屁股坐进椅子，神情却出奇的冷静。对于预料到的事，任何人都不会过于激动。有幕僚听到他嗫嚅道："真完了！

的确真完了！

指责、攻击，甚至是谩骂的弹劾如雪片般飞来，慈禧竟用心险恶地把这些弹劾文件摘抄给曾国藩看。这不是他第一次受到京官们的弹劾，他带领部队刚上战场时，就有京官指控他行事缓慢，难担大任，应该换人。接下来，他的各种计策接二连三地失败，弹劾他的奏折更是不胜枚举。

没有证据表明，这是慈禧的授意，但慈禧的确无时无刻不在让曾国藩知道，有官员对他很不满。曾国藩每次收到别人弹劾他的消息时，都会精力大减一回，减到1866年10月时，他已无精力可减。

他头晕眼花，癣病也意料之中地加重。正所谓“祸不单行”，正当京官们纷纷向他投射抨击之箭时，他弟弟曾国荃又为他雪上加霜。

曾国荃本来在家韬光养晦的，1865年年初，中央政府问他：“你的病应该好了，上班否？”

曾国荃气呼呼地回答：“上不了。”

1866年6月，曾国藩在剿捻前线屡屡失利，突然想到凭一己之力攻陷金陵的曾国荃，继续问他：“病好否？”

回答：“好不了。”

再问：“湖北巡抚做否？”

回答：“等我问下我老哥。”

曾国藩给他的答复充满忧伤：“你老哥我陷入泥潭，无法自拔，已无暇且无资格顾及你，你掂量着来吧。”

曾国荃给老哥回信道：“我愿助你一臂之力。”

接着就给中央政府回了信：“我病好了。”

中国古代官场中有一种病，全凭个人意念就能让它来去如风，我心主宰疾病。

曾国荃到湖北担任巡抚后，老哥曾国藩在战场上表现得越来越蠢。赖文光冲过贾鲁河时，整个帝国都受到震动。因为人们关注的焦点全在曾国藩身上，有人甚至说，赖文光渡过的不是贾鲁河，而是曾国藩的阴阳河。

曾国荃在湖北也听到这种论调，他也看到很多官员尤其是湖广总督官文阁下，眉开眼笑，连吃得都比平时多了。

曾国荃如一头狂怒的野兽，他无法直接助力老哥，但可以从外围为老哥排忧解难。他的办法是弹劾官文！

官文原本和胡林翼关系不错，在胡林翼的周旋下，官文积极支持湘军。不过胡林翼死后，官文对湘军的态度就逐渐改变。这本没有什么好解释的，官文是体制内的，从心里就瞧不起体制外的湘军。当初和胡林翼关系好，全因个人友谊，另外就是胡林翼很善于社交，把他捧得很舒服。

曾国荃弹劾官文，说他有四大罪。其实，任何一个人做官多年，都有大罪，说官文有四大罪，显然是低估他了。

曾国荃的脾气明显不如曾国藩，所以弹劾文写得异常粗暴，给人的感觉是，如果不惩治官文，他曾国荃绝不罢休。

在弹劾官文之前，曾国荃得意洋洋地告诉了老哥他即将采取的行动。

曾国藩劝他说："这件事先放一放。这种官司即使侥幸获胜，众人也会对你虎视眈眈，一定会寻找机会发泄他们的愤怒。虽然官文不可能报复，但其他人会替他向你报复。你老哥我经历这种事太多，看得非常清楚。

"凭你现在的影响去弹劾官文，也是火候未到，想替他报复的人一定会蜂拥而起。如果他在公事上不十分掣肘，何必要使用这种严厉的手段呢？

"我们兄弟位高、功高、名望也高，朝野上下都将我家视为天下第一家。兄弟啊，楼高易倒，树高易折，我们兄弟时时都处于危险之中。所以应该专心讲究宽和、谦虚，也许才可以在高位而无危险。"

曾国荃看到这时，挤眼皱眉："老哥你真是杯弓蛇影，每天都活得心惊胆战，累不累啊。"

接着向下看曾国藩的大道理："如果你直接向皇上直陈官文的事，那么外人都会怀疑我们兄弟是经过了周密的策划后才这样做的，到那时，我们即使有一百张嘴也无法辩白；而且你这样做，有人就会指责你仰仗过去的功绩，仰仗皇上的器重，仰仗显赫的门第，这样高处招风的景象就显示出来了。

"咱祖父常常教导人说，'晓得下塘，须要晓得上岸。'所以我们应在大功告成后、位高权重时，常常想到退休藏拙，我准备先行引退。你如果还这个时候弹劾官文，我就不能顺利引退了。我希望你平平和和干一二年，等我上岸以后，你再去轰轰烈烈地大干一番。"

曾国荃叫起来："什么'晓得下塘，须要晓得上岸'，老哥糊涂了，哪里是岸哪里是塘都搞不清！"

他毫不犹豫地将弹劾奏章递到了北京。

紫禁城轰动了，在这种时候，曾国藩屡战屡败之时，他老弟来这么一手，显然是要转移视线啊！

可正如眼看着水向下流、太阳西沉一样，慈禧没有别的办法。经过短暂协商，最后拿出了处理结果：官文免职，曾国荃为朝廷着想，朝廷很是欣慰。

曾国藩得知老弟真弹劾官文后，近乎失去理智地骂起来：“老九蠢材，糊涂啊！”

曾国荃却不以为然，他指出，官文这老贼在武昌，其实就是中央政府对咱们湘系集团的不信任，要他来监视咱们。而且我指控他的罪状全是实情，有何不可？

曾国藩又骂起来：“蠢材，你鲁莽啊！”

鲁莽，就要付出代价。中央政府的反击仍是老一套：京官们继续弹劾曾国藩，不但认为他难担大任，而且觉得曾氏兄弟开始以权谋私，搞政治斗争。

月光之下，曾国藩长吁短叹，借着微弱的灯光，他看到自己两臂、两腿、腰脊都瘦了一半，腿部膝盖以下的肉像被抽走了一样。他对幕僚们说，这官啊，我是无论如何都做不下去了。

幕僚们安慰他说，谁还没个低谷期，曾公您当初还想过自杀呢，不是挺过来了。

曾国藩脸色极度难看，最近这几天，他一直睡不好，绵绵无尽的失眠和充满恐惧的黑夜让他痛不欲生。他常常睁着眼睛做恶梦，看到一群人冲进房间，把他大卸八块，扔进锅里煮。

在多日失眠和神经焦虑后，曾国藩做出人生中最重大的决定：求退保全。

他向中央政府递交辞职信，声称得了很严重的神经性疾病，需要休息。他本以为会得到几句安慰，让他痛苦的是，他得到的却是慈禧摘抄来的京官弹劾他的奏疏。

曾国藩流下冰凉的泪水，咬定主意，定要辞职。他希望中央政府能让李鸿章接替他，中央政府告诉他，“就在任上养病，不要再提辞职的事。况且，你剿捻军一事无成，怎可说走就走？”

曾国藩来了牛脾气，说，“你们若真心实意让我剿捻子，我仍坚持从前的打法，否则，我必须回家养病。”

中央政府说，“你那种打法太古朴，毫无新意，事实也证明它并不实用。”

曾国藩急了，他说，“我剿灭太平天国，用了十余年时间摸索经验，才总结出一套对付他们的方法。现在剿捻才一年，我是个慢性子，应该给我时间。

我用四镇布防、机动部队跟踪追击，后又防守运河，这是以线控制面，压缩和限制捻子流动作战的范围，这叫‘以静制动’，方向是对的。捻子渡过贾鲁河只是具体地段上防守不力，并非是防河之策本身有错误。才一出错，就有些人吠影吠声，捻子没有把我搞伤，这些弹劾文件却把我搞得头晕脑涨。我实在压力太大，健康吃紧，真是力不从心了。”

中央政府见他去意已绝，只好同意了他的请求。慈禧问他：“你辞的什么职？”

曾国藩猛然想起，自己有两个职务，一是剿捻总司令，一是两江总督。

这时才想起来，恰好证明他对仕途已心灰意冷，他要写信给慈禧，“我全都辞了，无官一身轻，回家多活几年。”

李鸿章得知此事后，立即写信提醒老师：“奏章的语气不可太坚决，这样除了让人觉得痕迹太重没别的用处，而且未必马上就能退休，即使退休一二年，其他地方若发生战争，仍免不了被皇上逮个正着，到那时就更加进退两难了。”

曾国藩恍然，经过深思熟虑后，他的辞职信就成了这个样子：“我决定今后不再做官，也不打算回老家享清福，只求在军营中照料杂事，维系军心，不居高位，不享大名。”

这是绝妙的招数。既可消除心腹们的后顾之忧，又能避免其他同僚的闲言碎语；既不至于让皇上为难，也不至于让自己处在被动之中；既可以保持自己的晚节和清誉，又可让曾家获取体恤皇上的名声。

紫禁城收到他的辞职信时，都觉得这招太毒。慈禧找来几个心腹一商量，觉得曾国藩的两江总督职务不能收回。站在人情角度看，卸磨杀驴不能如此迅速；站在战略角度看，李鸿章是曾国藩的弟子，如果把曾国藩赶走，那李鸿章还会尽力剿捻吗？

慈禧对曾国藩说：“看来你真不适合剿捻，倒很适合做两江总督。”

在经历了一年多剿捻战争后，曾国藩被弟子李鸿章替代，黯然神伤地回到金陵。

金陵百姓对他倒是很热情，夹道欢迎，锣鼓喧天。曾国藩就在这热闹的迎接仪式中心情灰暗地走进了两江总督府。

有人见他狼狈而回，都安慰他，其实没什么大不了的。

曾国藩竟然开起了玩笑："拼着老命艰苦创业，这不是常人能力所及，但也未可一概期待贤者大包大揽。应当在德行、文学、言语、政事四科之外，另设一科，叫'绝无良心科'。"

这是黑色幽默，曾国藩是想告诉别人，要成就大事，先得丧尽天良才行。

有人就问他："你剿捻没有丧尽天良吗？"

曾国藩回答："没有。在惩治和捻子有来往的百姓上，做得还不够狠。不过，"他格外冷静，格外自信地说道，"我制定的剿捻策略是正确的。"

正如他所说的，两年后，李鸿章正是用他的剿捻策略平定了捻军。

说完这句话，曾国藩又神色黯然："我原本就不是打仗的材料，能走到今天，时势所逼。"

有人问他："那您的长项在哪里呢？"

曾国藩沉思了很久，才淡淡地说："诚！"

"没了？"

"没了。"

中兴幻梦

清晨，几只从北方回来的鸟雀钻进总督府，它们用欢快的叫声吵着曾国藩。曾国藩从噩梦中醒来，揉了揉惺忪的睡眼，空气里有股野菊花和火药掺杂的味道，嗅起来很不舒服。

他咳嗽了一回，用力抖动躯体，把癣皮抖落，然后走出卧室，在办公桌前坐下，开始了新的一天。

自回金陵后，曾国藩无论是精力和头脑，都比剿捻时好了很多。他对幕僚们说："每个人在一生中都有节点。我的节点就是剿捻失败后，节点的内容是，弃武归文。"

幕僚们说："曾公本就是设计师，而非战略家，能回到'文'上实是我大清之福。"

曾国藩感受凄凉。他说：“年轻时在京城做官，一心想的是能掌控时局，发动一场自上而下的改革，让我大清再振生机，重新恢复康乾时代的太平盛世。”

幕僚们说：“那您可就是我大清朝的张居正啦。”

曾国藩叹息说：“后来发现这是胡思乱想，因为我根本就没机会没能力掌控权力。”

“此路不通，哈哈。”有幕僚见话题沉重，幽了一默。

曾国藩瞪了他一眼，这一分神，使他忘了说到哪里，客厅里一片沉寂。

“东方不亮西方亮，有大志者，不愁没出路。”有幕僚提醒曾国藩。

“哦，对！”曾国藩想起了下面的话题，“如果没有太平天国造反，哪里能有我的今天？你们知道吗，当初我编练湘军，常常想的就是，只要镇压了太平天国，‘中兴’的日子就来啦。”

“可惜又冒出了捻军。”

曾国藩长叹，开起了自己的玩笑：“是啊，一年前我就想，只要镇压了捻军，‘中兴’的日子就来啊，想不到我是个笨蛋，毫无成果。”

幕僚们都说：“曾公，话不能这么说。据各种战报，李鸿章镇压捻军所用的套路也是您定下的基调。”

曾国藩会心地一笑：“不是我托大，我向来做事求稳，凡事都经过深思熟虑，那套对付捻军的办法，只要假以时日，必生效果。”

“是！是！是！”

“我说到哪里了？”

幕僚们异口同声：“中兴。”

“哦，对！”曾国藩停顿了一下，“我原本以为只要没了战争，就等于站在‘中兴’门外，想不到……”

他所谓的“想不到”，其实早有血淋淋的现实摆在有忧患意识的人眼前，他只是不忍看得那么透罢了。

大清帝国当时已如百余年的茅草屋，四面透风，摇摇欲坠。帝国内部，太平天国虽然被镇压，但各地起义仍接连不断，敲打着大清帝国的神经，紫禁城中，慈禧以中下之智、上上之欲统治着这个帝国，她只能让它变得更坏。帝国外部，自1840年鸦片战争以来，西方列强就不停地搜刮它的财富。曾国藩在剿捻时路过各地看到村庄乃至城市的破败时，悲痛欲绝，这哪里还是个帝国，简直就是败絮。

在曾国藩看来，外部的敌人永远不是问题，于是他轻描淡写地提出“师夷长技以制夷”。他乐观地认为，只要学了西方的武器改练军队，同时自己也制造洋枪洋炮这些近代武器，就能抵御地方列强的攻击。在此基础上，再深入钻研和了解西方技术，假以时日，完全可以打败那群鬼子。

他看不到西方的成功是因为制度，而非武器。这种天真之想，让他第一个在中国创建了西方武器制造厂，也是他，派出了第一批留学生。

在他的鼓吹下，当时中国很多人都把眼睛瞄向西方，学习西方的先进技术，这就是我们今天所称的“洋务运动”。“洋务运动”历经二十余年，结果在和日本的甲午战争中暴露了它的毫无效果。

其实，“师夷长技以制夷”是个伪命题。“师夷长技”的目的是“制夷”，而不是让自己绝对强大起来，一旦夷狄没了，那些“长技”必被取消。满洲人入关后，拒绝使用火器就是明证。满洲的统治者似乎很精明，他们认为一旦火器普及会动摇其统治，但如你所知，这是小农思维。当他们面对西方列强的坚船利炮时，才发现了自己的差距，但悔之晚矣。

曾国藩觉得，最大的危险往往来自内部。这也是中国传统文化的精髓，攘外必先安内，内部不稳，是绝对的不稳。至于外部，不过是肘腋之患。对于如何处理内部，曾国藩毫无信心。本来，他认为吏治清明是重点，可正是他本人一直在破坏吏治。

担任两江总督后，曾国藩在其辖区内把他认为的贪官污吏统统撤掉，换上自己认定的好官吏。但这些人到任后并未给曾国藩增光，相反，他们变本加厉，比从前的官员还要贪腐。

曾国藩极为痛苦，却束手无策，原因无他，主要是这些官吏不是他的亲信，就是他亲信的亲信；不是他亲手所保举，就是他保举的人所保举。所以他明知问题很大，非整顿不可，却无法下手，只能装聋作哑。

那个后来在“洋务运动”中成为标志性人物的丁日昌，在江苏常州做官时，打着洋务运动的旗号横征暴敛，贪污腐化。有幕僚提醒曾国藩，若想整顿江苏吏治，必须首先从丁日昌开刀。

曾国藩长叹一声说：“丁日昌横征暴敛，是在给李鸿章提供剿捻军费，即使再坏也不能去掉。”

幕僚也长叹一声说：“那就只能让吏治继续败坏下去了。”

吏治腐败，让曾国藩渐渐失去“中兴”的信心，“中兴”的口头禅也慢慢从他嘴里消失不见。一次，某个幕僚对他说：“天下大势合久必分，只不过现在皇帝的威权很重，割据风气还未形成，除非中央政府首先烂掉，否则不会出现国家土崩瓦解的局面。”

曾国藩不无忧虑地说：“中央政府好像正在烂掉。”

幕僚道：“祸患必是中央政府先垮台，而后天下无主，各自为政，这种情况的发生不会超出五十年。”

曾国藩不禁皱眉：“能否南迁？”

幕僚斩钉截铁：“不可能！”

曾国藩很不服气，和幕僚大起争辩。幕僚最后甩给他一句话：“国初杀戮太重，满汉仇恨深刻，一成死灰，永不可能复燃，即令复燃，也不会长久。您就睁眼瞧着吧。”

曾国藩闭上了眼。最近，他的眼睛一直酸胀，看东西异常模糊。他知道这是病，但他不知道该从哪里治起。

就像是吏治，就像是他的癣病，还有他日益加重的肺病。

不是病入膏肓，而是命中注定，这种病会带走一个人，乃至一个帝国。

第十一章
最后没有辉煌

见慈禧

1868年9月初的一个下午，慈禧太后在花园里漫步。突然，这位阴阳怪气的女人阴阳怪气地问了句：“曾国藩在金陵干吗呢？”

跟随她的人除了宫女就是太监，无人能回答整个问题。她似乎也没想得到答案，继续说道：“皇上（同治）自即位后还没见过他呢。”

伶俐的太监马上跟上一句：“您也没见过他呢。”

慈禧微微一笑：“那就让他来趟京师？”

无人应答。大清王朝，戒律森严，太监和女人不得干政。慈禧所以干政，是因为她就不是个女人，甚至不是人。

1868年9月中旬，曾国藩在金陵接到圣旨，命他担任直隶总督，顺便到京城觐见。

直隶是京师的屏障，大清的总督是地方之王，直隶总督则是万王之王，太平时节，掌握最富庶的江南、供应朝廷财政需求的两江总督都在它之下。

曾国藩听到圣旨时，有如释重负之感。

他在金陵大张旗鼓地搞“洋务运动”、整顿吏治，已是黔驴技穷。正愁无处寻找出路时，慈禧拯救了他。

幕僚们却另有想法：这是中央政府要改变“内轻外重”的局面，您这任命是明升暗降，天子脚下可不好做官。

“哎，”曾国藩面无表情地叹气说，“凡事都有利弊，就看你从哪个角度出发。”

幕僚们不说话了，显然，曾国藩是非去不可了。

在把金陵事务做一番布置和交接后，1868年12月，曾国藩登上了北上的专船。

他没有直接去直隶总督的任所保定，而是先去了北京。1869年1月末，曾国藩抵达京城。

自他回家守孝直到现在，已有十七年。这十七年的沧桑风雨，把曾国藩锻造成了一个内心强大的人，也把他摧残成了一个病夫。

走在熟悉的街道上，他感慨万千。京城仍和十七年前一样，毫无生机。

一个行将就木的京城，一个令人难以想象的京城，在曾国藩看来，这个京城好像沉睡了十七年，如今也没有醒。

按朝廷的意思，他将在第二天上午觐见皇上和慈禧太后。

那天晚上，残酷的噩梦把他折磨得筋疲力尽，早晨醒来时，他脸色铁青，嘴唇发紫，眼神迷离。

精神状态真差！他在路上不禁自责，第一次见新皇帝和皇太后，竟然是这副模样，真是有失大臣之礼。

他被人领进皇帝的养心殿，按规矩，他跪在一个蒲团上。蒲团冰冷，房间里虽有火盆，但离他太远。他跪了一会儿，就感觉浑身发凉，不由自主地打了个寒颤。

养心殿也是老样子，丝毫不见任何改观。曾国藩叹了口气，那种感觉又回来了：这个城市好像昏睡了十七年，如今也没有醒。

已经跪了半个时辰，有太监过来拨拉了几下火盆。曾国藩感觉热气猛地上来了，他偷偷向里面的门望去，门关着，毫无动静，像是墓门。

腿开始发麻，背脊发酸，他悄无声息地直了直腰。“嘎吱”一声，他听到自己的脊柱某个关节响了一下，这声响动把他吓一跳。门口的太监马上看了他一眼，曾国藩冷汗直冒。

半个时辰后，他几乎支持不住，要跌坐在蒲团上。他的身体太脆弱，已无法支撑，唯一支撑他的是多年来锻炼出来的意志力。

又半个时辰过去了，曾国藩几乎要晕倒。他意识到自己的身体已向一边倾斜，意志力失去作用。就在这千钧一发时，那个墓门突然开启。

一个公鸭嗓子喊起："皇上、皇太后驾到。"

像是一个人猛地推了曾国藩一下，他立即跪直了。

同治皇帝出来了，畏缩的步子，猥琐的身材，空洞的双眼。他走到龙椅前，看了眼跪在下面的曾国藩。

他不认识，也毫无感情。他就孤独地站在那里，直到后面帘子里的慈禧坐定了，他才坐进龙椅。

曾国藩要脱帽叩头，帘子后面传出慈禧的声音："免冠。"

曾国藩激动起来："谢皇太后。"

磕头完毕，慈禧又发话："抬头。让皇上看看你。"

曾国藩慢慢地抬头，和同治的眼神碰到一处，他迅速地低下头。刹那间，他有种感觉，同治的人生状态非常差。

"几时辰了？"慈禧问。

曾国藩算了一下，说出了正确的时辰。

"我是问你，你跪了几时了。"

"臣……"曾国藩不知该如何回答。

慈禧似乎在帘子后笑了，而且很得意："知道为什么让你跪这么久吗？"

曾国藩当然知道，这是慈禧给他的下马威，提醒、警告他，不要以为你建下那么大的功业就了不起，在这里，你就是个臣。

她知道曾国藩明白，所以也就不必知道答案。

"江南的事办理完了？"

曾国藩回答："办完了。"

"湘军都解散得差不多了？"

"差不多了。"

"我听说有股贼人被称为哥老会的，好像湘军参加的多。"

哥老会兴起于四川，原本是个互助合作的社团，但曾国藩解散湘军后，很多湘军士兵都参加了哥老会，于是这个团体就成了黑社会。

曾国藩在金陵时一直提心吊胆这件事，特别担心哥老会连累自己，今天果然被慈禧提出。

他正准备把自己抛进深沉的思考中，慈禧已岔开话题，继续问道："来的路上可平安？"

平安倒平安，但曾国藩一路见到百姓流离失所，盗贼横行，这不是好兆头。

"很平安。"

慈禧"哦"了一声，又问："你出京多久了？"

"十七年。"

"带兵呢？"

"出京后就一直带兵，只是这两年才在江南做官。"

"哦。"

慈禧不再问，光阴沉寂下来，气氛有些尴尬。

"皇上可有问的？"慈禧放话。

同治急忙扭头，向帘子里说："没有。"

慈禧啧啧："皇上，这曾国藩可不是一般人，若不是他，咱们大清江山……"

"砰"的一声，曾国藩已把头狠狠地磕到地上，"臣应尽之责，全赖皇上、皇太后保佑，长毛贼才被剿灭。"

"不是这样说，"慈禧道，"你的功劳苦劳，皇上都记着呢。"

曾国藩又叩头，这次比上次还用力，养心殿都晃动了一下。

"直隶的事，你大概清楚吧？"

"臣已做了详尽调查。"

慈禧满意地点头："洋人逼得紧，直隶非比寻常，你要好好做，做好！"

曾国藩再叩头，比上两次轻了很多。不是他不想再磕得那么重，而是已头晕眼花。

时光荏苒，慈禧又问了很多问题，包括曾国藩的家人和李鸿章的淮军，曾国藩都对答如流。后来，同治悄悄地伸了个懒腰，谈话就结束了。

曾国藩后来在日记中对这次觐见有如下评论：皇太后问的全是废话，毫无价值。皇上神情懒散，不知在伪装还真就如此，堪忧！

这是诚！但不是忠，曾国藩写完这段日记后，大为懊恼，认为自己的心灵开始生长了野草，于是急忙静坐，改过。

改过之后，他就跑出去游览京城，顺便去拜访当年的好友。这更让他心情低落，因为当年在京城的大多数好友，全都离开人世。

人最忧惧的就是这个，自己年纪已老，身体状况又差，一听到老友死了，更是情绪低落。

后来，他索性就待在寓所里，养着精神，为去保定上任而积蓄力量。

春节那天，慈禧大摆筵席，请臣子们吃饭。曾国藩获得最高荣誉：位列汉臣之首。他激动得老泪纵横，这么多年来所受的苦和委屈全部消散，对大清的忠诚再上一个台阶。

1869年2月的最后一天，曾国藩觐见慈禧。他要去上任了，按规矩，应该去找最高领导人“请训”。

慈禧依然是冷冷的腔调：“你到直隶后先办何事？”

曾国藩回答：“臣按皇上和皇太后的意思，练兵为先，其次整顿吏治。”

“你打算练多少兵？”

“二万。”

“够了？”

“只要配备洋人的武器，足够保卫京师。”

慈禧叹了口气：“当初僧格林沁十万人，却挡不住洋人的几千人，你现在明白我为何要你做直隶总督了吧。”

曾国藩明白，他训练出的湘军灭亡了太平天国，慈禧希望他还能创造奇迹，训练更强大的一支军队，保卫京师，最好能打败洋人。

然而他已老了，精力不济。他虽有心，却总觉得前途未卜，不知该从哪里下手。

他对慈禧说，湘军是白手起家，如今形势严峻，臣身体大不如前，我的意思是，可用绿营兵（政府军）为基础，再加入李鸿章淮军的一部，短时间内可训练出一支精锐。

慈禧微微点了点头：“你的身体如何？”

曾国藩叩头谢恩："眼神大不如前了，其他还好。"

"还好就好。"慈禧漫不经心地说，"走吧，迟早也要走。"

是的，迟早都要走。

曾国藩第二天就离开京城，奔向了去保定的路。

去天津

保定城一潭死水，因为有官文在。官文被曾国荃弹劾后，跑回北京休闲了一段时间，就被派到保定，做了代理直隶总督。

曾国藩向他伸出饱含深情的友谊之手，官文却想在上面吐口水。他和曾氏兄弟的仇恨虽未不共戴天，却在心里发誓老死不相往来。

在开始直隶总督工作前，曾国藩用对联来表明自己的工作态度。

第一副对联是这样的：长吏多从耕田凿井而来，视民事须如家事；吾曹同讲补过尽忠之道，凛心箴即是官箴。

他问人："怎样？"

"好！"

他也觉得好，可第二天早上醒来，再看这副对联，觉得不太好。较真的人往往都是这样，一定要做到最好。于是，他又写了第二副：念三辅新离水旱兵戈，赖良吏力谋休息；愿群僚共学龚黄召社，即长官藉免愆尤。

他又问人："怎样？"

"这个嘛，太深奥了。"

曾国藩扯碎了，捻着胡子，捻掉了几十根，写出了第三副：随时以法言巽语相规，为诸君导迎善气；斯民当火热水深之后，赖良吏默挽天心。

幕僚们都叫起好来，"大人真是用心良苦，让人敬佩。"

曾国藩说："诸位既了解我的心，我就欣慰了。"

这三副对联可谓是曾国藩的誓言，既要练好兵，又要整顿吏治，希望官员们能够体恤民间疾苦，认真办事，修养民力，让百姓有个喘息的时间，恢复残破的社会经济。

他这样希望，也这样做了。

首先是练兵，他从淮军和绿营中挑选精锐，用训练湘军的办法训练这支部队。其次是整顿吏治，难度很大。他择优录取了很多人，淘汰了很多人，但湘系的人从全国各地都跑来找他，结果，保定的吏治又和金陵异曲同工。最后，曾国藩在辖区内大兴水利，防杜河患，保证农业。

公平地讲，在保定的一年，曾国藩充分展现了自己的治理才能。遗憾的是，时间太短，并未立竿见影。1870年6月，天津教案爆发，如同一阵暴风，把曾国藩再吹到风口浪尖，吹出了保定。

所谓教案，就是中国近代史上的绅士、民众和西方来的基督教、天主教传教士或这些传教士发展的中国教民之间的冲突。互相谩骂、斗殴是轻的，严重的则会发生流血冲突，中国人会焚烧教堂，甚至弄出人命。

最开始的传教士来中国，纯是抱着传播上帝福音的。但后来，有些传教士发现来中国就会受到如上帝般的待遇，于是鱼龙混杂。中国人首先对洋人的相貌就反感，加上儒教徒们的恶意宣传，中国人就把传教士们当成了魔鬼。冲突不断，尤其是在北京的门户天津。

1870年入夏，天旱无雨，中国人花费人力物力和金钱，祭祀龙王爷，却毫无成效。传教士们也过来凑热闹，用科学解释说，世上只有上帝，没有龙王爷，天是否下雨和神仙无关。

中国人愤愤不平，本来就不下雨，庄稼已宣告颗粒无收，洋鬼子还跑来说风凉话。于是，仇恨变成谣言。

有人说，天不下雨全是因为传教士，有谣言更进一步：教堂专门拐卖小孩，然后挖心用来做药。更有谣言登峰造极：洋人的眼睛发蓝，是魔鬼，要想保持他们的魔力，必须要吃小孩的眼珠。很多人已亲眼所见，在教堂的地窖中，盘子里盛放的都是小孩的眼珠。

当时风声已紧，有人提醒天津知县刘杰和知府张光藻，传教士和民众的关系空前紧张。二人一笑，自从传教士来中国后，其和民众的关系就从未缓和过，慌什么！

1870年6月18日，酷热阵阵。天津桃花口的百姓捉到一个叫武兰珍的诱拐儿童的人，村民们先将其暴揍一顿，然后送到知县刘杰处。

审讯过程相当荒谬，刘杰事后称，武人贩子被送到时已遍体鳞伤，奄奄一息。其口供都是跪在他身边的桃花口百姓转达的。武人贩子说，他是教堂里派出来诱拐儿童的，还描述了教堂里有席棚栅栏，并说让他诱拐儿童的人是个两眼巨大的洋人。

刘杰觉得事态严重，就通知了知府张光藻，张光藻急忙通知驻天津的三口通商大臣崇厚。崇厚便派了人去教堂，和教堂方面对质。

结果对质那天，根本没发现武人贩子所说的席棚栅栏，他也不认识教堂里的传教士。崇厚认为，武人贩子在撒谎，张光藻也随便定了案，武人贩子是自主行为，和教堂无关。

直到那时，天津方面的官员也未认识到事情真的很严重。当他们在教堂里对质时，教堂外面已围了许多中国人。案子一定，中国人情绪大为激动。教堂的人也激动，双方扭打在一起。

崇厚立即派巡捕弹压，教堂方面当然不是吃素的，立即通知了他们的领事馆。法国领事丰大业带着人和枪，在教堂前一阵乱轰。轰完后还不解恨，又跑到崇厚的衙门大闹。

崇厚以德服人，劝他赶紧走，因为衙门口已围了许多人。丰大业气呼呼地走了，围在外面的中国人还算克制，放出一条路来，让他走。

本来这件事应该就此结束，但丰大业自己作死，回去路上遇到天津知县刘杰，抽出枪来就射，刘杰侥幸，可他的家人却受了伤。这下惹恼了中国民众，大家发一声喊，把丰大业和他的随从围住，乱拳乱脚，活活打死。

民众打得兴起，打死丰大业一行后，又跑到各个教堂和其他外国人居住的地方，又是烧又是杀，骚乱终结时，已有20名外国人被打死，教堂被焚烧三处。

这是从未发生过的事，京津震动。

第二天，七个西方国家向清政府发出照会表示抗议，并要清政府严惩凶手，各国军舰开始向天津大沽口方向集结，可谓剑拔弩张。只要一点星火，就能引起滔天大祸。

能处理好这件事的人，在当时的世界，恐怕只有曾国藩。这是紫禁城所有人的共识，于是，曾国藩接到了命令：立即去天津处理这件事，记住，它关乎国运！

但这道圣旨还有句话：如果你身体允许，就赶紧去。

教案发生的一个月前，曾国藩已右眼失明，左眼差强人意，而且眩晕症加重。据他描述，走路犹如行进在云里，躺在床上如同躺在海浪上。

如果他以继续患病为由，完全可以不去。幕僚们也说，您这身体和精神状况，恐怕无法胜任这份工作。

幕僚们说这些话时，曾国藩正在练字，这是他每天的必修课。

老实说，曾国藩的字属于中上。不过自从一只眼失明后，他的字就突然好了很多。有人猜测，由于只有一只眼，所以他写字时正如举枪瞄准，总能击中汉字的韵味。

幕僚们七嘴八舌地议论，他漫不经心地把写满字的纸放到一旁，在新纸上写了字，很大的字，一个字。

他把纸张开，字的那面对准幕僚们。

“贞！”幕僚们异口同声地读了出来。

读，谁都会，可这个字背后的深意是什么，恐怕只有曾国藩知道。因为是他写的。

看到幕僚们大惑不解的神情，曾国藩苍老的面容竟然展现出许久未有的微笑。

他说，“朱熹把《易经》中的元（初始）、亨（通达）、利（和谐）、贞（贞固）与四季相配，这个贞字配的自然是冬。我觉得，‘贞’字就是硬字诀。”

幕僚们来了兴趣，期待曾国藩的尽兴发挥。

“我认为，‘硬’就是倔强的意思，功业文章，都要从此二字贯注其中，柔靡不能成一事。认准了的事，非要有硬气，如农人所说的要如倔驴般，必要做出个模样来。”

“我们知道曾公的意思了。”幕僚们都是聪明人。

曾国藩接着发挥道：“何谓忠？尽自己的心力即是忠，这件事，我必须要去！哪怕死在天津，我也要去！”

人生在世，有所为有所不为，有所为的事，不回避，不推诿。这才是大丈夫性情。但处理教案的难度，曾国藩纵然只有一只眼，也看得异常清楚：难，实在是太难！

对于难事，曾国藩向来有一种人生态度：以必死的决心去做！

窗外，阳光刺眼，刺得曾国藩那只失明的眼睛都出奇疼痛。站了许久，他发出一声长长的叹息。他说，“我已提前穿上了寿衣。”

庆幸的是，虽穿着寿衣，却还有机会写遗嘱。他提笔，情感真挚地写下了他人生中的第二道遗嘱。

这不是一封简单的遗嘱，它是曾国藩晚年的理念和思想状况。读一个人的思想，最好是读他的临终遗言，因为“人之将死其言也善”。虽然曾国藩在1870年并未临终，却是以临终的心态写成的：

余即日前赴天津，查办殴毙洋人焚毁教堂一案。外国性情凶悍，津民习气浮嚣，俱难和协，将来构怨兴兵，恐致激成大变。余此行反复筹思，殊无良策。余自咸丰三年（1853）募勇以来，即自誓效命疆场。今老年病躯，危难之际，断不肯吝于一死，以自负其初心。恐邂逅及难，而尔等诸事无所禀承，兹略示一二，以备不虞。

余若长逝，灵柩自以由运河搬回江南归湘为便，中间虽有临清至张秋一节须改陆路，较之全行陆路者差易。去年由海部送来之书籍、木器等过于繁重，断不可全行带回，须细心分别去留，可送者分送，可毁者焚毁，其必不可夺者乃行带归，毋贪琐物而花途费。其在保定自制之木器全行分送。沿途谢绝一切，概不收礼，但水陆略求兵勇护送而已。

余历年奏折，令夏吏择要抄录，今已抄一多半，自须全行择抄。抄毕后存之家中，留与子孙观览，不可发刻送人，以其间可存者绝少也。

余所作古文，黎莼斋抄录颇多，顷渠已照钞一分寄余处存稿，此外黎所未钞之文，寥寥无几，尤不可发刻送人。不符篇积太少，且少壮不克努力，志力而才不足以副之，刻出适以彰其陋耳。如有知旧劝刻余集者，婉言谢之可也，切嘱切嘱。

余生平略涉先儒之书，见圣贤教人修身，千言万语，而要以不忮不求为重。忮者，嫉贤害能，妒功争宠，所谓“怠者不能修，忌者畏人修”之类也。求者，贪利贪名，怀土怀惠，所谓“未得患得，既得患失”之类也。忮不常见，每发露于名业相侔、势位相埒之人；求不常见，每发露于货财相接、仕进相妨之际。将欲造福，先去忮心，所谓“人能充无欲害人之心，而义不可胜用也”。将欲立品，先去求心，所谓“人能充无穿窬之心，而仁不可胜用也”。忮不去，满怀皆是荆棘；求不去，满腔日即卑污。余于此二者常加克治，恨尚未能扫除净尽。尔等欲心地干净，宜于二者痛下功夫，并愿子孙世世戒之。

历览有国有家之兴，皆由克勤克俭所致，其衰也则反是。余生平亦颇以勤字自励，而实不能勤，故读书无手钞之册，居官无可存之牍。生平亦好以俭字教人，而自问实不能俭，今置中内外服役之人，厨房日用之数，亦云著矣。其故由于前在军营，规模宏阔，相沿未改；近因多病，医药之资，漫无限制。由俭入奢，易于下水；由奢反俭，难于登天。在两江交卸时，尚存养廉二万金，在余初意不料有此，然似此放手用去，转瞬即已立尽。尔辈以后居家，须学陆梭山之法，每月用银若干两，限一成数，另封秤出，本月用毕，只准赢余，不准亏欠。衙门奢侈之习，不能不彻底痛改。余初带兵之时，立志不取军营之钱以自肥其私，今日差幸不负始愿，然亦不愿子孙过于贫困，低颜求人，惟在尔辈力崇俭德，善待其后而已。

孝友为家庭之祥瑞，凡所称因果报应，他事或不尽验，独孝友则立获吉庆，反是则立获殃祸，无不验者。吾早岁久宦京师，于教养之道多疏，后来展转兵间，多获诸弟之助，而吾毫无裨益于诸弟。余兄弟姊妹各家，均有田宅之安，大抵皆九弟扶助之力。我身殁之后，尔等事两叔如父，事叔母如母，视堂兄弟如手足。凡事皆从省啬，独待诸叔之家则处处从厚，待堂兄弟以德业相劝、过失相规，期于彼此有成，为第一要义。其次则亲之欲其贵，爱之欲其富，常常以吉祥善事代诸昆季默为祷祝，自当神人共钦。温甫、季洪两叔之死，余内省觉有惭德。澄侯、沅甫两叔渐老，余此生不审能否相见。尔辈若能从孝友二字切实讲求，亦足为我弥缝缺憾耳。

遗嘱的最后，曾国藩还留下两首诗，名为《忮求诗》。忮是嫉妒之意，求是多欲、贪求之意。曾国藩告诉子孙后代，不可嫉妒不可贪求，同时要克勤克俭，顺人生之自然。显然，这已脱离了儒家积极进取的精神，进入了道家顺其自然、不争不怒的境界。

中国古代知识分子，青少年时代做出惊天动地大事业后，年老之时都会有这种心境，也会主动进入这种心境。世事沧桑，南柯一梦。几十年苦苦追求并且已得到的东西，最终不过是一场幻梦。

这道遗嘱，曾国藩看了三遍，润色了三遍，然后偷偷地锁到箱子里，叮嘱留守保定的心腹道：“一月后，打开它，寄回我的家乡。”

为什么是一个月？

幕僚没有问，曾国藩也没有说。

清晨，浓雾扑面而来，曾国藩被人搀扶到车前，回头用一只眼看了看直隶总督衙门，没看清楚。

他吃力地登上车，车轮在石板路上嘎嘎地响起，曾国藩在车里如雕像，闭着一只眼，一动不动。

怎么做都是错

“这案子，难办！”

这是崇厚见到曾国藩说的第一句话，也是曾国藩的心里话。

虽然如此，曾国藩还是把自己的心意说给崇厚听。他说：“我是抱着必死的决心来的。一旦谈判不成，双方开战，作为有守土责任的地方长官，我是非死不可，而且肯定先死。”

崇厚用丝绸手帕擦着额头上的汗，只是点头。

“死是很容易的事，人死如灯灭，一了百了，一切责任都不必承担。从这点而言，我倒希望现在就死。”曾国藩悠悠地说，但语气却异常严肃。

崇厚的丝绸手帕已湿透。

“活着却是难事，只要你活着，你就要对自己负责，对家庭负责，咱们身为朝廷命官，还要为江山社稷负责。出于责任心，我现在不能死，拼尽全部心力，也要把这件事解决，对得起自己、家庭和江山社稷。”

“大人……”崇厚有点感动，眼泪几乎要夺眶而出。

曾国藩没有给他贡献眼泪的机会，立即切入正题：“我来之前，已看了案件记录，大致知道了来龙去脉。我先说说我的想法？”

崇厚郑重地点头。

曾国藩的那只健康的眼睛开始发亮，这是他要解决事情时的一个特点。由于另外一只眼已不起作用，所以这只眼的光亮特别强。

他认为，第一，把凶手缉拿归案，在这起事件中受伤的外国人，尽我们最大力量赔偿；第二，重新审讯那个人贩子武兰珍。如果洋人真有挖心剜眼的行为，那咱们就占了理；如果没有，那惨了，咱们理屈。

曾国藩又说，即使咱们占了理，洋人毕竟死了20个，咱们也要赔偿。如果真能用金钱把干戈化为玉帛，那就是上天保佑了。

“就这么简单？”崇厚脱口而问。

曾国藩苦笑：“当然不会这么简单，如果真这么简单，我何必要抱着必死的决心来。”

他满嘴都是苦水，那只还算健康的眼开始隐隐作痛：“洋人们肯定不会善罢甘休，我们必须要坚定一件事，只要没有战争，付出任何代价都可以。”

两人短暂商议之后，审讯工作立即开始。武人贩子很快真心实意地招供，他根本就没有去过教堂，他只是个最普通不过的人贩子，和上帝一点关系都没有。

曾国藩感到很遗憾，对崇厚说，因为这么个撒谎精，惹出这么大的事，真不值！

“那就是咱们理亏了？”崇厚问。

曾国藩点头。

崇厚来了聪明劲：“不对，是丰大业先开的枪，打伤了县令刘杰的家人，群众才一怒之下动手的。”

“人家死了人啊。”曾国藩语气加重，“洋人啊，这种人死不得的。”

洋人的命超级值钱，几乎是当时的硬通货。

法国公使施施然地来了，笑颜如花。

从曾国藩仅有的一只眼看这位法国公使，他是位彬彬有礼的君子。这位君子向曾国藩提出四点要求。第一，赔修教堂。

“可以。”曾国藩略欢喜地回答。

第二，厚葬丰大业。

“好！”

第三，查办凶手。

“当然，”曾国藩说，“我们正在全力缉拿凶手，一个不会放过。”

法国公使很满意，觉得曾国藩是个最佳谈判对象。

第四，严惩地方官。

“这个嘛，”曾国藩思索了一下，“怎么个严惩法呢？”

法国公使微笑：“以命抵命，应将天津知县刘杰和知府张光藻处决。”

曾国藩浑身一颤。还未等他开口，法国公使已收起君子之态，换上了强盗做派：“如若不然，我们就将天津化为焦土。”

“无理！”曾国藩气得浑身发抖，法国公使离开，崇厚来安慰他时，他仍抖个不停。

“太无理，”曾国藩中气虽已不足，但发起怒来，仍让人惊悚，“地方官即使同情骚乱的民众，但并未直接参与。说他们镇压不力，无非是撤职，竟然要他们的命，于理于法都说不通。这群该死的洋人！”

崇厚此时倒冷静下来：“如果不这样做，洋人真的会开战。”

曾国藩瞪圆了那只眼，热血上涌，但猛地就血液回流，他又恢复到萎靡状态。

这种状态下，曾国藩说出的话就像是撒娇：“刘杰和张光藻都是好官，尤其是张光藻，不说一心为民，却也是用良知在做官，他们的头颅如果不保，岂不是冷了天下士人的心？”

崇厚不开口，曾国藩叹气，崇厚也跟着叹。

两人就这样唉声叹气直到掌灯时分，也毫无可行性意见，崇厚离开时，要关门。

曾国藩向他摆了摆手：“开着吧，大清江山都没了门，我还要个门干甚！”

崇厚才走，曾国藩就发现门外有几人探头探脑。他叫了声，你们都进来吧。

几个幕僚毫无精气神地走了进来。

“诸位怎么看？”

鸦雀无声。

“谈谈吧。”曾国藩仰面朝天，半死不活。

仍是雅雀无声。

房间里静得竟能听到曾国藩粗重的呼吸。

“我说说吧。”他把脸摆正了，一只眼里散发出绿色的光，“顺从洋人的要求，我就会被吐沫星子淹死，而且我也认为刘杰和张光藻罪不应死。但若不同意洋人的要求，必会开战，我们根本就不是洋人的对手。你们忘了当年英法鬼子攻占北京、火烧圆明园、把先皇赶跑到避暑山庄去的事了吗？”

有位幕僚终于鼓起勇气，先咳嗽一下，“大人的意思是……”

“我保持英名不难，只要跟洋人说，要开战就来吧。我死也不难，第一个冲进战场就是。但如果我保持了英名，丢了性命，能保住国家，为何不做？问题是，这不可能啊。所以……”

幕僚们明白了。

曾国藩是想把刘杰和张光藻的命送出去。

说送就送，曾国藩绝对知行合一。第二天，他就上奏朝廷，将刘杰和张光藻交刑部治罪。

这招很巧妙。他可以对洋人说，我无权将二人处死，处死二人的只能是我们帝国的刑部。当然，这不是曾国藩的念头。他的心思仍然用在“拖”字诀上。

大事拖小，小事拖了。

这招在中国，对付中国人其效如神。但洋人，不吃这一套。

法国公使又施施然来了，催促曾国藩，必须立刻把刘、张二人正法，他们还要检查砍下来的脑袋。

曾国藩正欲发挥拖字诀，法国公使变本加厉又提出个要求：陈国瑞的命，我们也要。

陈国瑞当时是直隶提督，中国民众围殴丰大业时，他站在桥头为自己的百姓助威。法国公使认为，拉拉队也要承担责任。

曾国藩大吃一惊，没有任何证据证明陈国瑞当时在为百姓助威，所以他绝不会把陈国瑞送交刑部。

法国公使气呼呼地走了，走时的架势很像回去驾驶军舰，来撞曾国藩。

曾国藩正愁苦不堪时，幕僚们跑进来说："大事不好。北京已有舆论，说您懦弱无能，丢尽了大清朝的脸。"

曾国藩神色平静，似乎早已料到会有这种议论。

他现在全部心思都在洋人身上，他特别担心法国公使真的回去开军舰，直杀来天津。

幸运的是，没有。

第二天，法国公使单枪匹马来了，重申他的条件。但老辣的曾国藩从公使的语气中听出，他并无开战的意思。

这是怎么回事？

曾国藩冥思苦想，还未想出个头绪来。崇厚乐颠颠地跑来了，他带来个好消息，几乎是惊天动地、可起死回生的好消息。

这个消息是：法国在半月前已和普鲁士开战，打得很吃力，分身乏术。

崇厚高兴得像个孩子："大人，咱们有救了，苍天有眼啊。"

曾国藩也有眼，虽只有一只，却看得比苍天还透彻。他表情木讷，对这个天大的好消息无动于衷。

崇厚大为不解："大人，法国人根本无力发动战争，咱们可前进一步了。"

曾国藩凄苦地一笑："法国人无力发动战争，其他国家呢？法国人现在无力发动战争，以后呢？"

崇厚悚然。

"天下任何事都不可过于乐观，先要存了悲观的念头，向乐观方面去做，才是真理。"曾国藩看着崇厚说，如同经历了无数风雨的老者对他孙子说话一样。

那么，崇厚琢磨了半天，也不知该如何存了悲观的念头，乐观地去行动。

曾国藩教导他："我们虽拿定主意避免战争，但也要准备开战。我已调了刘铭传兵团来直隶。这是悲观的念头。乐观方面，我们尽力挽救刘杰、张光藻和陈国瑞。"

怎么救？

曾国藩发出深沉的叹息："捉拿更多的凶手，希望能转移洋人的注意力。"

崇厚明白了，这叫围魏救赵。

他马上去办，一口气就捉了八十余人，定了二十余人的罪。

洋人们不满意。

崇厚又捉了百余人，定了三十余人的罪。

洋人们略满意，曾国藩立即行动，判决十六人死刑，其他人虽保住了性命，却要在监狱里待上一生。

法国人也竟然很满意，曾国藩又立即行动，向中央政府请求释放刘杰、张光藻，取消对陈国瑞的指控。

法国人闻听此消息，又闹起来。曾国藩急忙出面向法国人解释，这种解释在法国人眼中纯属多余，法国人非要刘、张二人的人头不可。

曾国藩只好硬着头皮拿出杀手锏。他对法国人语重心长地说，我最讲“诚”，只有真诚无欺地对待自己的心，才能真诚地对待人情事变。刘、张二人和此事的确无关，要他们的脑袋实在说不过去。况且，你们也只是想惩戒他们一下，何必要脑袋？在我们大清，要个脑袋很费周折。你们国家正在和别人打仗，哪里有时间和精力在我们这里要两个无名人的脑袋？

法国人跳起来：“啊哈，什么意思？”

曾国藩慌忙站起来，说：“他们死罪可免，活罪难逃，将他们发配边疆，风吹日晒，也算是现世报了。”

法国人不同意，曾国藩说，“那我再上奏朝廷。”

这样你来我往了两个多月，法国人的确是无暇东顾，只好顺水推舟，默认了曾国藩的决定。刘杰和张光藻被发配边疆。

二人很冤，曾国藩良心上也过不去。他拿出了很多钱，给两人做安家费。拿钱买不来心安，所以曾国藩更加愁闷。

令他愁闷到要死的还有庙堂之上的非议。有官员认为，曾国藩在处理天津教案时太纵容洋人，丧失了人格和国格，简直就是卖国贼。这种论调甚嚣尘上，如果曾国藩在北京，非被他们用唾沫淹死不可。

有幕僚把这些议论小心翼翼地告诉曾国藩，曾国藩无动于衷。他躺在冰冷的床上，时不时就翻身起来呕吐一回。

天津官员们每次来看望他，所看到的都是一个行将就木的老人在床边呕吐。也有人看到他那只眼睛里射出的光芒，如烟花般璀璨。

众人都说，这是回光返照。

曾国藩写信给家人说："我若再不离开官场，非死在官场不可。"

经过毫无必要的思考，他请辞，推荐了李鸿章为直隶总督。

慈禧思考许久，同意了。

她同意曾国藩辞去直隶总督，但曾国藩必须要回金陵，继续做他的两江总督。

因为接替曾国藩为两江总督的马新贻被刺杀，慈禧说，看来两江总督这个宝座，谁都坐不稳，只能由曾国藩来做。

于是，曾国藩离开了天津、离开了保定，第三次担任两江总督。

一个"诚"字而已

离开保定前，李鸿章风尘仆仆地来见曾国藩。

看到曾国藩憔悴不堪的样子，李鸿章泪水险些夺眶而出。

曾老师已老，不仅是人老，心也老了。

不过一见李鸿章，曾国藩好像年轻了二十岁，话匣子也打开了。

"天津教案，你怎么看？"他问李鸿章。

李鸿章实话实说："略有些过了。"

曾国藩笑了："的确是，可你要知道，人强我弱，自己没有强盛起来前，一定要忍辱负重。一受刺激拔刀就上的是莽夫，非智者。"

李鸿章恭敬地："这就是曾公所说的'打脱牙和血吞'，然后徐图自强。"

"还不止！"

"哦？"

曾国藩沉思了一会，声音提了几度："你现在到了此地，是外交第一要冲的关键。我今国势消弱，外人虎视眈眈，稍有错误，后果不堪设想。你觉得该如何和洋人打交道呢？"

李鸿章谦虚起来，"我特意来向老师请教。"

曾国藩把他的谦虚打回原形："不必废话，我了解你，肯定是有了主张，说说看。"

李鸿章脸红了下："我也没有什么主张，只是有个主意，同他打痞子腔（油腔滑调，深意为对洋人的要求耍手段拖延）。"

曾国藩慢悠悠地梳理着胡须，似乎在思考。许久，才说道："呵呵，痞子腔，痞子腔，我不懂得如何打法，你说给我听听。"

李鸿章一听，感觉不对，急忙改口："门生信口胡说，错了，请老师指教。"

曾国藩又梳理起胡子来，胡子稀疏灰白，像要脱离主人的下巴而去。

他盯着李鸿章，盯了许久，才气定神闲地说道："依我看，一个字就足够。"

李鸿章猜到了，但不说。

"诚！"曾国藩洋洋得意，"'诚'能动物，我想洋人亦同此人情。圣人说忠信可行野蛮之邦，这是不会错的。我心中既没有实在力量，不管你如何虚强造作，他是看得明明白白，都是不中用的。不如老老实实，推诚相见，与他评情说理；虽不能占到便宜，也不至于吃多大亏。无论如何，我的信用身份，总是站得住的。脚踏实地，纵是跌倒，也不会摔得太重，想来总比痞子腔靠得住一点。"

李鸿章琢磨了半天，一拍大腿："老师的话真如醍醐灌顶，我知道了。"

李鸿章是"真知"，在直隶总督任上，和洋人打了多年交道，李鸿章可谓胜任有余。多年以后，他谈到其外交方针来，总把曾国藩的教导放在心上：一、要自强；二、以诚相待。

曾国藩确信李鸿章是真知后，放心地走了。回金陵前，他照旧要去京城向慈禧"请训"。

审理刺马案

他很真诚，慈禧也很直接。

一见面，慈禧就问：“马新贻被刺这事很吊诡啊。”

马新贻原本只是个安徽某地的小知县，太平天国定都金陵后，他弃文从武，带领军队和太平军作战。他本无辉煌的战绩，但升迁却异常快，1864年时是浙江巡抚，1867年就成了闽浙总督，曾国藩由两江总督调任直隶总督后，他就成了两江总督。

明眼人都看得出来，这是慈禧插进湘系集团的一枚钉子。

马新贻被刺于由校场阅兵回总督府的路上，刺客当场被捉，自称叫张文祥。这就是刺马案，清末四大奇案之一。

马新贻被刺后，整个中国风言风语。有人说是太平军余孽干的，只是为了替死在马新贻手中的兄弟们报仇。还有一种说法让曾国藩大为不安：马新贻是被湘系集团谋杀的，因为曾国藩不想让两江总督这个肥缺落到非湘系人手里。

慈禧单刀直入，曾国藩明白，慈禧心有疑虑，但又不能明问，所以用这个问句试探曾国藩。

曾国藩心领神会，毫不犹豫地给了回复：“马新贻被刺这事的确很吊诡。”

慈禧锥子般的目光审视着曾国藩，没发现任何异样：“马新贻办事很好。”

“是，他办事平和、精细。”曾国藩淡淡地说。

“你要还他一个公道。”

曾国藩提高音量：“臣一到金陵，就一心一意审理此案。”

慈禧在帘子后微微点了点头，不再说话。曾国藩自然也不会开口。

许久，慈禧问：“你的身体如何？”

曾国藩诚实地回答：“脚肿虽消，但两腿酸软，行动维艰。尿频、尿痛、尿不尽。这只好眼，也要坏掉了。”

慈禧轻轻“哦”了一声，双方的谈话就这样结束了。

没有结束。

十天后，慈禧听说曾国藩竟然还在京城，而且丝毫没有要回金陵的意思。于是她再召见曾国藩，一面就问：“你什么时候去金陵？”

曾国藩回答：“三日后就启程。”

“为何还要等三日？”

曾国藩听出了慈禧的不耐烦，慌忙跪下。他想说的是，三日后乃良辰吉日。

但这话不能和慈禧说，慈禧也没让他说，略带训斥的口气道：“金陵的事要紧，你早些去！”

曾国藩立即回答：“马上就走，绝不敢耽搁。”

第二天，慈禧问：“曾国藩走了吗？”

人回答：“正在收拾东西。”

第三天，慈禧又问：“曾国藩走了吗？”

人回答：“在收拾东西。”

慈禧很不高兴，人告诉他：“曾国藩做事向来平稳缓慢。”

“放屁！”慈禧几乎要跳起来，“他在拖延。”

六天后，曾国藩终于上路了。上路前，他去见慈禧。

慈禧讥讽道：“终于要走了。”

曾国藩叩头，慈禧要他起身时，他起了半天，才勉强站起。

“你的病不算重。”慈禧笑道。

曾国藩不知慈禧什么意思。

慈禧皮笑肉不笑地说道：“还能跪着。”

这句话暗藏玄机，曾国藩额头立即汗出，告别慈禧后，当天夜里，收拾行囊，鸡叫头遍，就出了北京城。

可是，出北京城后，他的步子就和蜗牛差不多了。从北京到金陵，他足足走了三十六天。

这三十六天里，是曾国藩有生以来活得最舒服的日子。路上有各地官员迎接照顾，他又有精力和时间回想一生的往事。可每次想到最幸福时光时，“马新贻”这三个字就会蹦进他脑海。

每次“马新贻”这三个字蹦入脑海时，他都要长叹一声。

“这案子不好办。”他对心腹说。

心腹不以为然：“比天津教案还难？”

曾国藩一愣，的确，没有任何一件案子比天津教案还难。但马新贻案的确很难。

“马新贻到底是被谁杀的？”他问。

“张文祥啊。”

曾国藩摇头："你知道，我要听的不是这个。"

心腹也摇头："您现在只能听这个，不然，这案子真就难办了。"

犹如一道刺眼的光芒，射进曾国藩的脑海。他那只坏掉的眼，几乎能看见东西了。

他沉思许久，终于点了点头。

抵达金陵后，代理总督、江宁将军魁玉把大印交给他，同时郑重其事交给他的就是张文祥案卷。

魁玉对曾国藩说："此案关系复杂，又重大，我审讯了多时，仍得不到真正口供。"

曾国藩说，这个不急，容我从长计议。

他"从长计议"的"长"真的好长，两个月过去了，他没有对马新贻案做出任何批示，甚至连关于马新贻的一句话都未和他人谈过。

金陵官员们，甚至是他的幕僚们都大为惊异，想不明白曾国藩的葫芦里到底卖的是什么药。

一个清晨，阳光普照两江总督府，细若游丝的灰尘，洒进曾国藩的卧室。他吃力地从床上爬起，去书案上写了副不痛不痒的对联，然后派人送去了马新贻家。

这是他两个多月来，唯一做的和马新贻有关的一件事。

慈禧气得死去活来。她命令刑部尚书郑敦谨火速赶往金陵，帮曾国藩审理刺马案。

郑尚书到的前一天，曾国藩得到消息，急忙让人把张文祥案卷调来，粗略看了一番，记下了有关案犯的名字。

郑敦谨到的那天，曾国藩热烈欢迎，宴会一直持续到凌晨。

第二天，郑敦谨宿醉，头晕脑涨，无法审理。曾国藩却来了劲，死活把郑尚书拉到衙门。郑敦谨强撑着，把案卷看了一遍，于是问跪在下面的张文祥："你到底受何人指使，刺杀马大人？"

张文祥在狱中过了两个月美好生活，养得白白胖胖，此时仍坚持之前的口供："我本是浙江人，马新贻在浙江巡抚任上时大力捕杀海盗，我和海盗虽然关系不错，但我却不是海盗。马新贻诬陷我，还杀了我妻子，我于是只好逃往他乡。后来马新贻到宁波阅兵，我上状喊冤，马新贻不理。于是我就起了仇恨之心，跑到金陵来刺杀了马新贻。”

郑敦谨本来头脑发胀，听了张文祥的口供，不禁被逗得精神大振。

他问：“就因为这点事，你就刺杀马大人？”

张文祥回答：“是！”

“哈哈”，郑敦谨狂笑，去看曾国藩，想得到曾国藩的呼应。让他大跌眼镜的是，曾国藩坐在那里正昏昏欲睡。

“曾大人！”郑敦谨喊了好几声，曾国藩似乎才从梦中惊醒，慌张地问：“怎样，怎样，招了吗？”

郑敦谨感到好笑：“曾大人为何不讯问？”

曾国藩迷迷糊糊地说：“有你在此，我何必问。我相信你。”

“这不是相不相信的问题，曾大人……”

“重刑伺候！”

上来几个虎狼衙役，把张文祥掀翻在地，一顿乱棍。张文祥被打得哭爹喊娘，眼看就要被打死。

郑敦谨喝令住手，无人住手。

“曾大人，”郑敦谨急了，“你这样会把他打死的。”

曾国藩懒洋洋地挥了挥手，仆役立即收了棍，站立一旁，就好像他们是傀儡，而提线则在曾国藩手中。

郑敦谨发现了问题的严重性，他来这里只是个摆设。真正能做主的是曾国藩，冥冥之中，他看到张文祥和曾国藩勾肩搭背，把酒言欢。

他想偷偷去审问张文祥，但张文祥已被打得不能开口。能开口时，口供依然如昔。这让郑敦谨产生一种感觉：张文祥在背台词。

郑尚书和金陵官员有心无心地谈天，谈到曾国藩时，众人都异口同声地称赞，曾大人办事向来一丝不苟，认真到极致。

郑尚书不阴不阳地问了句：“为什么在刺马案上，曾大人怎么如此心不在焉？”

没有人回答他。

他也不可能得到真正的答案。

在翻来覆去审讯了半个月后，郑敦谨已确定了一件事：刺马案永不可能有真相。

曾国藩在郑敦谨面前叹息连连，两人只能达成一致。曾国藩向朝廷上奏折说，“经过再三审讯，该犯还是坚持以前的口供，并屡屡绝食，只剩最后一口气。我认为，倘若让他就这样死了，实是对他的恩赐。所以应迅速了结此案，明正典刑，给天下人一个警戒，也让张文祥罪有应得。”

慈禧看了奏折后，一言不发。

前一天回来的郑敦谨正站在她面前，低眉垂目，袍服正不自觉地抖动。

“你就没有审讯出一点东西吗？”慈禧气愤地质问他。

郑敦谨像是被电了一下，磕磕巴巴：“臣……无能……”

“哼，”慈禧气咻咻的，“这个曾国藩，老狐狸。”

郑敦谨发自真心地认同慈禧的判断：“臣疑心这件事和曾国藩有关系。”

慈禧冷冷地看了他一眼：“废话！我要你去干什么的？”

“扑通”，是郑尚书跪到地上的声音。

“我们吃了个哑巴亏。”慈禧说，“今后啊，这两江总督的椅子就只能让他们湘系的人坐了。否则，坐一个死一个。”

慈禧有未卜先知之能，自他之后，无论是左宗棠还是彭玉麟，包括后来的曾国荃都担任过总督，无一例外，他们都是湘系成员。直到湘军逐渐没落，重量级人物先后死去，大清中央政府才把两江总督这个椅子收归已有。

有人曾通过各种蛛丝马迹研究过，刺马案的幕后主使就是湘军集团。但绝对不是曾国藩本人的主使，可既然已经发生，作为湘军的开山鼻祖，曾国藩必须对整个集团的利益负责，于是，不可能查出真正的凶手。

天下人知道，慈禧更知道，所以只能同意曾国藩的奏折意见。

一个月后，张文祥在金陵被凌迟，刺马案结束。

曾国藩的人生也随着张文祥的声声惨呼，渐渐走向结束。

去世

有天早晨，曾国藩从一场轻松的梦中醒来，躺着回味了片刻，要坐起来，竟然没有成功。他用力坐起，一个跟头就翻下了床。

仆人们听到响动，慌忙闯进屋，发现曾国藩双手发颤，嘴角抽动，已不能说话。医生过来，折腾了半天，曾国藩才算恢复意识。

他看着围拢在身边的人，非常陌生。

他陷入了从未有过的孤独之中，思念起了老战友。

已再无老战友，一个人如果心已死，心外就什么都没有了。

回到金陵后，曾国藩的心情已经差到极点。一年来，他处理起公事来力不从心，神魂不安。他常常一个人自言自语，说是圣恩已浅，特别担心无法善终。他还看着悲凉的月光说，京城那些王八蛋官员就从来没对他好过，总是找他的麻烦。尤其是天津教案后，京城上下都把他当成世界上最厌恶的人看待。

他四顾茫茫，日子越来越不好过。活下去的勇气渐渐消失，所剩下的只求快些死去。

其实，人无不以生为乐事，死为哀事、为惧事。但当百感交集，忧愁无法祛除时，就会感到忧生为苦、速死为乐。

1872年初，曾国藩就是这种心境。

乍暖还寒的一天，曾国藩单目无神地望着眼前一群陌生人，淡淡地说道：“把李鸿章叫来。”

众人面面相觑，从保定到金陵，山遥水远，李鸿章能来，可曾国藩能等吗？

“告诉他，我等他。”他语气坚定地说。

在等待李鸿章的漫长光阴中，曾国藩把仅有的那只眼闭紧了，养精蓄锐。

他想了很多，首先想到的是三不朽，他能成为三不朽人物吗？

立言，他写了无数家书、无数日记、无数文章，但毫无创造性见解，立言恐怕谈不上。

立德，他很满意都点了点头，中华传统道德，他的确按部就班地奉行着。

立功，他兴奋起来，睁开那只眼，平定太平天国，前无古人。

他又想到政局。他最喜欢的皇帝就是道光，道光对他也不错。可惜道光一朝，他无所建树。咸丰只是拿他当枪使，两人没有情感。至于慈禧，曾国藩笑了，又要用他，又要防备他，真是个辛苦的女人啊！

洋人在外虎视眈眈，百姓在内心怀不轨，这个帝国……

想到这里时，天空飘起了雨丝。曾国藩更衰弱了，几乎奄奄一息。不过他坚信，他肯定能等来李鸿章。因为他有毅力，而且正是靠着这人所共知，却很少有人做到的毅力，他走到了今天。

李鸿章果然来了，满头大汗。见到活着的曾国藩时，他泪流满面。

曾国藩说，我不是要你来哭丧的，我有事要交待。

“我有一大懊悔。”他格外严肃地说。

李鸿章正襟危坐地听着。

“我这个人顾虑太多，湘军浴血奋战十几年，收复金陵后，因为各种压力，竟然将其解散，自毁长城，寒了将帅的心，等于是自废武功。湘军众将飘如秋叶，我自己也成了剪翼之鸟，以至‘剿捻’无功，备受挫辱。”

李鸿章似乎明白了曾国藩这段话背后的意思。

“你要汲取我的教训，八旗、绿营再不可倚靠，保太后、皇上之安，保卫神州华夏，全仗你的淮军。今后，淮军必有被议论的一天，千万不要像我那样，畏首畏尾，只可加强，不可削弱。乱世之中，手里必须有枪杆子，于家于国都应如此。”

李鸿章谨记在心，这是曾国藩留给他最丰厚的遗物，他终生未丢弃。

曾国藩喘息了一阵，又说：“数十年办事之难，难在人心不正，世风不淳，而要正人心，淳世风，必须要依赖一二英雄人物开天辟地，后来者应和。先正己身，同时培养后人，把这些人作为‘种子’，绵延不断，天下应和，世风自然改变。”

李鸿章沉思许久，问：“天下谁是种子呢？”

“左宗棠！”

“什么？”李鸿章不敢相信自己的耳朵，老师和左宗棠几乎有不共戴天之仇，怎么会是他？

曾国藩看出了他的疑虑，一笑："你呀，境界不高。左宗棠这人雄才大略，待人耿直，廉洁自守。我和他争的是国家大事，不是私情。左宗棠有知人之明、谋国之忠，正是他的长处。人不能因私情而动国事！"

李鸿章谨记在心。

说完这些，又聊了些闲话。曾国藩对李鸿章说："你走吧，直隶的事才是正事！"

李鸿章自然不肯走，曾国藩怒了："我说了，不是让你来给我哭丧和送终的！"

李鸿章痛哭流涕，曾国藩却从床边抄起一本书，认真地阅读起来。

1872年3月12日，曾国藩到花园里散步，回房间的路上，他突然对身边的人说，"脚痛。"

仆人们慌忙将他扶进房间，他没有躺下，而是笔直地坐下来。

再也没有话，所有人都等着。

窗外，有人听到花儿含苞正放的声音，也听到了曾国藩的一声悠长的呼吸。他睁开了眼，众人不禁惊骇万分。因为他的右眼似乎好了，正射出令人生畏的光芒来。

家人们都围拢在床边，曾国藩开了个小玩笑："我平生最喜写遗嘱，想不到要死了，竟然没有时间写了。"

家人要号啕，曾国藩用眼神阻止："我和你们谈谈心。"

人之将死，谈的心都是最真的。

曾国藩说："我年轻时过度相信，人只要通过努力，就可胜天；中年之后，挫折不断，开始相信命运；步入老年，我发现命运才是人最应该重视的。所以我留下六个字，作为我的墓志铭，你们听好了——不信书，只信命。"

家人已有人哭出声，虽很小，却特别刺耳。

曾国藩从喉咙里发出"咯咯"的声音，意为：先给我闭嘴。

"还有，我这么多年来给你们写的信，要整理出来，就叫《曾国藩家书》吧。你们说我给你们洗脑也好，说教也好，我不管了。不要把它不当回事。"

这是个超级黑色幽默，他的《家书》始终让人坚信付出必有回报，而墓志铭却说，不信书，只信命。

说完这些话，曾国藩的脸色开始变得铁青，越来越青。

房间里重回死寂。

有人耐不住这死一般的沉寂，似乎受到神灵的启示，偷偷望向房梁。几只蚰蜒正在房梁上快乐地玩耍，突然“砰”的一声，蚰蜒如爆竹似的爆开，刺鼻的烟气袅袅绕梁。

就在这时，有人去试探曾国藩的鼻息，呼吸全无。

这位伟大人物在人间度过了61个年头后，抱着无限感慨离开人间。

在最后那缕气息荡向天空时，曾国藩一定会记起61年前曾祖父在房梁上看到的那几只蚰蜒。他将听到曾祖父用沙哑的嗓子喊出的命中注定的预言：龙，龙，龙！

（全书完）

读客®

激发个人成长

多年以来，千千万万有经验的读者，都会定期查看熊猫君家的最新书目，挑选满足自己成长需求的新书。

读客图书以“激发个人成长”为使命，在以下三个方面为您精选优质图书：

1. 精神成长

熊猫君家精彩绝伦的小说文库和人文类图书，帮助你成为永远充满梦想、勇气和爱的人！

2. 知识结构成长

熊猫君家的历史类、社科类图书，帮助你了解从宇宙诞生、文明演变直至今日世界之形成的方方面面。

3. 工作技能成长

熊猫君家的经管类、家教类图书，指引你更好地工作、更有效率地生活，减少人生中的烦恼。

每一本读客图书都轻松好读，精彩绝伦，充满无穷阅读乐趣！

认准读客熊猫

读客所有图书，在书脊、腰封、封底和前后勒口都有“**读客熊猫**”标志。

两步帮你快速找到读客图书

1. 找读客熊猫

2. 找黑白格子